「ノヴゴロドの異端者」事件の研究

ロシア統一国家の形成と「正統と異端」の相克

宮野 裕

風行社

〔目　次〕

目次

目　次

図1

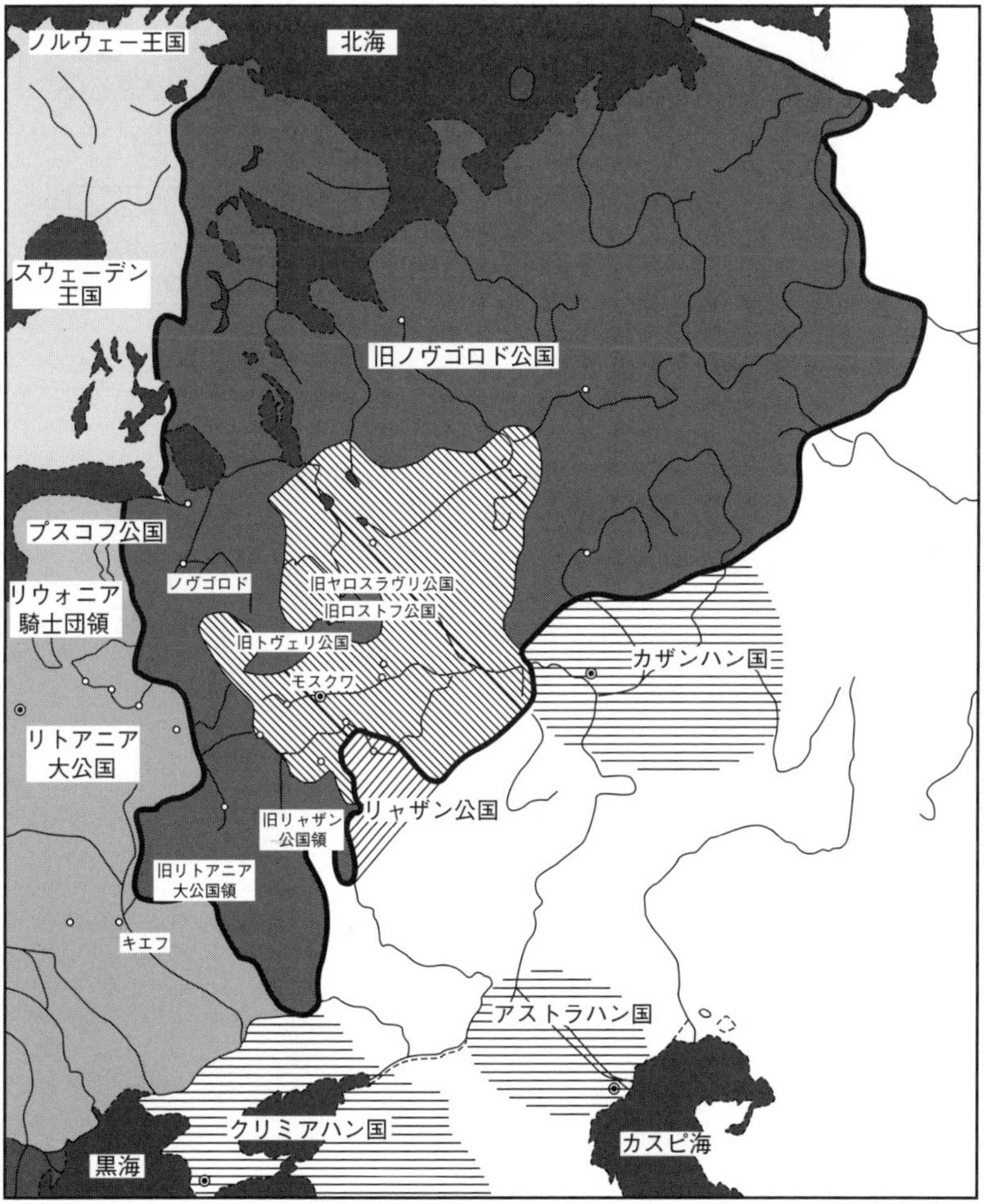

イヴァン3世即位以前のモスクワ公国（1462年）

イヴァン3世死亡時のロシア国家の国境（1505年）

16世紀初頭のロシア国家

図２

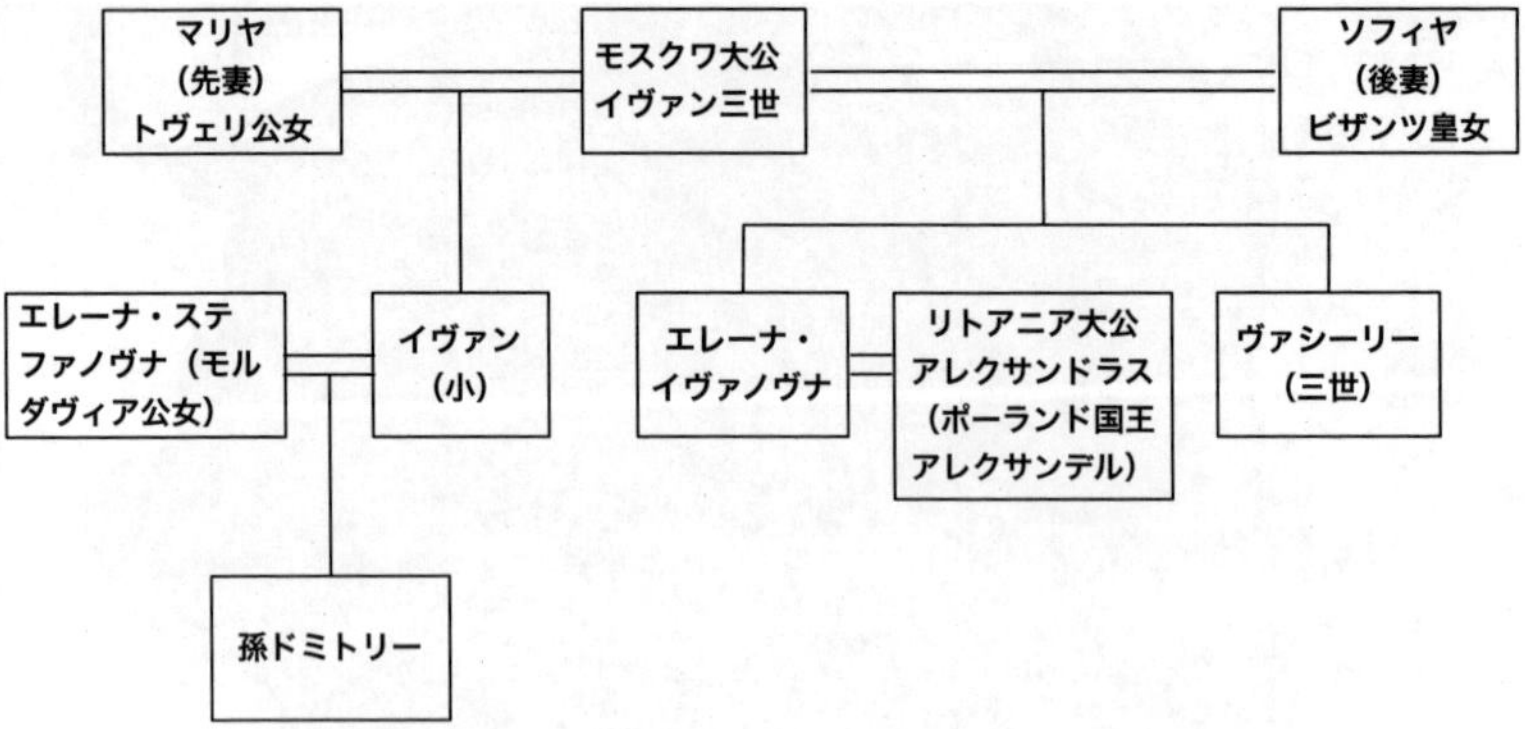

イヴァン３世とその一族

【凡例】

引用文中の〔 〕は本書の著者による補足説明である。

本来は正教会の用語を使うべきであろう箇所についても、これが定着していないという理由で、カトリック等の「相応の」用語を使用している箇所が多々ある。

はじめに

一五世紀末から一六世紀初頭にかけてのロシアの年代記や正教会聖職者の著述において、「ユダヤ的に思考するノヴゴロドの異端者 Новгородские еретики, жидовская мудрствующие」[1]（以下「異端者」と略す）と呼ばれる人々の存在と活動が記録されている。この「異端者」は、多くの先行研究によれば、一四七〇年代以降にロシア北西部の町ノヴゴロドに出現し、反三位一体説等を主張して正教会の根幹教義を脅かしたばかりか、その後モスクワにも進出し、当時のモスクワ大公イヴァン三世（在位一四六二―一五〇五年）の宮廷において、多大な政治的影響力を発揮し、聖俗の重要案件に介入したとされてきた。例えば、「異端者」は大公イヴァンの後継者争いにおいて、彼の孫に当たる候補者ドミトリーを積極的に支持し、その結果、このドミトリーと、正教会が推す候補者ヴァシーリー（大公の後妻ソフィヤの子）との後継者争いは熾烈を極めたという。また当時の大公イヴァンは軍事勤務人層（いわゆる士族 дворянство）に土地を給付するために、国内の諸修道院からその広大な所領を没収しようと画策していたことがよく知られているのだが、先行研究によれば、その際には「異端者」がこれを支援し、そのために、本来正教の守り手であるべき大公と「異端者」との間には同盟関係が結ばれたという。また驚くべきことに、一四九〇年から九四年までロシア正教会の長を勤めたモスクワ府主教ゾシマが「異端者」の一員であったとする論者もいる。しかしながら、彼らは正教会側からの摘発活動を受けて一四九〇年代末に敗色を濃くし、最終的には一五〇四年の教会会議にてロシア正教会史上初の火刑に処され、滅んだとされる[2]。

本書は、このように僅か三〇余年ほどの間に燃え上がり、そして沈静化した「異端者」事件の解明を主たる課題とするのだが、これほど短期間で収束した事件がなぜ考察に値するのだろうか。一言で述べるならば、その理由は、この事件の正当な理解なしには、この時期に成立した「ロシア統一国家」（或いは「モスクワ国家」とも呼ばれる）が構築されていく状況を、加えてこの時期に国家と教会との、以前にもまして緊密な関係が作り出された原因や状況を、正しく把握できないと考えられるためである。[3] その意味で、全体として本書は、事件の検討を通じ、統一国家形成期ロシアの政治状況を見直そうとする試みであり、とりわけこの時期のロシアにおける国家・教会関係の展開について論じようとするものである。この点については、以下のように敷延して述べておくべきであろう。

「異端者」が出現し、猖獗を極めたとされる一五世紀末から一六世紀初頭という時期は、ロシア史において、一八世紀のピョートル改革期に匹敵する国制の大転換期であった。大公イヴァン三世は、ノヴゴロドやトヴェリといった諸公国を併合して大公国領土を即位時のそれの六倍以上に拡大し、一四八〇年にはモンゴル支配（「タタールのくびき」）からの事実上の自立を達成した。また西の隣国リトアニア大公国との戦争を優位に進め、国境線を南西に大きく押しやった。国内においては封地制度を導入することで軍事勤務人層（士族）を創出し、そのことによって上記の軍事的成功の礎を、同時にその後のロシア国家の軍制の土台を築いた。他方で一四九七年には、初の全国法典を公布して法治国家としての体裁を整えた。周知の如く、この法典はその後のロシア国家法の基礎になる。また後代の官庁（官署）制度の萌芽である書記官制度がこの時代に設置された。こうした国家的変革に加え、一四五三年にビザンツ帝国が滅亡した結果、従来これに依拠してきたロシアの正教会はその基盤を喪失することとなり、それ故に以後、正教会は徐々にモスクワ大公権力へ接近し、とりわけイヴァン三世の治世以降、国家のイデオロギー装置として大きな役割を果たした。このようにして、この時期において、モスクワ大公国を中心としたそれまでの諸公国体制は、モスクワを中心とした「ロシア統一国家」に変容していくことになる。

本書で扱う「異端者」事件は、まさにこうした転換期に生じた。それ故に、先行研究において、この事件は自ずからこの時期の大転換と結び付けられて論じられてきた。著者も基本的にそうした考え方を妥当と考える。「異端者」事件はこの時期のロシアにおける大転換を背景にしており、それを考慮せずにこの事件を単なる宗教事件として考察するならば、事件の正当な理解に至ることができないばかりか、当時の政治史の理解にも不足が生じるのである。だが、著者が本書にて更に踏み込んで強調したいのは次のことである。すなわちこの事件は上の大転換を背景としているというよりも、むしろそれと渾然一体に絡み合った存在なのである。事件はこの時代のエピソード的な存在ではなく、まさに政治史の中核近辺に位置づけられるべきなのである。この点が、著者の見るところ、先行研究においては十分に認識されていない。この点を理解した上で事件を見直すことが出来るのであれば、その結果は、ロシア国家のこの大転換期における政治史の見直しに、ささやかながらも結び付くだろう。

なかでも、著者がこの事件の考察によって特に論じることが出来ると考えるのは、この時期以降のロシア国家に特徴的な、国家と教会との「補完的」関係の形成にこの事件が及ぼした意味である。上述のように、ビザンツ帝国の滅亡以降、教会はその軸足を徐々にモスクワ大公権力に移し、国家もまたそのイデオロギー的支援に依存していく。そうした関係は、一五世紀末から一六世紀初頭にかけて著しく強固にされた。教会は大公を正教の庇護者から格上げし、神格化していく。周知の通り、その理論化は、当時のヴォロコラムスクの修道院長ヨシフ・ヴォロツキー（一四三九／四〇―一五一五年）により、その主著『啓蒙者』のなかで行われた(4)。国家も教会の力を借りて、戦争を含めた多くの政治行為の正当化を進めていく。このようにして両者は、少なくともイヴァン四世雷帝時代の府主教マカーリー（在位一五四二―六四年）の時期まで、「補完的」な関係を取り結んだ。著者の考えでは、「事件」の検討は、数十年にわたり、国家と教会がそうした関係を継続することを可能にしたきっかけを明らかにしてくれる。

その意味で、事件の検討は、畢竟、ピョートル大帝期の「国家教会化」に至るまでのロシアにおける、国家と教会との在り方を考えるための一助になると言える。

このように、「ノヴゴロドの異端者」事件の研究は、単なる宗教事件の枠に留まることのない、広い展望を有していると考えられる。その検討は以下の全六章からなる本論において行われるが、その前に、事件と当時の政治史との結び付きの具体的なイメージを獲得するために、またそれとともにこれまでの研究の到達点と方法論的問題点、そして残された課題を浮かび上がらせるために、以下で先行研究を概観しておこう。

＊「ノヴゴロドの異端者」事件に関する研究史

(一)『啓蒙者』に描かれる「異端者」事件観

「異端者」事件は、これに対処したヴォロコラムスク修道院の院長ヨシフ・ヴォロツキーにより、その論駁書『啓蒙者 Просветитель』[(5)]の序文にあたる「新出の異端に関する物語」のなかで叙述され、広く知られることになった。以下で言及されるЯ・С・ルリエーによれば、この書は、序文と一一の章という形態で一五〇二—〇四年の間に成立したとされる。この書に記されるヨシフの事件観は近代歴史学におけるそれに深い痕跡を残したので、まずはこれを概観しておこう。

時はモスクワ大公国によるノヴゴロド国併合の前夜、一四七〇年のことであった。ノヴゴロドの親リトアニア住民の招きにより、リトアニアのキエフ分領公セミョンのもとからその兄弟ミハイル・オレリコヴィチが勤務公としてノヴゴロドに到着した。この時に多くの従者や商人たちがキエフから随行した。そのなかにスハーリヤという名のユダヤ人がおり、彼が「異端」をノヴゴロドに持ち込んだという。ヨシフはこの「異端」の正体をユダヤ教と記すものの、他方で彼は「異端」教説が具体的には（一）「反三位一体」的主張、（二）イコン冒瀆、（三）七千年終末をめぐる主張、（四）修道制批判であるとも記している。いずれにせよ、スハーリヤは、ノヴゴロドの大主教座聖堂であるソフィア聖堂の聖職者アレクセイとデニスをユダヤ教の虜にしたという。スハーリヤの続く運命についてはヨシフは何も記さない。

(6) (7) (8)

その後、一四七八年にノヴゴロド国はモスクワ大公国に併合され、約四〇〇年に渡って維持されてきた政治的独立を失った。二年後の一四八〇年、大公イヴァン三世がノヴゴロドを訪れた。ヨシフによると、この時に先の聖職者アレクセイとデニスが大公を魅了し、彼らは大公の寵愛を享受するに至った。大公イヴァンは二人をモスクワに引き連れ、アレクセイをクレムリンのウスペンスキー聖堂の長司祭に、デニスをアルハンゲリスキー聖堂の司祭に任じた。彼らはモスクワでユダヤ教を広め、大公書記官フョードル・クーリツィン、またシーモノフ修道院院長ゾシマ（将来のモスクワ府主教）らを弟子にしたという。(9)

それから四年が経った一四八四年末に、モスクワのチュードフ修道院院長ゲンナージーがノヴゴロド大主教に任じられた（在位一四八四―一五〇四年）。年が明けてノヴゴロドに到着した後、彼は「異端者」の存在を知り、その摘発を開始した。一四八九年には長司祭アレクセイがモスクワで病死したものの「異端者」は活動を継続したので、ゲンナージーは一四九〇年に司祭デニスを筆頭に、ノヴゴロド及びモスクワの「異端者」の構成員を教会会議に告発した。しかし、この会議ではなぜかノヴゴロド出身の「異端者」だけが審問に付された。その理由について、研究者たちは議論を続けているが、ともかくヨシフは何も記していない。他方でフョードル・クーリツィンやゾシマらモスクワの「異端者」は、その後もモスクワにて活動を継続したという。(10) 以上が『啓蒙者』の序文で描かれる「異端者」事件の歴史である。

会議後の経緯は、同じくヨシフによりその書簡にて、断片的に記録されている。一四九二―九四年頃に書かれたスーズダリ主教ニーフォントに宛てた書簡のなかで、ヨシフは府主教ゾシマ（在位一四九〇―九四年）の廃位を強く主張した。[11] また一五〇三年頃に書かれたアンドロニコフ修道院院長ミトロファンに宛てた書簡からは、「異端者」を更に摘発するようヨシフが大公を説得していたこと、またイヴァン三世がその長子イヴァン（一四九〇年死去）の妃でこの時期獄中にあったエレーナ・ステファノヴナを「異端者」として告発したことを読み取ることができる。[12]ヨシフの説得は功を奏したのか否か。[13] これについて彼自身は何も記さない。ただ事実を追うならば、ゾシマは一四九四年に退位を余儀なくされた。[14] また既に一五〇二年四月以来息子ドミトリーと共に投獄されていたエレーナは、[15]一五〇五年初頭に獄死する。

事件の最終局面については、一五一四年以降に編集し直された『啓蒙者』新版（いわゆる拡大編集版）の第一五章[16]に記されている。一五〇四年に大公イヴァンは、後継者として指名した息子ヴァシーリー（三世）と共に、「異端者」の中心人物を火刑に処した。火刑に処されたのは、フョードル・クーリツィンの兄弟で、彼と同じく大公書記官であったイヴァン・ヴォルク・クーリツィン、またノヴゴロドのユーリエフ修道院の院長カシアンら数名であった。フョードル・クーリツィンの消息についての言及はない。[17] 以上がヨシフの記す「異端者」事件の経緯である。

（二）『啓蒙者』の事件観との闘い――一九六〇年代までの研究

①帝政期の研究

「異端者」事件は、一八世紀に始まる「ロシア歴史学」の黎明期から早くも注目され、以来言及されてきた。[18] その際、研究者たちの叙述にはヨシフの事件観が色濃く反映した。すなわち「異端者」の正体はユダヤ教徒であるとされ、また事件の経過は『啓蒙者』からの「引き写し」であった。当時の研究者たちの手元には事件の関連史料が殆どなく、その結果、膨大な数で伝わる『啓蒙者』の写本を通じて正教会の聖人ヨシフの事件観が諸研究に入り込んだのである。一八三〇年代後半以降、ゲンナージーの書簡や「異端者」を裁いた審問会議の判決書等が公刊され、或いは写本のまま紹介され始めるに従って状況は次第に改善されていったが、[19]その後の研究に至っても尚、『啓蒙者』の事件観は大きな影響力を及ぼし続けることになる。とりわけ、正教会と「異端者」とが一四八五年以降一五〇四年まで不断に争い続けたとする『啓蒙者』の基本的な筋書き——著者はその見直しが必要であると考えているのだが——は、一九六〇年のルリエーの研究にいたっても保持された。この筋書きの問題性については後述することにし、今は話を進めよう。

『啓蒙者』以外の史料をも利用して「異端者」事件の研究を進め、帝政期の研究の到達点になったのがA・И・ニキツキーの論考（一八七九年）である。彼はゲンナージーの書簡や審問会議の判決書等にも十分に目を配ることで、『啓蒙者』の記述から相対的に距離を取って事件を論じた。ニキツキーによれば、「異端」の本質は「世界終末」をめぐるロシアの民心に固有の知的欲求であり、ユダヤ教とは殆ど関係がなかった。当時のロシアでは、一四九二年に世界が終末を迎え、キリストが再臨するという思想（七千年終末説）が知られていた。ところが、その一方で当時出回っていた『六つの翼』のような中世ユダヤ人の著作では世界終末は更に先のこととされていた。そこでノヴゴロドのような「知的水準の高い」地域で知識人は動揺し、なかにはキリスト再臨を疑問視した人々が現れた。ニキツキーによれば、彼らこそが「異端者」であり、ここを起点にして彼らは既存の教会に対する批判へ踏み出したという。[20]

その後のおおまかな事件経過に関してニキツキーは『啓蒙者』の筋道に沿ったが、大公が「異端者」をモスクワに引き連れ、また長司祭アレクセイらのモスクワ宮廷における勢力拡大を招いた原因については議論を一歩進めた。上述のようにヨシフによれば、その原因は「異端者」による「大公の魅了」にあった。これに対しニキツキーは、当時の大公が反教会闘争を進めていたことに着目し、大公がその共闘者として「異端者」を選択したと考えた。[21]この意見はその後の研究者によって受け継がれ、精緻にされていく。それは同時に、「異端者」事件の考察が当時の政治状況の考察なしでは不可能であるということが研究者間の共通認識となっていくプロセスでもあった。

このように、既に帝政期の末には、『啓蒙者』に従って「異端者」をそのままユダヤ教徒とする考えからの脱却がほぼ完了していた。その後も聖人ヨシフの権威を重んじ、「異端者」をユダヤ教徒とする彼の記述を盲信する研究は存在したが、それは主に教会史家の著述に止まった。[22]その一方で「異端者」事件は当時の政治状況のなかに位置づけられるべきことが確認され、その精緻化が次世代の研究に引き継がれる重要な課題になった。

但し、この段階でも依然として『啓蒙者』の事件観はその研究に陰を落としていた。なるほど研究者たちは、「異端者」の主張については、ヨシフ以外の史料を使うことで考察を深めることが出来た。しかし事件全体の経緯に関して言えば、それはまさに『啓蒙者』に描かれる通りであり、ノヴゴロドで発生した「異端者」がモスクワに進出し、一五〇四年まで正教会と闘いを繰り広げたとするヨシフの事件観の根幹は検討に付されないままであった。

②ソヴィエト時代の研究

ロシア革命後、ソヴィエト史学においてマルクス主義史学が優勢になるにつれ、「異端者」事件は、F・エンゲルスのテーゼに基づき、中世ヨーロッパの異端一般と同様の歴史的位置付け(「反封建的階級闘争の一形態」)を受けることになった[23]。他方で、唯物史観という「普遍史」的観点から「異端者」が論じられた結果、彼らは、西欧の異端や宗教改革と同等の世界史的重要性を有すると見なされるようになった。また同時に「異端者」事件は、社会経済史的観点から研究され、その結果、宗教的異端者とそれへの処罰という単なる教会史上の主題としてではなく、積極的に当時の政治や社会状況との関連のなかで分析され始めた[24]。この最後の点は評価されるべきである。

しかしながら、少なくともソヴィエト初期の研究においては、この事件を階級闘争モデルに安易に適合させようとする志向が強く、実証的側面で革命前の水準を満たさない研究が数多く登場した。例えばИ・У・ブドーヴニッツは、「異端者」の主張として、教会ヒエラルヒーの否定、司祭叙階時の手数料徴収への批判、秘蹟、聖人、聖骸の否定、修道制への批判を挙げたが[25]、その多くは『啓蒙者』に記された点をそのまま列挙しただけであった。

こうした研究水準を再び引き上げ、ソヴィエト史学における「異端者」事件研究の第一歩になったのが、Н・А・カザコーヴァとルリエーの共著『一四―一六世紀のルーシにおける反封建的異端運動』（一九五五年）である。この研究の後半部においてルリエーは「ノヴゴロドの異端者」事件について、その本質が「反封建運動」であり、全体として手工業や商業の発達した都市における社会経済的下層民の階級闘争であったと論じた[26]。但しその際に彼はそれ以前のソヴィエト時代の研究とは異なり、実証的にその結論を導いた。例えば、「異端者」の主張については、ルリエーは史料を丹念に検討した上で（一）「反三位一体」的主張、（二）イコン冒瀆、（三）既存の教会に対する批判、（四）七千年終末をめぐる主張、（五）修道制批判という五点に絞り込んだ。加えて言及されるべきは、この研究書において、それまで未公刊であった史料を含め、事件の関係史料の多くが、史料解題を伴って公刊されたことである[27]。それまでは断片的公刊、手稿等に基づいていた「異端者」事件の研究が多くの研究者に開かれたという意味で、この書は画期をなした。

「異端者」事件を階級闘争の反映と見なしつつ、ロシアの社会的抗議運動の歴史のなかに位置付けようとしたA・И・クリバーノフの研究『一四―一六世紀のロシアにおける改革運動』（一九六〇年）にも言及する必要がある。この研究は、封建領主階級としての教会の堕落とそれに対する社会的抗議とを辿ったものであるが[28]、成功したかどうかは別にして注目されるべきは、この研究が、教会聖職者の史料だけでなく、クリバーノフの言うところの「異端者自身の手になる史料」、或いは彼らが利用した史料を積極的に使用して事件の再構成を試みた点である。そうした類の史料は既に革命前から数多く扱われてきたが[29]、「異端者」事件の研究史料としての価値は殆ど認められてこなかったと言ってよい。クリバーノフはそうした史料とは別の、利用可能な二つの史料、すなわち「イヴァン・チョルヌィの書[30]」及び「フョードル・クーリツィンのラオデキヤ書簡[31]」を研究に引き出し、新境地を開いた。

本書の著者は、事件を階級闘争の反映とする見方に与しないが、上記二冊の著者が史料批判のレベルから研究を始めて結論に至るまでの過程は慎重かつ丁寧であり、この二つの研究には好感を覚える。両研究は、革命前のニキツキーらの研究を継承してその議論を発展させ、加えて研究のための史料基盤を提供したという意味で、この分野における必読文献になった。

しかし他方で、これらの研究もまた、『啓蒙者』が描く事件の筋道自体を批判することはなかった。この点は指摘せざるを得ない。手工業や商業の発達したノヴゴロドで生じた「異端者」（「反封建運動」）が、同様の都市モスクワに飛び火し、その存在を看過できない封建領主階級たる正教会がこれを摘発し、最終的に一五〇四年にこれを殲滅した。こうした筋道が、ヨシフのそれに基づいていることは明白である。

かかる状況を招いた原因は、第一に史料としての『啓蒙者』研究の不足にある。そしてそれにも拘わらず、第二に、この書で描かれる事件観をまずは基礎にして、次いでその不可解な部分をゲンナージーや教会会議史料で補足するという手法が採られてきたことにある。従って今や「異端者」事件の研究は、『啓蒙者』そのものに関する踏み込んだ検討を必要とする段階に至ったと言える。

その一方で、クリバーノフの試みは評価に値する。彼の提出した二つの史料が「異端者」の著述であるならば、『啓蒙者』の事件観を相対化する役割をこれに期待できるからである。

しかし、以下で述べられるルリエーの単著以降の研究では、この二つの史料についてさえ、その価値は低く見積られることになった。その分量が僅少に過ぎる点が一因である。だが、より重要なのは、クリバーノフが「異端者」の著述とみなすこの二史料を教会が問題視した形跡がないのである。[32] つまり、二史料が本当に「異端者」(側)の史料であるかどうかが判然としないのである。これらの史料については本書第五章で検討されるので、ここではこれ以上の言及を控える。

さてここで、ソヴィエト史学と一線を画した、同時期の欧米における「異端者」及びその事件の研究のなかから、G・ヴェルナツキーの「ユダヤ的に思考する人々の異端とモスクワのイヴァン三世の政策」(一九三六年)に言及しておく必要がある。帝政期ロシア史学の流れを汲む彼は、「異端者」の主張の雑多性を認めつつも、依然としてその中核を中世ユダヤ教のカバラ学と考えていた。[33]

しかしこの論考で最も注目されるべきは、「異端者」へ示された大公の庇護に関するニキツキーの議論が具体化され、また発展させられている点である。ヴェルナツキーによれば、当時、大公イヴァンは、単に反教会政策を実行する上で「異端者」と協調関係を結んだわけではなかった。この時期の大公は封地制度の拡大に不可欠な新たな土地フォンドを求めて教会・修道院所領の没収を目論んでいた。そうした大公にとって「異端者」の修道制批判は好都合であり、それ故に大公は彼らを庇護するに至ったという。ところが、一五〇三年の教会会議が両者の関係に決定的な変化をもたらした。この会議において正教会は修道院所領没収策に大反対の声を上げ、その結果、大公は改めて教会の力を思い知ることになった。そこで大公は没収策を撤回し、教会と同盟するに至り、その一方で「異端者」への庇護を取り下げ、教会と共に残余の「異端者」を翌年の教会会議で裁き、火刑に処したという。[34]「異端者」と大公および教会との関係の経緯に関する以上の道筋は、後述するルリエーの単著に受け継がれた。

このように、ソヴィエトの研究と西欧の研究の両者が、「異端者」事件が当時の政治状況との関係も含めた、より広い観点から検討されるべきことを確認した。特に当時のモスクワ大公の政策と「異端者」への態度との関係を、また当時の国家と教会の関係を考慮してこの事件の研究を進めることが不可欠になった。[35]その一方で、ヨシフの『啓蒙者』そのものに関する踏み込んだ研究が求められる段階に達した。以上の点を踏まえた最初の研究であるのが、現在においても必読文献として揺るぎない位置を占めている一九六〇年のルリエーの単著である。

③ルリエーの研究

上述のカザコーヴァとルリエーの共著、それに続くクリバーノフの研究は、基本的には「異端者」事件を「反封建的異端運動」と規定するものの、広範な史料に基づいた実証研究であった点でそれまでのソヴィエト史学の研究と一線を画していた。この延長上であるが、若干異なる観点から「異端者」事件を取り上げ、ソヴィエト期の「異端者」事件研究の金字塔になったのが、ルリエーの単著『一五世紀末から一六世紀初頭のロシアの社会政治評論におけるイデオロギー闘争』である。

彼はこの書において、一五世紀末から一六世紀初頭という、まさにロシア国家形成期に出現した社会政治評論の検討を通じて、当時の階級闘争を考察した。但し彼は、この時代の階級闘争を、単純な「反封建運動」（「異端者」）と「封建領主階級」（国家と教会）との闘争ではなく、「異端者」、正教会の「ヨシフ派」、同「清廉派」、「大公権力」

という四つのイデオローグ集団間の闘争という形で描き出した。この点はカザコーヴァとの共著と大きく異なる。「封建領主階級」と規定される三集団も一枚岩ではなく、各々が様々な状況のなかで自己の利益を追求していた。「異端者」事件もまたこうした集団との複雑な関係のなかで考察されるに至った。

この書における次に特徴的な点は、徹底的な史料批判である。一九五五年の研究に付録として添えられた「異端者」事件に関する史料集の史料解題の殆どを担当したルリエーは、上述の「異端者自身の史料」の信憑性について懐疑的であった。彼は、その有効性を認めた場合であっても、該当史料が分量的に僅少であるが故に、それは「異端者」の復元にはあまり寄与しないと主張した。[36] その結果、彼は基本的に「教会側」史料を利用して「異端者」事件を復元する道を選択した。

その際にルリエーは、『啓蒙者』を詳細に分析した上で、これを史料として利用しないという大方針を立てた。[37] 彼によれば、『啓蒙者』は一五〇二―〇四年（但し一五〇四年会議前）に成立した書であった。[38] 直後の一五〇四年会議で「異端者」が火刑に処されたことを考慮するならば、『啓蒙者』という書は、既に虫の息にして敗北した存在であった「異端者」を徹底的にこき下ろし、彼らが火刑に値するという評価を確定させる目的を持っていた。従ってヨシフは意識的に真実を歪め、また「異端者」をユダヤ人と関係を持つ存在として描き出した。というのも、ルリエーによれば、キリスト教の異端に対する火刑は教会法により禁じられていたが、ユダヤ人に対する火刑執行は可能であったからだという。このように、『啓蒙者』は「異端者」の実状を歪めて記しており、それ故に、この書を利用して事件を復元することをルリエーは断念したのである。[39]

しかしその一方で彼は、この書が以前にヨシフが執筆した書簡等を下敷きにしていることを明らかにした。ヨシフはこの書簡等を改訂して『啓蒙者』の原初版（「簡素編集版」）を作成していたのである（図参照）。

図3

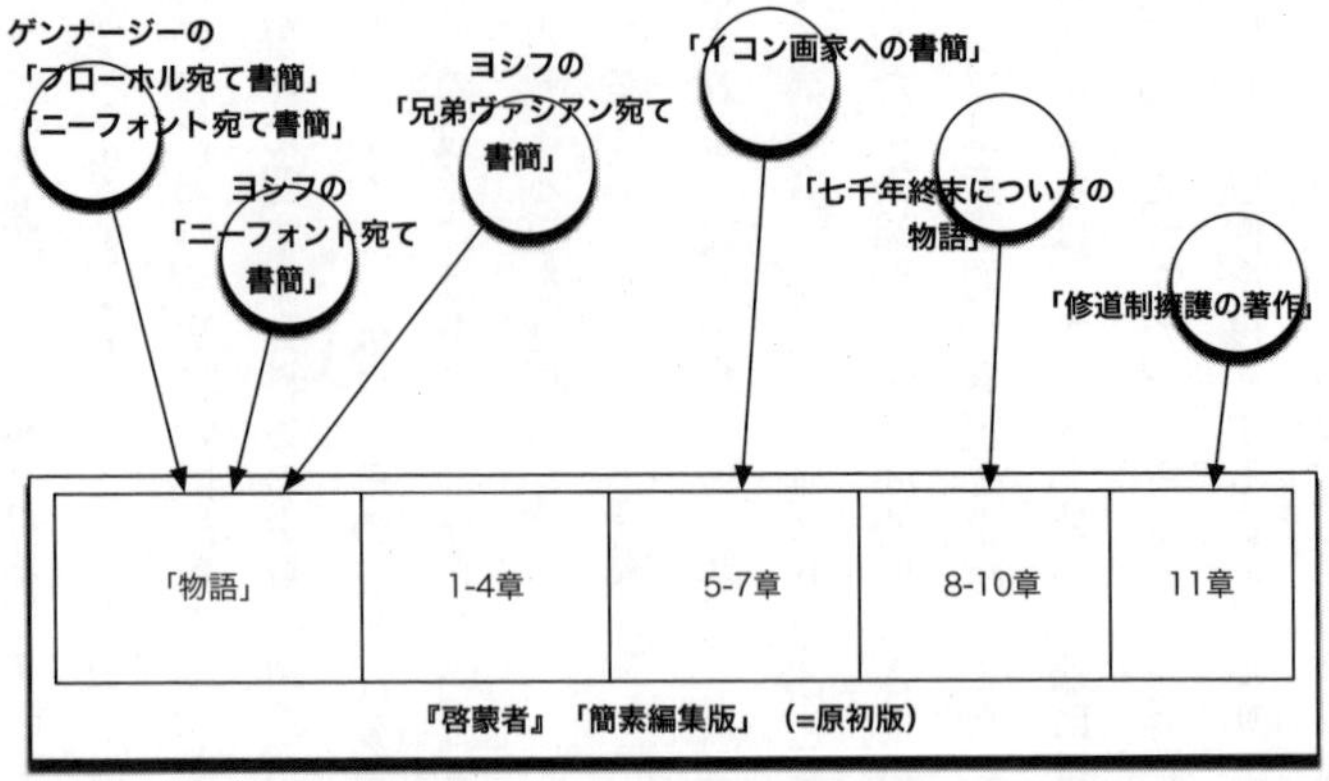

（Лурье, Идеологическая, С. 119 をもとにして作成。）

既述の通り、『啓蒙者』は事件の復元史料としては価値がない。しかし『啓蒙者』の編集時に利用された書簡類は、ルリエーによれば、『啓蒙者』とは全く異なる状況下で作成された。書簡類が書かれた時期には「異端者」はまだ大きな勢力を保っており、ヨシフは彼らと「生きた論争」を繰り広げていた。ルリエーは、こうした書簡類もやはり「傾向性」を帯びていると認めつつも、そこでは、ヨシフは「異端者」の主張に的確に反論するために彼らの見解に十分注意を払っており、従って、ここからであれば、彼らの主張を、また総じて事件を復元出来ると考えたのである。(40)

このようにして、ルリエーは、ヨシフの書簡類に依拠して「異端者」事件を以下のように再構成した。

まず「異端者」の主張について言えば、それは、彼らがノヴゴロドで活動していた当初の時期（一四九〇年以前）には、（一）「反三位一体」的主張、（二）イコン冒瀆、（三）反教会体制的主張の三点であった。次いで、彼らがモスクワを中心に活動をした時期には、（四）「七千年終末」に関連した様々な主張が行われ、（五）修道制が批判されたとする。(41)

また彼は「異端者」と当時の政治状況との関係について、ヴェルナツキーの説を踏襲し、更にこれを補足した。すなわち当時の大公は修道院所領の没収を画策しており、従って「異端者」の修道制批判は大公に好都合であった。それ故に大公は「異端者」を庇護し、彼らと一時的に共闘関係を結んだ。この関係は一四九〇年の教会会議後も維持された。すなわちデニスらノヴゴロド出身の「異端者」は一四九〇年に処罰されたが、フョードル・クーリツィンら大公側近の「異端者」はその後も「異端的活動」を継続したという。(42)

しかしルリエーによれば、一五〇二年以降一五〇四年の教会会議までの間に、以上の共闘関係は急速に崩壊した。すなわち（一）一四九〇年に急死した大公の長男イヴァンの妃で、「異端者」を庇護していたエレーナ、そしてその息子ドミトリーが大公位の後継者争いに敗れ、一五〇二年に逮捕、投獄された。また一五〇〇年頃にフョードル・クーリツィンまでもが「歴史の舞台から消えた」(43)。加えて（二）一五〇三年の教会会議において、大公の修道院所領没収計画は聖職者たちの大反対に遭い、大公は計画の保留を余儀なくされた。また（三）当時の対リトアニア戦争において、モスクワは「ギリシアの法」の守護者として、すなわち正教の守護者として立ち振る舞った。この時点で大公は、「異端者」との、そして教会との関係の見直しを余儀なくされた。大公はここで「異端者」との共闘関係を打ち切り、他方で同じ「封建階級」である教会との協調に方向転換した。その結果、一五〇四年に大公は教会と共同で、「反封建運動」である「異端者」を火刑に付した。(44)史料に裏打ちされたルリエーのこの研究は、ソヴィエト期の「異端者」研究の到達点と言える。

本書の著者は、彼が従来の研究よりも慎重に、同時代状況のなかに「異端者」を位置付けた点は評価されるべきであると考える。ただ彼は、全体としては、「封建階級」である国家と教会は「反封建運動」である「異端者」と本質的に対立するという唯物史観的根本規定に従わざるを得なかった。特に彼が「異端者」崩壊過程の検討の際に次のように述べる点は印象的である。「一五世紀末の異端運動の崩壊は、封建制への革命的抵抗というこの運動の性格により定められていた」と。[45] このシェーマ的な結論には落胆せざるを得ないが、国家及び教会と「異端者」の関係を、究極的には「封建領主階級」と「反封建運動」の関係と考えることを余儀なくされた一九六〇年当時の時代状況を考慮する時、以上の彼の全体的な結論は致し方なかろう。

とは言うものの、ルリエーを取り巻いたそうした時代状況とは別の次元でも、彼の研究は重大な問題点を抱えていた。このことを指摘せざるを得ない。

第一に、『啓蒙者』の土台となった書簡類が事実をあまり歪めていないと考えたルリエーは、そこに含まれる情報をさほど警戒せずに取り入れ、それに基づいて「異端者」事件を再構成した。しかし、そもそも教会聖職者の史料を利用して、彼らが敵視する「異端者」の主張や事件全体をどこまで再構成できるのかという一般的な問題がある。そうした史料においては程度の差はあれ事実の歪曲及び誤解は当然存在すると考えられ、この点で研究者は警戒しすぎるに越したことはない。また事実の歪曲や誤解に加え、教会の異端論駁の長い伝統の中で形成されたレッテル張りも至る所に含まれている。このような意味で、摘発者側の言説を額面通りに受け取ることは出来ないのであり、その慎重な吟味が求められるのである。

第二に、ルリエーは、『啓蒙者』を「異端者」事件の研究の史料として拒絶した。しかしその作成時に利用された書簡類では事件の全体像が語られていないので、結局のところ、事件全体の筋道についてはルリエーは、意識的か否かは判然としないが、『啓蒙者』が記す道筋に大きく依拠することになった。

この二点目は、ルリエー以前の諸研究にも共通する問題点である。事件を長期的に叙述するのが『啓蒙者』だけである以上、これはある意味で仕方のないことであった。だが、専らこの書にのみ依拠するということはすなわち、

「異端者」を摘発した人間であるヨシフの言い分に一方的に耳を傾けることを意味する。ここには異端研究一般にも通じる、「異端者」事件の研究の難しさがある。ただ、他に長期的経過を叙述する史料が存在しない以上、『啓蒙者』そのものを更に踏み込んで分析し、その筋書きを逐一吟味し、そこに描かれる事件観の妥当性を問い、場合によってはその解体に踏み込まねばならないのである。

ルリエーは『啓蒙者』自体の研究に取り組んだ。この方針自体は誤りではない。しかし残念ながら、結果として彼は『啓蒙者』の利用を停止してしまった。しかしそうではなく、『啓蒙者』の事件観を分析することが、結果として、事件全体を考察する新材料の獲得に結び付くのである。その後の研究者たちは、この点に関して議論を深めていくことになる。

(三)『啓蒙者』の事件観の解体を目指して

①ヘッシュによる批判

ルリエーに対する最初の本格的な批判はドイツのE・ヘッシュにより行われた(一九七五年)。彼は、教会聖職者の記述と現実との関係を問題にした。上述のようにルリエーは、ヨシフの書簡類に記された「異端者」に関する記述の多くを受け入れていた。これに対してヘッシュは、教会伝統的な型どおりの文言や伝統的な異端論駁文献に関する検討を予め行った上で[46]、『啓蒙者』も含め、聖職者史料に記される「異端者」事件の情報を逐一批判的に検証するという手法でその事件観の解体に先鞭を付けた。

その特に注目すべき見直しの対象は、「異端者」の主張や構成員である。ルリエーを含めた先行研究では、『啓蒙者』に従い、一つの「異端者」集団、或いはノヴゴロド出身の「異端者」及びモスクワ出身のそれからなる二つの小集団が存在したと考えられてきた。こうした伝統的見解に対してヘッシュは、「〔異端〕運動は徹頭徹尾、統一性や密集性に欠けており」、それがノヴゴロドに起源を持つことは認められるとしても、単一の集団を構成していたとは考えられないと述べた[47]。つまり彼は、ヨシフらのそうした記述をフィクションと見なすのである[48]。彼によれば、「異端者」事件は総じて、一五世紀末のモスクワによる併合直後のノヴゴロドという特別な歴史状況下で生じた社会的ルサンチマンの発現であり、それは迫りつつある七千年終末の議論から刺激を受けていた。それを具現する形で、イコン冒瀆や教会所領に対する個別の批判が幾つも噴出したのだろう、という[49]。他方で、フョードル・クーリツィン等のモスクワで見いだされた「異端者」は、ノヴゴロドの「異端者」に関係するあらゆる人物を摘発するというゲンナージーの方針に基づいて異端嫌疑を受けた人々に過ぎなかったとする[50]。このように、彼らは単一の集団を構成していたわけではなかった。しかしながらゲンナージーやヨシフは単なる推論を事実として記し[51]、ノヴゴロドの下級聖職者たちやモスクワのクーリツィンたちをあたかも単一集団に属したが如く記した。加えて一四九〇年の教会会議もその記述をそのまま受け入れたために、「異端者」という単一集団が存在したかのようなイメージが出来上がった。このように、ヘッシュは、「異端者」の構成員とされた人々がそれぞれ別個の点で告発された点に着目し、彼らは互いに無関係であったと述べると共に、それが教会聖職者によって単一集団としてまとめて描かれた結果、教会対「異端者」という事件観が成立したと考えたのである。「異端者」を断罪した人物の言説分析に大きく踏み込んだという点でヘッシュのこの研究は画期的である。

このように、いまや研究者は、教会聖職者が描く「異端者」観そして事件観を、ルリエーの如く安易に受け入れることが出来なくなった。ヘッシュが指摘するように、教会聖職者の異端論駁書に含まれる情報には、新出の異端を過去の異端と同定するために使用されたビザンツ起源の「異端カタログ」に由来するレッテルも含まれており、従ってそこから「異端者」の現実の言動や事件全体について探るには慎重な、そして個別の検討が必要とされるのである。この点の指摘はヘッシュの重要な功績である。

その結果、一つの大きな「異端者」グループの存在を前提としてきた議論に対し、踏み込んだ批判が加えられた点も注目される。そもそも存在したのは個別の人々であったとするヘッシュの意見は一見過激である。しかし、聖職者の事件観があくまで聖職者個人の主観であるという基本的な点を認めるのであれば、その事件観が生じた文脈の検討結果次第では、そこで描かれるグループ性について批判的な結論が出ることは十分にあり得る。

このようにして、あらゆる史料に関して、新しい読み方をする基盤が整えられたが、中でも重要なのは、そのことによって『啓蒙者』もまた再解釈の機会を得ることになったという事実である。『啓蒙者』の利用を避けるのではなく、むしろそこに描かれる事件観の内容及び意味を積極的に検討し直すことで、事件全体を物語る唯一の史料であるこの書は、これまでとは異なった意味で、「異端者」事件の研究史料として利用可能になるのである。

②プリグーゾフの『啓蒙者』研究

А・И・プリグーゾフは一四九〇年までのゲンナージーの「異端者」観を検討し、「異端者」がゲンナージーによりユダヤと結び付けられていく過程を描いた（一九九二年）[52]。しかし、更に重要なのは一九九三年の『啓蒙者』のテクスト学的論考である[53]。

この研究においてプリグーゾフは、ルリエーが提示した『啓蒙者』の写本系統樹を、写本テクストの綿密な比較検討に基づいて再検討し、その結果、『啓蒙者』の成立時期を一四九二―九四年の間と考えるに至った[54]。

この議論は極めて重要である。一五〇二―〇四年頃に成立したこの書においてヨシフは「異端者」を「ユダヤ」として意識的に歪めて描いたものの、その反面、一四九〇年代前半に作成された、『啓蒙者』の下敷きになった書簡類のなかには、「異端者」の主張が大凡見いだされるとルリエーは考えた。しかし一四九二—九四年に『啓蒙者』が成立したのであれば話は全く異なる。ヨシフは早い段階、つまりルリエーの言う「生きた論争をしていた時期」（九〇年代前半）において既に「異端者」の主張を意識的に歪めて記していたことになる。それに伴って、『啓蒙者』の下敷きになった書簡類の「異端者」描写や事件観の公正性も揺らぐことになった。聖職者が作成した異端論駁史料の読解が一筋縄ではいかないことを、『啓蒙者』及びその土台になった書簡類という具体的事例に基づいて確認したという意味で、このプリグーゾフの研究も極めて重要である。

③ハウレットによる批判

ルリエーに対する最も包括的な批判は、イギリスのJ・R・ハウレットの博士論文『ユダヤ的に思考する異端者とロシアの宗教改革の問題』（一九七六年）のなかで行われた。

その中で彼女が問題にしたのは、先行研究が依拠していた、或いは依拠せざるを得なかった、教会全体と「異端者」との関係を『啓蒙者』の記述に従って過度に二項対立的に見る構図である。彼女は、B・O・クリュチェフスキーの意見に依拠しながら、[55]「異端者」と戦ったゲンナージーやヨシフらの個別的な異端観（及びその根底にある、彼ら各々と「異端者」と見なされた人々との個別的関係）の徹底的な理解・整理こそが「異端者」事件の解明に結び付くと考え、摘発者たち各々の「異端者」観と摘発活動を検討し、[56]以下の結論に到達した。

第一に、一四九〇年までの「異端者」事件に関してである。ルリエーは事件解明の史料としてヨシフの書簡類を重視した一方で、ゲンナージーの書簡類については、それらにはあまり「異端者」の見解が表れていないという理由で殆ど依拠しなかった。[57]しかしこの時期の事件について記すのが、まさにゲンナージーであるという基本に彼女は立ち戻る。[58]ゲンナージーはノヴゴロド大主教に着任した一四八五年以降、幾度も「異端者」に関する報告書を現地ノヴゴロドから送っていた。それ故に彼女は、この時期について、ゲンナージーの「異端者」観と摘発活動を吟味しながら事件を検討した。彼女によれば、ゲンナージーは、宗教的にせよ政治的にせよ、彼の考える「正統」的行為からの逸脱を取り締まっていた。この逸脱とは、ノヴゴロドにおいては個別の下級聖職者たちによる規律違反であり、キリスト教信仰への攻撃ではなかった。[59]特に大主教を介さない司祭や輔祭の叙任行為がゲンナージーにより問題にされたとする。[60]またモスクワにおいては、彼はフョードル・クーリツィンやイヴァン・チョルヌィらを摘発したが、それは彼らと一四八八年に裁かれたサムソンコとの人的な繋がりが、また異端的文書の作成・筆写が問題にされた結果であった。[61]しかしフョードルらに対する告発は一四九〇年会議では受け入れられず、ノヴゴロドの下級聖職者だけが審問に付され、異端宣告を受けたという。彼女によれば、一四九〇年会議により「異端者」事件は収束した。その証拠に、ゲンナージーは以後一度も事件に言及しなくなる。

第二に、一四九〇年以降の「異端者」事件について、彼女は、ルリエーと同様、『啓蒙者』に編集される前のヨシフの書簡類を使って、但しその内容を逐一吟味しながら検討した。上述の通り、一四九〇年で事件は収束していた。しかし教会行政上の問題で府主教ゾシマを批判していたヨシフが、一四九二–九四年頃にゾシマの解任を目論見、彼を「異端者」として告発する。ゾシマは「異端者」ではなかったが、ヨシフはその目的を達成するために事実を捏造したのである。恐らくはその結果として、一四九四年にゾシマは府主教位から退くことになった。[62]

その後、一五〇三年頃、今度は大公イヴァンが、当時彼が抱えていた政治問題を解決するためにヨシフに協力を求めた。両者はここで「異端者」を利用することにした。当時、大公の後継者争いに敗れ、排除されるべき対象になっていた公妃エレーナが「異端者」と通じていたかのように仕立て上げられ、それによりエレーナの排除が正当化された。エレーナの「異端性」を証明するために、彼女の取り巻きであった書記官イヴァン・ヴォルクやイヴァシカ・マクシモフも「異端者」に仕立て上げられて処刑された。[63] 他方ノヴゴロドで処刑されたユーリエフ修道院院長カシアンは、死期を悟った大公イヴァンにより、その潜在的な自立志向を咎められたのだという。なぜならこの修道院の院長職は、一四七八年にノヴゴロドがモスクワに併合された後にも大きな政治力を保持していたからであった。そこでカシアンの処罰を正当化するために、彼とそのグループも、かつて有罪判決を受けた「異端者」として告発されて処刑されたというのである。[64]

そして、一五〇四年会議の後に初めて、ヨシフは『啓蒙者』を執筆した。[65] その際に彼は、これまでの自分の争いを、ゲンナージーと「異端者」の争いの延長上線に位置付けたという。すなわちゾシマ、そして一五〇四年に刑死したイヴァン・ヴォルクやカシアンらを「異端者」の残党として記した。[66]

このように、ハウレットは、一四九〇年までの「元々の」「異端者」事件と、ゾシマや一五〇四年に処刑された人々とは無関係であったと論じた。ゾシマはヨシフにより、また一五〇四年に裁かれた人々は大公により（ヨシフの助言を受けて）、久しく忘れ去られていた「異端者」として仕立て上げられて告発されたに過ぎなかったというのである。

ハウレットが、ヨシフに従って「ノヴゴロドの異端者」を「教会と対立する存在」であると予め規定せずに、「異端者」をめぐる言説空間を整序し、誰が誰（何）をどの様な状況で異端と見なし、告発していたのかという点を意識的に検討した点は重要である。その結果、彼女の研究は、さながら（一）教会全体が、（二）当初から最後まで一貫して「異端者」を問題にし、これと対立していたかの如き構図から脱却した。つまりこの研究は、これまでの研究が逃れられなかった『啓蒙者』の二項対立的「異端者」事件観から脱却したと言える。この点は評価されるべき重要な点である。

＊到達点と課題の確認

ヘッシュとプリグーゾフの研究が明らかにしたように、率直に史料を読めば「異端者」事件を大まかには復元できるとする楽観的な見方は既に通用しない。教会聖職者は伝統的なレトリックを頻繁に用いて「異端者」及びその事件を描いており、その実態に関する情報はそうしたレトリックのなかに織り込まれているからである[67]。また、そこに記される記述が客観的事実なのか、或いは告発のために捏造された虚像であるのか、という点にも留意せねばならない。このように、現実とレトリックや虚像とを慎重に区別する努力が不可欠である。

他方、「異端者」事件の研究は長い間『啓蒙者』の事件観から強く影響を受けており、その結果、「異端者」は一四七〇年頃に出現して以来一五〇四年に火刑に付されるまで一貫して存在し続け、またゲンナージーによる摘発以来、恒常的に教会全体と争い続けた存在と理解されてきた。しかし我が国でもよく知られるように、異端は原初的にはレッテル張りによって生じる相対的存在である。従って、一四八〇年代にゲンナージーにより「異端者」と呼ばれた存在と、一五〇四年にヨシフにより「異端者」と呼ばれた存在とが同一の人々・グループを指すのかどうかについては、ヘッシュとハウレットが論じたように、十分に検討の余地がある。とりわけ目前の敵対者を過去に発生した異端として告発することが、伝統に基づいた、そして非常に効果的な攻撃手段であったことを考慮する時、「異端者」に関しても、当初のそれとそれ以降の「異端者」とが果たして同一の存在であるかどうかを確認しながら事件全体を検討する必要がある。

従ってハウレットが述べるように、教会全体と「異端者」との二項対立を所与の前提とするのではなく、個々の聖職者が記す「異端者」に関する諸言説を吟味し、彼が誰（何）をいかなる状況で異端と見なしたのかを意識的に問う必要がある。一言で言えば、言説空間の再構築が本書の課題になる。以上が「異端者」事件の研究の大まかな到達点であり、本書もこれを糧に事件を論じるべきであることを確認できる。

さて、以上のように先行研究を概観し、その到達点を明確にしたが、そこで明らかにされたように、本書はとりわけハウレットの研究に大きく依拠することになる。その意味では本書はハウレットの研究の二番煎じ的な側面があることは否めない。ただ、それでも尚、著者は、研究を進める余地がかなり残されていると考えている。その中で、最も重要なことは、『啓蒙者』に対する彼女の態度である。簡単に言えば、彼女はヨシフの『啓蒙者』の価値を過小に評価してしまっている、ということである。

ハウレットは上記の検討を進める際に、『啓蒙者』が一五〇四年以後に作成されたと考え、それ故に事件の検討に際し、この書を基本的には使用しなかった。ハウレットが述べるように、仮に『啓蒙者』が事件の「解決」後に作成されたのであれば、本書の著者もこうした手法を妥当と考える。しかし残念なことに、ハウレットのこの意見は、ルリエーやプリグーゾフらが進めてきた『啓蒙者』研究の成果を踏まえていない。この書（原初版）が一五〇四年以前に作成されたことは確定的である。従って、本書の著者は『啓蒙者』の異端言説の検討を通じ、とりわけ一四九〇年代前半の「事件」に関して、ハウレットの意見を塗り替えることが出来ると考える。

加えて一六世紀初頭の「事件」について、ハウレットは、極めて慎ましい態度で、史料の僅少さを理由にこれに深く立ち入ることなく、簡単な仮説、見通しの提示で済ませた。そうした彼女の意見は極めて示唆に富んでおり、本書の著者もそれに同意できる部分が多いのだが、やはりその論証作業が必要である。本書では、この点について、ハウレットの意見を完全に裏付けることは出来ないとしても、彼女よりも数歩踏み込んで論じることにより、大まかにはこの時期の事件について、彼女の意見を補強し、部分的には修正することが出来るように思われる。

尚、本書で事件は三つの時期に区分され、その各々が第一部から第三部で論じられる。第一部は一四九〇年の教会会議で一端収束するまでの事件について論じられる。第二部ではその後、一四九〇年代前半における事件が検討される。そして第三部では一五世紀末から一五〇四年の会議に至るまでの時期の事件が検討される。この区分の妥当性について、著者は本書において自ずから明らかになると考えるが、簡単にここで述べておこう。著者はこの三つのそれぞれの時期において、「異端者」として摘発された人々は全く異なっていたと考えている。またそうした彼らを「異端者」として摘発した側も異なっていたと考えている。つまり三つの時期にはそれぞれ別個の「異端者」事件が生じており、それが後にとりわけヨシフ・ヴォロツキーとその弟子たちにより、『啓蒙者』新版等において、一つの互いに繋がりのある事件として描かれたと著者は考えている。これが本書で事件が三部に分けて論じられる所以である。

＊＊＊

【註】

（1）この名称は自称ではなく、彼らを最初に摘発したノヴゴロド大主教ゲンナージーによる蔑称、レッテルである。後に彼らを摘発し始める修道院長ヨシフ・ヴォロツキーもこの呼称を使用した。邦語文献においては、「ユダヤ派」「ユダヤ風異端」「ユダヤ的異端」と訳されている。アメリカ、イギリスにおいても The Heresy of the Judaizer（ユダヤの異端）と呼ばれている。しかし、この呼称は、それで呼ばれる当該対象とユダヤ教やユダヤ人との関係を所与のものとして連想させるので、ソヴィエト史学において学術用語として使用されなくなった。これに代って現れたのが、「ノヴゴロド・モスクワ異端」や「反三位一体派」という呼称である。*Зимин* А.А. О политической доктрине Иосифа Волоцкого. ТОДРЛ., т. 9. М-Л.,

1953, С. 164; *Казакова Н.А., Лурье Я.С.* Антифеодальные еретические движения на Руси XIV-XVI веков. М.-Л., 1955（Далее АЕД.）, С. 73; *Клибанов А.И.* Реформационные движения в России в XIV - первой половине XVI в. в. М., 1960, С. 176. しかし、本書の著者は、敢えて旧来の「ユダヤ的に思考するノヴゴロドの異端者」という呼称を使用する。確かに、この呼称は教会聖職者の偏見を強く反映している。加えて以下で述べられるように、彼らとユダヤ教やユダヤ人との直接の関係は存在しなかったと考えられる。しかし、それにも拘わらず、異端という存在が、第一にそれを異端と見なす側のイニシアチヴにより生じるという点に着目するならば、当時の聖職者が使用した呼称をそのまま使うほうがよいと著者は考えている。

（2）例えば *Лурье Я.С.* Идеологическая борьба в русской публицистике конца XV- начала XVI в. М.-Л., 1960, С. 75-203, 407-426を参照。

（3）端的に言えば、この時期以降、教会はその足場をモスクワ大公権に移し、そのエージェント的存在になっていく一方で、大公権もまた、教会により、庇護者の域を超えて神格化されていく。

（4）栗生沢猛夫「ヨシフ・ヴォロツキーの政治理論」『スラブ研究』第一六／一七号、一九七二／一九七三年、九一―一二四／二〇三―二三九頁。ソヴィエト時代の研究においては、一五世紀後半から一六世紀のロシア正教会は国家から一定の距離を保とうとしていたとされた。*Зимин,* О политической, С. 159-177; *Лурье,* Идеологическая, С. 204-284.

（5）この名称は一七世紀の写本で初出する。それ以前の写本では単に「異端者に対する書」としか呼ばれていない。本書では紛らわしさを回避するために、この書を便宜的に『啓蒙者』と呼ぶ。

（6）これまでの研究者が「反三位一体」的主張とひとまとめに呼んだ「異端者」の主張は、厳密には（一）父なる神には子も聖霊もないとする主張、（二）キリストは神の子でないとする主張、といった反三位一体的主張に加え、（三）モーセの律法を遵守すべきとする主張、（四）父なる神に対する冒瀆からなっている。本書も先行研究に倣い、これらをひとまとめに括弧付きで「反三位一体」的主張と呼ぶ。

（7）七千年とは、世界開闢暦（いわゆるビザンツ暦）七千年（ユリウス暦一四九一／九二年）のこと。これをめぐり、大別して（一）「七千年終末説」、（二）「終末遅延説」、そして（三）終末不成就という現実を根拠とする、七千年が過ぎた後に出現した「使徒・教父批判」が生じた。本書第二章を参照。

（8）*Иосиф Волоцкий.* Просветитель. Казань, 1903, С. 31-32; АЕД. С. 469.

（9）Просветитель, С. 37-40; АЕД. С. 471.

（10）Просветитель, С. 524; АЕД. С. 471.

（11）АЕД. С. 419-433.

（12）АЕД. С. 436.

（13）Полное собрание русских летописей（以下ПСРЛ.と略）. т. 28. М.-Л., 1963, С. 159.

（14）通常、エレーナとドミトリーの逮捕は一五〇二年とされてきた。これに対しハウレットは一五〇三年説を採った。しかし九月暦で記される年代記において七〇一〇年春の項で記されるこの記事は、一五〇二年四月を念頭においていると考えるべきである。Howlett J. R. *The Heresy of the Judaizers and the Problem of the Russian Reformation*, Oxford, 1976, p. 117.

（15）ПСРЛ. т. 28, С. 336.

（16）*Плигузов А.И.* "Книга на еретиков" Иосифа Волоцкого. История и палеография. М., 1993, С. 135.

（17）Просветитель. С. 523.

（18）*Татище В.Н.* История Российская. т. 6, М.-Л., 1966, С. 77-78, 97; *Карамзин Н.* История государства Российского. кн. 2, т. VI. СПб., 1842., С. 121-126, 203-204. その際にタチーシチェフはスハーリヤがイヴァン三世によりノヴゴロドで処刑されたとする独自の見解を出したが、その史料的根拠は明らかでない。ルリエーはこの記事をタチーシチェフの捏造と考えた。同時にルリエーは、スハーリヤ自体がヨシフの捏造した架空の人物であるとまで考えている。*Лурье*, Идеологическая, С. 76-77, 129-130. しかしジミーン、ヘッシュ、プロホロフはスハーリヤの存在までをも否定する根拠はないとする。*Зимин А.А.* Россия на рубеже XV-XVI столетии. М., 1982, С. 83; Hösch E. Orthodoxie und Häresie im alten

Rußland. Wiesbaden, 1975, S. 69-70; *Прохоров Г.М.* Прение Григория Паламы с хионы и турки и проблема жидовская мудрствующих. ТОДРЛ. т. 27. Л., 1972, С. 339-369.

(19) まずはゲンナージーの「府主教ゾシマ宛て書簡」（ААЗ. т. 1. 1836）、大公イヴァン三世と府主教ゲロンチーの「ゲンナージー宛て書簡」（Акты исторические. т. 1, СПб., 1841, No. 285）、ゲンナージーの「前ロストフ大主教ヨアサフ宛て書簡」とヨシフの「院長ミトロファン宛て書簡」（ЧОИДР. М., 1847, No. 8）が公刊された。一八六二年のセルヴィツキーの研究はこうした史料を初めて積極的に利用したものであるが、彼はその際に「サライ主教プローホル宛て書簡」と「一四九〇年の教会会議の判決書」を手稿を利用して断片的に紹介した。*Сервицкий А.И.* Опыт исследования ереси новгородских еретиков или "жидовствующих". Православное обозрение. 8（1862）, С. 305, 437. また次の年には「一四九〇年の教会会議に宛てた書簡」（Православный собеседник. 1863. ч. I. С. 476-481）が公刊された。И・フルシチョフは一四八八年の「スーズダリ主教ニーフォント宛て書簡」を公刊したが、これはやはり抜粋・断片であった。*Хрущов И.* Исследование о сочинениях Иосифа Санина. СПб., 1868. С. XVIII, XXII-XXIII. 両者が完全な形で公刊されるのは一九五五年である。АЕД. С. 309-313. このように総じてゲンナージーの書簡について言えば、一四九〇年の府主教ゾシマに宛てた書簡を除き、部分的公刊であり、多くの研究者にとってその包括的な利用は閉ざされていた。これに対して「ヨシフ史料」については、一八五七年の『啓蒙者』の公刊を以てほぼ全ての関連資料が入手可能になっており、ゲンナージー史料の状況とは雲泥の差があった。

(20) *Никитский А.И.* Очерк внутренной истории церкви в Великом Новгороде. Журнал министерства народного просвещения（ЖМНП.）. ч. 204（1879）, С. 46-55. 同時期のИ・パノーフの研究（一八七七年）も『啓蒙者』から距離を取り、「異端者」をユダヤ教徒というよりもキリスト教的な異端者のステレオタイプに近い形で描いた。彼によれば、「異端者」はロシア社会の知的傾向の申し子であり、クリミアから来たカライ派ユダヤ人（スハーリヤ）から天文学などの知識を獲得した「キリスト教的理性主義とユダヤ教の哲学的・リベラル派との混合」であった。*Панов И.* Ересь жидовствующих. ЖМНП. ч. 189, СПб., 1877, ч. 189, С. 1-40, 253-295; ч. 190, С. 1-59.

(21) *Никитский*, Очерк, С. 57-58.
(22) 当時のロシアでは正教会の権威が高く、マカーリーやＥ・Ｅ・ゴルビンスキーは聖人ヨシフの『啓蒙者』からの引用だけで「異端者」をいかなる留保もなくユダヤ教徒とした。*Макарий*. История русской церкви. т. 6, кн. 1, СПб., 1887; *Голубинский Е.Е.* История русской церкви, т. 2-1, М., 1900, С. 559-615.
(23)「封建主義に対するあらゆる一般的なかつ公然たる攻撃が、特に教会に対する攻撃が…（中略）…主として神学上の異端邪説でなければならなかったのは当然のことである」。Ｆ・エンゲルス著（大内力訳）『ドイツ農民戦争』岩波文庫、一九七〇年、六二―六三頁。
(24)「異端者」を西欧におけるプロテスタンティズムと同種の社会的抗議運動と見なしたのが、Ｈ・Ｍ・ニコリスキーである（一九三〇年）。彼は「異端者」事件をノヴゴロド大主教座教会の退廃に対する、都市下層民や下級聖職者の抗議と見なした。この抗議は、ニキツキーが述べたように「七千年終末」の接近と共に強まった。他方で、大土地経営に対する「異端者」の批判は、大公にとって好都合であった。当時「中央集権国家」の建設に取り組んでいた大公は、これに敵対的であったノヴゴロド大主教座やロシア各地の大修道院と闘争していたからである。そこで「異端者」と大公は、教会・修道院所領の没収を目指す点において意見の一致をみたという。*Никольский Н.М.* История русской церкви. М., 1988, С. 86-104.

これに対し、Б・А・ルィバコーフは、異端を「封建制時代」における「反封建運動」と規定するエンゲルスの見解に則って「異端者」を解釈した（一九三四年）。彼は「異端者」の「反封建的性格」を、また彼らの活動の階級闘争的性格を強調した。その際に彼は、イエズス会に代表される「戦闘的教会人」のイメージを、「異端者」を摘発したゲンナージーやヨシフに当てはめており、その結果、彼の描く「異端者」と教会との争いは「妥協なき」様相を帯びた。しかしこの研究では、両者の争いが大局的かつ図式的に描かれており、「異端者」の具体的な主張等に関する綿密な議論は行われていない。*Рыбаков Б.А.* Воинствующий церковник XVI века. Антирелигиозник. 1934 (3), С. 21-31; (4), С. 21-31.

И・У・ブドーヴニッツは「異端者」の本質を「反封建運動」と考えつつも、ニコリスキーと同様に、彼らのプロテスタンティズム的側面も強調した（一九四七年）。彼によれば、「異端者」は、一四世紀から続く「安価な教会」（エンゲルス『ドイツ農民戦争』、六六―六七頁。）を求める社会運動であった。*Будовниц И.У.* Русская публицистика XVI века. М.-Л., 1947, С. 48-65.

(25) *Будовниц*, Русская, С. 55.

(26) АЕД. С. 77-220.

(27) АЕД. С. 256-523.

(28) *Клибанов*, Реформационные, С. 4-6, 384, 387-389.

(29) こうした書物の大多数は、大主教ゲンナージーがその書簡等において挙げたものである。彼によれば、「異端者」は、改訂された『詩篇』、『六つの翼』、『ローマ教皇シリヴェストル』、『アレクサンドリアのアタナシオス』、『新出の異端ボゴミールに対する司祭コスマスの説教』、『ブルガリア皇帝ボリスに宛てた総主教フォティオスの書簡』、『預言書』、『創世記』、『царства〔サムエル記と列王記を併せたもの〕』、『箴言』、『メナンドロス』、『シラクの子イエスの知恵〔シラ書〕』、『ロギカ〔ロジック〕』、『アレオパギトゥスのディオニシオス』〔の書〕を所持していた。АЕД. С. 320. それ故に研究者たちはこうした書のなかから「異端者」の主張を取り分けようと試みた。しかし本書の著者の考えではそれは困難である。ゲンナージーは、こうした文書の所有者を一般的に異端者と呼んでいるに過ぎない。加えて文脈上においてもこの人々を「ノヴゴロドの異端者」と考えることは出来ない。そもそもゲンナージーは、よく知られるように、当時の第一級の知識人であり、西欧やビザンツ、またユダヤ文献を大量に入手、翻訳するなど多方面で活動しており、彼の目から見て異端的と映るものは恐らく数多く存在した。そうした彼が異端的と見なすものを全て「ノヴゴロドの異端者」と関係付けるのは、あまりに粗雑な議論である。*Лурье*, Идеологическая, С. 204-284. 松木栄三「ノヴゴロド大主教の白頭巾」『地中海論集』一二号、一九八九年、二九―三九頁。また、当時の教会聖職者の間でもこうした文書が流通していたことが明らかにされている。*Розов Н.Н.* Соловецкая библиотека и ее основатель игумен Досифей. ТОДРЛ. т. 18, 1962, С. 294-304; Howlett, *The Heresy*, p. 151. 各々の文書については、ここでは参照文献の列挙に留める。『詩篇』については Сочинения Н.С.

Тихонравова. т. 1. Древняя русская литература. М., 1898, С. 32-33; Послание Федора жидовина. О ереси жидовствующих. ЧОИДР., 1902, кн, 3. С. 98-100; *Голубинский*, История, т. 2-2. С. 886-887; *Сперанский М.Н.* Псалтырь жидовствующих в переводе Федора евреи. ЧОИДР. т. 221. М., 1907, С. 7-9, 51を参照。「エステル記」についてはСочинения Н.С. Тихонравова, С. 32; *Соболевский А.И.* Переводная литература московской Руси XIV-XVII веков. СОРЯС., т. 74, 1903, С. 434-435; *Мещерский Н.А.* Превнерусский перевод евреиской книги «Есфирь» и проблема переводов с еврейского в древнерусской литературе киевского периода. Диссертация. Инст. Востоковед. АН СССР. машинопись. 1946.（本書の著者未見。この説についてはルリエーに依拠した。АЕД. С. 142）を、「ダニエル書」については *Евсеев И. Е.* Книга пророка Даниила в переводе жидовствующих по рукописи XVI века. ЧОИДР., 1902, кн, 3, С. 129-164; *Соболевский*, Переводная, С. 400を参照。

また『ロギカ〔ロジック〕』については*Соболевский*, Переводная, С. 401-409; Howlett, *The Heresy*, pp. 160-161を、『六つの翼』についてはАЕД. С. 311, 318-319; Библиотека литературы Древней Руси. т. 7, СПб., 1999, С. 572を、『メナンドロス』についてはАЕД. С. 133-134; *Дмитриева Р.П.* Светская литература в составе монастырских библиотек XV и XVI в. в. ТОДРЛ., т. 23, 1968, С. 143-170; Howlett, *The Heresy*, pp. 159-160を参照。この三書に加えてА・И・ソボレフスキーは、独自の理論により、『コスモグラフィア』、『秘密のなかの秘密 тайная тайных』、『羊の肩甲骨 лопатчник』といった文献を「異端者」の著作と推定する。*Соболевский*, Переводная, С. 399, 409-413, 419-424; Howlett, *The Heresy*, pp. 149-150.

『教皇シリヴェストル』の書についてはАЕД. С. 137; Howlett, *The Heresy*, pp. 151-152を、『アレクサンドリアのアタナシオス』の書についてはHowlett, *The Heresy*, p. 152; *Седельников А.Д.* К изучению Слова кратка и деятельности дминиканца Вениямина. Известия отделения русского языка и словесности. т. 30, 1925, С. 222を、また「シラクの子イエスの知恵」についてはОписание славянских рукописей, отд. 1., С. 80-87; *Срезневский И.* Обозрение древних русских списков Кормчей книги. СОРЯС. 65, 1897, No. 2を参照。これには邦訳がある。「ベン・シラの知恵」『聖書外典偽典2 旧約外典Ⅱ』教文館、一九七七年、五九—二〇七頁。『アレオパギトゥスのディオニシオス』の書については Полный православный богословский энциклопедический словарь. т. 1. М., 1992, С. 741; *Лурье*, Идеологическая, С. 188; Howlett, *The Heresy*, p. 161を、『新出の異端ボゴミールに対する司祭コスマスの説教』については Howlett, *The Heresy*, pp. 153-157『ブルガリア皇帝ボリスへ宛てた総主教フォティオスの書簡』については Howlett, *The Heresy*, p. 157を参照。

イヴァン・ヴォルク・クーリツィンの「教会法令集」については *Бегунов Ю.К.* Кормчая книга Ивана Волка Курицына. ТОДРЛ., т. 12, М.-Л., 1956, С. 141-159及び本書第五章を参照せよ。

(30) АЕД. С. 277-305; *Клибанов*, Реформационные, С. 35-62.

(31) АЕД. С. 256-276及び本書第五章第一節を参照。

(32) *Лурье*, Идеологическая, С. 91; Howlett, *The Heresy*, pp. 147-195.

(33) Vernadsky G. The Heresy of the Judaizers and the Policies of Ivan III of Moscow. *Speculum* 8（1933）, pp. 437-438, 442. 一般的に言えば、欧米の研究では帝政期ロシアの研究が引き継がれた結果、特に「異端者」の主張について、聖人ヨシフが記した「異端者」観が若干長く生き延びたと言える。J・フェンネルは、著書『イヴァン大帝』（一九六一年）で、ヨシフが挙げるような「反三位一体」やイコン冒瀆、修道制批判などをそのまま彼らの主張として挙げている。Fennell J.L.I. *Ivan the Great of Moscow*. London, 1961, pp. 326-327, 332-333. 他方で、亡命教会史家A・B・カルタショフは「異端者」を未だに純宗教的存在として捉えていた（一九五九年）。彼はヨシフの『啓蒙者』の叙述をほぼそのまま受け入れ、府主教ゾシマについても、ヨシフに従い、「異端者」であったと断定している。*Карташев А.В.* Очерки по истории русской церкви. т. 1, М., 1992, С. 387, 489-505. 著名な教会史家G・フェドートフは「異端者」事件に言及しない。Fedotov G. *Russian religious mind. vol. 2. The Middle Ages*. Cambridge, 1966.

(34) かつてA・C・パヴロフは、イヴァン三世が当時、軍事勤務人（士族）に給付するための封地フォンドを必要としており、そのために教会領、修道院所領没収を目論んでいたと主張したが、ヴェルナツキーはこの意見を援用して、大公と「異端者」との共闘の理由を、両者が共に教会・修道院領の没収を目標としていた点に求め、そのことによってニキツキーの議論を具体化した。Vernadsky, *The Heresy*, pp. 442-446. ニキツキーは、対教会闘争を大公と「異端者」との共闘の主要因と見なす。

（35）こうした点はフェンネルによっても主張されている。Fennell, *Ivan the Great*, pp. 324-354.

（36）*Лурье*, Идеологическая, С. 84-85, 91-95.

（37）先行研究では、『啓蒙者』が史料として使用不可能であることが、単に偏見に満ちている等の主観的な根拠に基づいて主張されてきた。例えば *Никольский*, История, С. 88-89.

（38）一九世紀以来、この書の成立年代は一四九二－九四年（或いは一四九三年）と考えられてきた。Просветитель, С. 14; *Хрушев*, Исследование, С. 142; *Попов Н.П.* Иосифово сказание о ереси жидовствующих по спискам Великих Миней. Известия отделения русского языка и словесности императорской академмии наук, т. 18, кн. 1. СПб., 1914, С. 173-197. これに対してルリエーは、（一）大公書記官フョードル・クーリツィンを「異端者」と呼ぶこの書の成立は、彼の庇護者エレーナの失脚（一五〇二年）後に初めて可能となったこと、（二）この書が、成立時には一五〇四年会議について記していなかった、という根拠により、この書の成立を一五〇二－〇四年（但し一五〇四年会議前）と考えた。*Лурье*, Идеологическая, С. 96-112.

（39）*Лурье*, Идеологическая, С. 96-121.

（40）*Лурье*, Идеологическая, С. 112-128.

（41）*Лурье*, Идеологическая, С. 164-178.

（42）*Лурье*, Идеологическая, С. 152-154; 180-181.

（43）一五〇〇年以降、史料が彼に言及しなくなる。ルリエーはこれを彼の失脚の如く想定する。*Лурье*, Идеологическая, С. 407. この意見に対してはハウレットの批判がある。Howlett, *The Heresy*, p. 89.

（44）*Лурье*, Идеологическая, С. 407-426.

（45）*Лурье*, Идеологическая, С. 407.

（46）Hösch, Orthodoxie, S. 17-33.

（47）Hösch, Orthodoxie, S. 68.
（48）Hösch, Orthodoxie, S. 86-87.
（49）Hösch, Orthodoxie, S. 83-85.
（50）Hösch, Orthodoxie, S. 74.
（51）Hösch, Orthodoxie, S. 76, 78.
（52）Pliguzov A. I. Archbishop Gennadii and the Heresy of the "Judaizer". *Harvard Ukrainian Studies*. Vol. XVI. Num. 3/4, 1992. pp. 269-288.
（53）*Плигузов*, "Книга на еретиков", С. 90-139.
（54）*Плигузов*, "Книга на еретиков", С. 135. 彼によれば、七千年が過ぎた後に、一〇章からなる『啓蒙者』がまず作成された。次いでヨシフは、一五〇八年頃に、当時の正教会において焦眉の問題であった修道制批判に対する反論を第一一章として作成し、ここに『啓蒙者』の新版が成立したという。この意見に対してはルリエーの再批判がある。彼は再度自説（一五〇二—〇四年説）を補強し、一五〇四年直前に作成された「一一章版」こそが『啓蒙者』の原初版だとする。*Лурье Я.С.* Когда была написана "Книга на новгородских еретиков" ТОДРЛ. т. 49. СПб., 1996, С. 78-88.
（55）Рукописный отдел Музея истории религии и атеизма, К. О/п, оп. No. 1, No. 52, л. 5. 引用部はАЕД. С. 79-80による。
（56）Howlett, *The Heresy*, p. 18.
（57）АЕД. С. 117.
（58）ルリエーは、一四七〇年代末のヨシフの「院長ヴァシアン宛ての書簡」を「異端者」に対する論駁書簡とみなし、ヨシフが既に七〇年代から、ひいては一五〇四年までの全期間を通じて対「異端者」闘争の指導者であったと考えた。*Лурье*, Идеологическая, С. 155-158. しかし、ハウレットが明らかにしたように、「ヴァシアン宛ての書簡」を「異端者」を念頭において書かれたものとは考えにくい。Howlett, *The Heresy*, pp. 22-24.
（59）Howlett, *The Heresy*, p. 77; *Хоулетт Я.С.* Свидетельство архиепископа Геннадия о ереси "новгородских еретиков

жидовская мудрствующих". ТОДРЛ. т. 46. Л., 1993, С. 53-73.

（60）Howlett, *The Heresy*, p. 32.

（61）クーリツィンの告発は、リトアニア問題に関連してゲンナージー自身に向けられた疑いを取り除くために行われたという。Howlett, *The Heresy*, pp. 198-199.

（62）Howlett, *The Heresy*, pp. 96-104, 113-115.

（63）Howlett, *The Heresy*, pp. 115-132.

（64）Howlett, *The Heresy*, pp. 140-146.

（65）ハウレットによると、『啓蒙者』は、異端問題が決着した一五〇四年以降に執筆された、正教会に伝統的な神学書であり、「異端者」を正教会の異端史に位置付けるものであった。彼女によれば、「異端者」は、この書の序章に当たる「新出の異端についての物語」及び、『啓蒙者』最終章（彼女によれば第一五章）においてのみ記されている。それ以外の章（第一–一四章）で描かれているのは「異端者」ではなく、これまでの正教会に出現した歴代の異端者であるという。しかしながら「物語」及び第一五章に記される「異端者」の記述もまた、異端一般に付される伝統的レッテル張りに満ちており、加えて、上述のようにこれは同時代史料ではないので、結局のところ、「異端者」の言動や歴史の復元のために『啓蒙者』の情報を利用することは困難であると彼女は考えている。Howlett, *The Heresy*, pp. 21-22.

但しこうした彼女の説は、それまでの『啓蒙者』研究の議論を踏まえたものではなく、プリグーゾフから批判を浴びている。*Плигузов*, "Книга на еретиков", С. 131を参照。

（66）Howlett, *The Heresy*, p. 132-140.

（67）*Цветков М.А.* Послание архиепископа Геннадия новгородского епископу Прохору Сарскому в контексте с правилами новгородских кормчих конца XV- начала XVI вв. Новгородский исторический сборник. т. 9（19）. СПб., 2003, С. 179-196. このことは、とりわけビザンツ的な異端認識の伝統を勘案する時に顕わになる。ビザンツの聖職者は、ボゴミール派やパウロ派の異端性を立証するために、彼らを、実際には彼らに無関係であった、過去に有罪とされた異端者（メッサリ

ア〔マッサリアノイ〕派等）として記した。*The Oxford Dictionary of Byzantium*, vol. 3, New York, 1991, p. 1606; 草生久嗣「一二世紀ビザンツ帝国のボゴミール派問題」『史学雑誌』一〇九編七号、二〇〇〇年、五一頁等を参照。

第一部　「ノヴゴロドの異端者」事件の原形

第一章　一四九〇年までの「異端者」事件

——モスクワ教会と旧ノヴゴロド教会との相克から「異端者」事件へ

はじめに

上述のように、一九六〇年頃までの「ノヴゴロドの異端者」事件の研究では、彼らを摘発したヨシフ・ヴォロツキーの、とりわけ『啓蒙者』に描かれる事件観が直接的に引き継がれ、事件があたかも発生当初から一五〇四年のその終焉の時まで一貫して、正教会と「異端者」との戦いであったかの如く考えられてきた。(1) しかしその後、そうした事件観の恣意性が次第に明らかにされ、その結果、本章が扱う一四九〇年以前の時期の「異端者」事件に関しても、ひとまずはヨシフが後代になって提示した構図に依拠せずにそれを考察する必要があるとの認識が共有された。Ｅ・ヘッシュ、Ａ・И・プリグーゾフ、Ｊ・ハウレットは既にそうした認識に基づきながらこの時期の事件の解明に取り組み、とりわけハウレットは大きな成果を上げた。(2) 彼女によれば、「異端者」と認識された人々は、信仰上にせよ、或いは政治的にせよ、大主教が考える「正教」から逸脱した者たちであった。彼らは多様な点で大主教から別個に問題視された雑多な人々からなっており、互いに殆ど関係を持たなかった。しかし教会の伝統的手続きに従って取り扱われた結果、彼らは、各個人の本来の罪状及び個別性は殆ど考慮されずに、キリストや聖母、イコン冒瀆という同一の異端判決を受け[3]、加えて全員が一つの集団「ノヴゴロドの異端者」を形成していたかの如くに判断されたというのである。言うまでもなく、こうした結論は、ヨシフが後代に描いた二項対立的な図式とは全く相容れない。

概して述べるならば、ハウレットのこの説には説得力がある。従って、残された仕事は、彼女がやり残した作業に取り組むことであるのだが、その作業は、著著の考えでは、「異端者」事件の研究にとって非常に重要である。それを以下で確認しておこう。

ハウレットが残した課題――それは、ゲンナージーが「正教」と見なしたものと、そこから逸脱したと判断されたものとの境界線がどこに敷かれていたのかという問題の追求である。この線引きは、言うまでもなくゲンナージーの主観で行われたのであるが、著者の考えでは、その線引きはハウレットが見過ごした一定の傾向・基準・背景によって規定されていた。それ故に線引きの傾向を探ることで、ゲンナージーによる「異端者」としての特定の人々の摘発が有する重要な意味を明らかにできる。言い換えるなら、一四九〇年までの「異端者」事件の理解を深めることが出来るのである。

仮説として予め述べておくならば、一四七八年のモスクワ大公国によるノヴゴロド国家の併合、そして特に一四八四年以降のノヴゴロド教会へのモスクワ支配の強化が、ゲンナージーの線引きを考える上で、従って総じて「異端者」事件を考察する上で看過できない重要な要素の一つである。そうした仮説を導くに際し、著者は以下の点から示唆を得た。

第一に、ノヴゴロドはゲンナージーが大主教に就任する僅か六年前までモスクワとは別の国家であった。つまり、併合されてまだ日が浅かった。

第二に、摘発された人物の殆どがノヴゴロド大主教管区の聖職者及び雑役であった。他の管区の聖職者や雑役、また俗人が殆ど告発されていないという状況は、「異端者」事件が、大主教と彼が管轄する大主教管区の聖職者団との関係に深く結び付いていることを示唆する。

また第三に、モスクワによるノヴゴロド併合後の大主教はモスクワ出身者で占められたのだが、ゲンナージーもその一人であった（併合後二人目）。ノヴゴロド独立時代の大主教は一二世紀半ば以降約三二〇年に渡り、全員がノヴゴロド出身者で占められており、ノヴゴロドの民会により選出されていた。この事実を考慮すれば、モスクワから来た大主教が多くの点で現地の聖職者団と立場を異にすることは十分にありえた。現にゲンナージーの前任者で、初のモスクワ出身の大主教セルギーは、現地ノヴゴロドの住民と対立し、「病気になって」大主教を一年未満で自ら退位した。(4)

第四に、以下第一節で述べられるように、ゲンナージーはノヴゴロドに到着した後、土着の異教的慣習も含めた「ノヴゴロド的現実」に戸惑っていたように見える。一一世紀末ごろからのノヴゴロド国の自立は、ノヴゴロド大主教座を府主教座からの半自立状態に置いた。この状態が一四七八年にこの国がモスクワに併合されるまでの間に、教会内において独自の秩序や慣習を育んだ可能性は否めない。この点に関しては大主教就任後にゲンナージーが、「ノヴゴロドとモスクワとは同一の正教ではない」と証言している。(5) このように、「異端者」事件と一四七八年のノヴゴロド併合に起因して生じた諸問題とが密接に結び付いていたと考えるための示唆が数多く存在するのである。

ノヴゴロド教会へのモスクワ支配の強化に加えて、この事件に次第に加わった別の要素にも著者は着目する。すなわち、ゲンナージーの「正統」性は事件が進行するにつれて揺さぶられ、彼とノヴゴロドの下級聖職者たちとの正統性をめぐる争いが事件の基軸になっていくように見える。

こうした仮説の検証が史料的に困難を伴うことは言うまでもない。伝来史料は基本的に「異端者」を断罪して「勝利した」側、つまり教会聖職者の筆によるのであり、そこでは「敗北した側」の現実の活動は教会の伝統的レトリックの厚いベールの向こうに隠されている場合が殆どだからである。しかし、少なくとも一四九〇年までの「異端者」事件に関しては、限界はあるものの、摘発された人々の活動を知ることが出来、その結果として、ゲンナージーの摘発行為が有する傾向、そして特徴について、ある程度探ることができると著者は考える。

そこで本章で著者は、こうした点を念頭に置きながら、一四九〇年に至るまでの「異端者」事件を具体的に考察し、上の仮説の妥当性を問うことにしたい。

第一節　大主教ゲンナージーの「異端者」観と摘発

「異端者」事件は、ゲンナージーの摘発を出発点とするので、まずは彼が何を問題にし、どのようにそれに対処したのかを検討する必要がある。

モスクワのクレムリン内にあるチュードフ修道院院長から一四八四年にノヴゴロド大主教に叙任され、翌年にノヴゴロドに到着したゲンナージーは、一四八七年頃から「異端者」の調査に取り組んでいた(6)。但し、彼が当初「異端者」をどのように把握していたのかについては僅かな情報しか存在しない。彼は、この年にサライ主教プローホルに宛てた書簡において、「ユダヤ的に思考するノヴゴロドの異端者」たちがノヴゴロドに存在し、キリストと聖母を冒瀆していること、また彼らが何かの書を使用してユダヤ人のように祈っていると述べている。また同時に彼は、彼らを古代教会に現れた異端「マルキオン派とメッサリア派」になぞらえている。ゲンナージーによると、

「異端者」は信仰において面従腹背的な振る舞いをしており、その点でマルキオン派と特徴を一にしていた。大主教によると、「異端者」は自分の異端信仰を隠し、その一方でキリスト教徒であるかの如く取り繕っているという。また彼らは「賢者ぶっていて」、「ユダヤの十戒によって人々を惹きつける」人々であり、その点ではメッサリア派と同じであるとする。(7) このようにゲンナージーは、以上のような「異端者」の特徴に基づき、彼らを上述の二種類の過去の異端に比定しているのである。(8)

他方で、「異端者」に付された「ユダヤ的に思考する」という形容詞は、既にハウレットが論じたように、様々な異端に付されうるギリシア語起源の伝統的な神学レトリックに過ぎなかったと考えられる。(9) ユダヤ人やユダヤ教をキリスト教教会にとってのいわば「仮想敵」として設定する伝統は、一〇世紀末のキリスト教の国教化以来のルーシにも存在していた。直接にはダマスコスのヨアンネス（六七四―七四九年）の異端カタログによる異端の分類が、中世のあらゆる異端を「ユダヤ」と呼ぶ根拠を与えていた。(10) 従って上述の書簡に記された、「異端者」に対するユダヤ的特徴付けを以てそのまま、彼らがユダヤ教徒であるとか、ユダヤ的特徴を帯びていた証しであるとは今や考えにくい。大主教の書簡において、「異端者」と現実のユダヤ人やユダヤ教との具体的な関係が全く示されていないこともそれを示唆する。(11)

以上が一四八七年当時のゲンナージーの「異端者」への言及であった。

後の書簡からわかるように、ゲンナージーはこの頃、彼が後に異端として告発することになるプスコフの修道士ザハールと論争を開始していた。ザハールは、ノヴゴロド地方南部に所領を持っていたФ・ベーリスキー公に仕える数名の臣下の髪を剃り、修道士として受け入れたものの、その後、彼らに聖餐を与えず、そのことでこの臣下たちから訴えられていた。(12) これについては以下第三節で詳述されるが、ともかくプローホル宛ての書簡には何も記されていない。

他方でゲンナージーは、同じプローホル宛て書簡で、正教会の半ば公式的な見方であった世界開闢歴七千年（ユリウス暦で一四九一年九月一日から一四九二年八月三一日）に世界が終末を迎え、キリストが再臨するという「七千年終末説」に関連して、当時のノヴゴロド地方において民心に動揺がみられたことを記録している。[13] これについては本書第二章で詳述される。予め簡単に述べておくならば、当時知られていたユダヤ人の著作『六つの翼』に付属するユダヤ教の暦と正教の暦との差こそが、動揺を生み出した原因であった。[14] ゲンナージーは、暦の差を強調して積極的に社会的動揺を広げる人々にも言及して彼らを異端と呼ぶが、確認しておくと、彼はこの人々を一般的な意味で異端と呼んでいるに過ぎない。彼が後に一四九〇年の教会会議に「異端者」を告発した際、彼はこの人々を告発しなかった。従って、彼はこの人々を「ノヴゴロドの異端者」とは区別していたと見るべきである。

このように、ゲンナージーは、ノヴゴロド大主教に就任して二年弱の間に、様々な、そして互いに異なる問題対象を発見していた。しかし、彼がこれをひとまとめに「ノヴゴロドの異端者」と呼んでいたわけではなかったことを確認できる。

一年後、ゲンナージーはスーズダリ主教ニーフォント及びペルミ主教フィロフェーイの両者に宛てた書簡のなかで「ノヴゴロドの異端者」に言及している。先の書簡と同様に、この書簡においても彼らがキリスト教徒を自称し、自分の異端信仰を包み隠していることが記されている。[15] 他方でこの書簡では「異端者」に「ユダヤ的に思考する」という形容詞が付されていないばかりか、そもそも「ユダヤ」という言葉が登場しない。

この書簡で彼が問題にした案件は大雑把に二件に分かれる。第一にイコン冒瀆である。彼は瀆神的図案のイコンを摘発した。具体的に言えば、イリーナ通りのスパス教会にある、まわりに複数からなる主の事蹟図が描かれた

『主の変容 Преображение з деянием』のイコンが大主教の目にとまり、問題にされた。[16] ゲンナージーによると、主の事績図の一つ『我々の主であるイエス・キリストの割礼 обрезание』という表題が付された、主の割礼が描かれるべき主題の事蹟図において、カエサレイアのバシレイオスが主の手足を切断する図が描かれていたという。[17] 割礼обрезаниеという言葉が「切断」を意味する言葉でもあることを考慮する時、ここで描かれているのが「キリストの割礼」という本来の図案に代えてのパロディ（「キリストの切断」）であることを理解できる。

第二に、十字架に対する冒瀆も摘発された。大主教によると、烏に十字架を縛りつけて放つ者がいるという。烏は墓やゴミの上に留まるので、当然ながら十字架もそうした場所に運ばれる。彼はこれを冒瀆行為であるとして摘発した。[18] またゲンナージーは、別の十字架冒瀆行為についても記している。それによると、彼のところにノヴゴロド北方のオヤチ地域（ラドガ湖東岸オヤチ川沿い）から司祭と雑役が連行されてきた。彼らは現地の農民たちにミソハギの根から作られた小型の手持ち十字架を手渡したという。十字架には男女の陰部が刻まれており、農民たちは手渡された瞬間から苦しみ出し、病気になってまもなく死んだという。[19]

以上の「異端者」事件を観察すると、それは、ゲンナージーの摘発によって顕在化したことがわかる。つまり、先に何者かが教会或いはゲンナージーを積極的に攻撃し、それを大主教が摘発したのではなく、大主教が一四八五年のノヴゴロド到着後、当地で見出した逸脱行為を次々に問題にしていったのである。この点でハウレットは正しい。例えば、最初の事例、すなわちイコンを取り囲む小さな主の事績図の一つに、本来の「キリストの割礼 обрезание」という主題を読み替えて、「キリストの〔手足の〕切断 обрезание」とするパロディ的な図が含まれていたことは、確かにゲンナージーにより、キリスト教に対する冒瀆と見なされたものの、実際にはこれをキリスト教への、少なくとも積極的な攻撃と見なすことも困難である。烏に十字架を縛り付けて解き放つ行為も同じである。

これらは民衆文化に属する行為に見える。また十字架冒瀆の第二の事例も興味深い。というのも、ここに登場する十字架は、土着的祈祷において使用されるミソハギの根で作られた手持ち十字架と共通点を有しているからである。[20]以上の行為はその行為者や所持者によるキリスト教に対する攻撃というよりも逸脱行為であり、一言で言えば、土着的・半異教的慣習も含め、総じて「ノヴゴロドの現実」を体現しているように思われる。当然、こうした行為や物品は、モスクワ的キリスト教の伝統の下でクレムリンのチュードフ修道院長にまで登り詰めたゲンナージーには理解できないことであったに違いない。後述する一四八八年会議後の彼自身の言葉がこれを表現している。「ノヴゴロドとモスクワとは同一の正教ではない」と。[21]従ってゲンナージーの摘発行為には、以下で述べられるように、モスクワから来た彼が現地で見出した、地方的慣習ないしは土着の半異教的慣習から構成される、いわば「ノヴゴロドの現実」に対するモスクワ的キリスト教の側からの問題化という側面があると言えるだろう。このことは、まさにゲンナージーが大主教に就任する僅か六年前まで、ノヴゴロド国家がモスクワとは別の国家であったこと、そしてノヴゴロド大主教座もモスクワの府主教座（及びその前身であるキエフとウラジーミルのそれ）から約三世紀に渡って距離を置いていたことを考慮するならば一層理解しやすい。

そして、ゲンナージーの位置を以上のように考える時、別個の行為を問題にされた上述の人々が「ノヴゴロドの」異端者という、地名で認識される名称でゲンナージーにより把握され、摘発されたことの意味が理解できる。このカテゴリーは、ノヴゴロドにて問題視されたあらゆる人々を含みうることが重要である。

もちろん「異端者」事件は、「ノヴゴロドの現実」に対するゲンナージーからの一方的異端摘発のみによって理解可能になるわけではない。以下第三節で述べられるザハールの告発行為は、後述されるように、数百年かけて培われたノヴゴロド的伝統をふまえた彼の側からの、大主教に対する積極的抗議であったと考えられる。だがこれも、

「ノヴゴロドの現実」とモスクワ的キリスト教伝統との衝突をその土台としている点で上述の事例と通底している。

最後に、ゲンナージーが把握した「異端者」の構成員を見ておく。彼は、「異端者」が主に聖職者からなっていると考えていた。このことは、彼が「異端者」対策として聖務執行の禁止を挙げていることから裏付けられる。[22]具体的には、まず司祭ナウムがいた。ゲンナージーによると、このナウムは回心し、「異端者」の情報を提供したという。[23]またゲンナージーの前に連行されたオヤチ地方の司祭や雑役、スパス教会の聖職者がいた。

更に考えられるのは、先の二通の書簡には記されていない人物、すなわち異端嫌疑を受け、以下で述べられる一四八八年の教会会議で審問された四人の司祭及び雑役である。それ以外にも、若干の俗人も含め、数名が告発されていた。[24]

以上の「異端的行為」及び「異端者」構成員の雑多性を考慮するならば、ゲンナージーさえもが「ノヴゴロドの異端者」という言葉を、何か一つの集団を示す言葉として使っているのではないことを確認できる。「ノヴゴロドの異端者」とは、何らかの特定の主張を持つ一つのグループではない。そうではなく、都市ノヴゴロド及びノヴゴロド地方からなる旧ノヴゴロド国の領域でゲンナージーから異端と見なされた雑多な人々の総称なのである。後にヨシフ・ヴォロツキーはその書『啓蒙者』のなかで特定の主張を持つ強固な集団として「異端者」を描くが、これは一四八〇年代の「異端者」を知らぬ者であればこその行為なのである。

その後ゲンナージーは、モスクワ府主教ゲロンチー（在位一四七二—八九年）に「異端者」に関する証拠を送り、彼らを告発した。教会会議が、異端を審問し、異端宣告をする決定権を持っていたからである。[25]そのため、ゲンナージーは自分の告発が教会会議で取り上げられるよう、ニーフォントとフィロフェーイに府主教への取りなしを要請している。「願わくは、あなたがこのことについて府主教に申し上げ給え。府主教が心配して、君主である大公に異端から神の教会を守るよう促すように」と。[26] 他方で彼は、大公が「異端者」に消極的にしか対応していないことに不満を覚えている。[27] これに関し、かつてクリバーノフは、大公や府主教とゲンナージーとの不和が原因で、また大公による「異端者」の庇護が原因で、ゲンナージーの告発が聞き届けられなかったと主張した。[28] しかし現実には、この書簡を書いた直後に教会会議は開催された。このことを考慮するならば、少なくともこの段階では、クリバーノフの考えは正しくない。

このように、この時点の大主教は、「異端者」を会議で審問にかけ、「異端から神の教会を守る」よう大公に求めていたのであり、そのために証拠や情報を収集していたのである。[29]

第二節　一四八八年の教会会議における「異端者」イメージの形成――第一段階

一四八八年一―二月にモスクワで教会会議が開かれた。これについて、年代記は短い記事を載せているに過ぎない。すなわちノヴゴロドの司祭たち四人を「ゲンナージーがノヴゴロドから大公の許に送った。彼らは酒飲みであり、聖なるイコンを冒瀆した」と。[30] この四人というのは、ノヴゴロドのセミョン教会の司祭グリゴーリーとニコラ教会の司祭エレシム、司祭グリゴーリーの子である雑役サムソンコ、ボリス・グレプ教会の雑役グリージャであった。彼らは会議で審問された後でノヴゴロドに送還され、市場にて鞭で打たれた。大主教自身は会議に出席せず、ノヴゴロドに留まっていた。

会議そのものについて述べる前に、ここで、何故この四人が、またこの四人だけが会議に送られたのかについて考えておく必要がある。この点について、後のゲンナージーの書簡によると、以下のような経緯があった。すなわち彼は、異端容疑者全員を会議で審問することを望んだわけではなく、まずは容疑者に「回心」を誓わせ、加えて保証人をつけたという。ところが上記の四人は、誓いを破ってモスクワへと逃亡した。しかし彼らは途中で捕えられ、モスクワに連行されることになった。[31] 従って、前節で見たスパス教会等の聖職者たちは、「回心」し、以後問題を起こさなかったということになろう。ゲンナージーの対応は、「異端者」に対する後の厳格なそれとは大きく異なっていた。この時点では、容疑者は自動的に審問会議への引き出されたわけではなく、「回心」の強要という比較的軽微な対処で済まされていたのである。

一四八八年の会議に提出されたゲンナージーの告発状そのものは伝わらないが、会議後に大公イヴァンや府主教ゲロンチーがゲンナージーに送った書簡を利用することにより、告発の内容をある程度は知ることができる。それによると「異端者」はキリスト及び聖母、聖なるイコンに対する冒瀆の廉で告発されたようである。[32] これは先に検討された大主教の「異端者」観と合致する。但し十字架に対する冒瀆については、大公らの書簡には何も記されていない。他方で、大主教が上記プローホルに宛てて書簡を書く直前ないしは同時に、「異端者」のリストを作成し、それに司祭ナウムの証言を書き留めたメモと「異端者」が使用した『詩篇』、そして彼らの罪を列挙した書簡を添付して大公と府主教に送ったことがわかる。[33]

以上の告発は、大公イヴァンと府主教及び高位聖職者により共同で検討された。[34] 会議後に大公は、ゲンナージーに宛てた書簡のなかで、そのことについて具体的に述べている。「余〔大公イヴァン〕は……セミョン教会の司祭グリゴーリーとニコラ教会の司祭エレシム、司祭グリゴーリーの子である雑役のサムソンコをツァーリの規則で裁いた。そして都市〔世俗〕の刑罰に処した。なぜなら汝〔ゲンナージー〕のリストのなかに彼らに対する証拠があったからである。だがボリス・グレプ教会のグリージャに対しては、汝のリストのなかには司祭ナウムの証言の他に何もなかった」と。[35] このように、雑役グリージャを除く三人が異端宣告を受けた。この段階においてこの三人は、ゲンナージー個人により異端と見なされた存在から、正教会により認定された異端になり、同時に世俗の刑罰の対象になった。

ところが、告発された四名の内、グリージャは証拠不十分であるとして有罪とはされなかった。異端として摘発された者に対して有罪判決が出されなかったという事実は注目に値する。一部の先行研究では、この事実に基づいて、当時の大主教がモスクワの大公や府主教と不和に陥っていたとする説や、「異端者」を大公が庇護していたとする説が出された。[36]

こうした「無罪」判決が出された直接の理由は、上述のように、司祭ナウムの証言の他に証拠がなかったことに求められる。しかし、それにも拘わらず異端判決が下されるのが多くの異端裁判の常である。ここでは上記の理由が考慮に値すると見なされた背景を考察する必要がある。

第一に、会議に出席しなかったゲンナージーは状況に応じて追加弁論をできなかったという背景がある。第二に、ゲンナージーが業を煮やした如く、大公にせよ府主教にせよ、この時点において彼らには、ノヴゴロドで生じた異端事件に徹底して対処するほどの関心がなかったと考えられることも背景の一つとして挙げられる。そうした判断には、ゲンナージーの情報がノヴゴロドにおける大規模な異端騒動の如き存在を示していなかったことも関係しているのだろう。その一方で会議は、証拠の揃っている容疑者に対しては異端宣告を行った。従って、慎重に述べるならば、一応の対処を行ったこの会議が「異端者」の問題に関心を持たなかったとは言えまい。しかし大公や府主教は、証拠が揃わない者を敢えて有罪とするまでの「熱心さ」を持ち合わせてはいなかった。これこそが、証拠不十分故の、グリージャに対する「無罪」判決を可能にした条件であろう。会議後のゲンナージーは、大公と府主教が「異端者」を些細な問題と考えていることを知ったと述べている。[37] つまりゲンナージーは、彼ほどの熱心さを大公と府主教が持ち合わせていないと感じたのである。

但し補足しておくならば、確かに大公と府主教は告発された全員に対して有罪を宣告しなかったものの、大主教の告発は概ね受け入れられ、またハウレットが指摘するように、大公は大主教が要求した全てを、すなわち審問と処罰を行った。[38] 更に、大公と府主教はグリージャを、会議後にノヴゴロドのゲンナージーの許に再審問のために送還することを決めた。[39] 従って一部の研究者の如く、グリージャに対する判決を以て、大公が「異端者」に好意的であった証拠と見なすことはできない。[40] 大公には、証拠さえ揃えば容疑者全員を有罪にする用意があったと考えられるのである。以上がモスクワでの審問状況であった。

その後、年代記が物語るとおり、四名はノヴゴロドに送還された。その際、上記のように、大公と府主教は、異端であることが証明されなかったグリージャを再審問するよう、また彼ら四名以外の「異端者」を摘発するよう、そして改悛しない者を大公の代官に引き渡すよう求めた。[41] 改悛者には、世俗の刑ではなく専ら教会刑が執行されたという。[42]

ノヴゴロドにおける再審問は次の点で興味深い。すなわちグリージャがまたも有罪とされなかった、と考えられることである。[43] このノヴゴロドでの再審問において、ゲンナージーには更に証拠を提出し、グリージャを有罪とするチャンスがあったはずだが、それは実現しなかった。この会議の主宰者が十中八九ゲンナージーであった、つまり彼が告発者にして裁判官であったにも拘わらず、である。

こうした状況を以てクリバーノフは、第一に大公が「異端者」を庇護していたと、第二に大主教の独断的活動を制限しようとする大公の企図があったと考えた。しかし、第一点目についてはそのように考えることは出来ないだろう。何故なら（一）告発された四名の内、無罪とされたのがグリージャだけだったからである。この、ボリス・グレプ教会の雑役だけが特に、他の三名と異なり、大公の庇護を受けていたとは考えにくい。また（二）モスクワでの審問後にも、大公と府主教が共に、ノヴゴロドにおいてグリージャを再度審問せよ、と命じているからである。(44) 従って、大公が「異端者」を庇護していたとは考えられない。

では、このグリージャが有罪とされなかったのは何故なのか。著者は、こうした興味深い状況を招いた原因を、クリバーノフの第二の意見、すなわちゲンナージーの独断的活動を制限しようとする大公の企図に求めたい。大公は、「異端者」の処罰や財産没収を身勝手に行おうとしたゲンナージーの目論見を察し、(45)「異端者」の審問における大公代官ザハーリチ兄弟の同席をゲンナージーに命じており、現に審問や「異端者」の財産没収の場には彼らが同席した。(46) また、次節で述べられるように、この時期ゲンナージーの活動に対する訴えが数多くモスクワに届いていた。

加えて大状況としては、やはりモスクワでの会議と同様に、大公の、「異端者」に対する一定以上の関心の欠如を考慮すべきである。ヘッシュが指摘したように、大公イヴァン三世はキリストの冒瀆等の宗教問題には、それが政治問題に関連しない限りは、必要以上の関心を持たなかったように見える。(47) 大公は、証拠の不十分な者に対して無理に有罪判決を下すほどの熱意を持たなかったと考えられるのである。

このように、ゲンナージーが「異端者」として告発した三名は、正教会において公式に異端宣告を受けた。ここで重要なのは、「異端者」の存在が正教会において認識され、その具体的イメージが成立した点である。すなわちノヴゴロドには、キリストや聖母、またイコンを冒瀆する「ノヴゴロドの異端者」と呼ばれるグループが活動していると認識されたのである。ここにおいて、後々まで存続する「異端者」イメージの最初のそれが図らずも成立した。ノヴゴロドの事件の現実を知らない者は、この会議で創り上げられた「異端者」イメージこそが現実であると考えたことだろう。

　但し、ここで成立したイメージはあくまで最初のそれに過ぎない。本章第五節で述べられるように、これは更に膨れあがっていくので、以下では一四八八年会議後の「異端者」事件の経緯を見ていこう。

第三節　その後のゲンナージーをめぐる状況——「ノヴゴロドの現実」及び大公や府主教からの批判

(一) 修道士ザハールによる告発

　会議後ゲンナージーは、上述のゲロンチーの後任にあたる府主教ゾシマに宛てた書簡において、教会管区上はノヴゴロド大主教座の下にあった、プスコフのネムチノフ修道院の修道士ザハールを告発した。それによれば、このザハールは、ゲンナージーに代表される正教会の聖職者が叙階の際に金銭を受け取っているとして非難しており、それ故にそうした聖職者は異端であり、彼らから聖餐を受けるべきでないと主張していた。「修道士たちが私〔ゲンナージー〕に、彼〔ザハール〕のことを訴えてきた。〔ザハールは〕ベーリスキー家のフョードル公のもとから彼ら〔修道士たち〕を連れてきて髪を剃ったが、聖餐を三年にわたり〔彼らに〕授けず、自分〔ザハール〕も受けていない、と。私は問うために彼〔ザハール〕を呼び出した。『なぜ汝は三年も聖餐を受けていないのか』と。すると彼は私に『悔い改めよ』と言った。私は彼に『汝はなぜ小貴族たち〔剃髪前の修道士〕を主人〔ベーリスキー公〕のもとから連れてきて、また神から引き離し、彼らの髪を剃ったものの、三年間も彼らに聖餐を与えていないのか』と言った。すると彼は自分が異端であることを顕わにした。『誰のところで聖餐を受ければよいか。司祭は賄賂で叙階されているし、府主教も主教もまさに賄賂で叙階されているではないか』と。そこで私は『府主教は賄賂で叙階を行っていない』と言った。すると彼は『府主教は叙階されるためにツァーリグラード〔コンスタンティノープル〕へ行くではないか。そして彼は総主教に金銭を支払っているではないか。彼は貴族たち〔総主教の取り巻き〕にも賄賂を秘密裡に支払っているではないか。そして主教たちは府主教に金銭を支払っているではないか。一体誰の所で聖餐を受ければよいのか』と言った。私は彼がストリゴーリニク〔後出〕であることを知った」と。(48)

ザハールがここで告発した主題、すなわち聖職売買は、既に一三世紀末から一五世紀初頭にかけてのロシアで激しく議論されたテーマである。一二七三年のウラジーミル教会会議では、叙階時の金銭授受が問題にされ、上限が定められた。(49) 他方で、伝来する論争文書によれば、当時、叙階時の金銭授受自体が額に関わりなく問題にされていた。(50) 特にノヴゴロドとプスコフにおいては、一四世紀末から一五世紀初頭に現れた異端グループ「ストリゴーリニキ（ストリゴーリニクは単数形）」が、叙階時の金銭授受を批判していた。(51) 従って、モスクワからノヴゴロドに来たゲンナージーが、以上のような歴史をもつノヴゴロド大主教座管区において叙階時に金銭を要求し、それが現地の聖職者団により問題にされたと考えられるのではなかろうか。この考えは、後の一五〇三－〇四年に、ゲンナージーが叙階時に金銭を受け取ったとして告発されたという事実により、一層現実味を帯びる。(52)

また、叙階時の金銭授受以外にも別の問題が生じていたようである。ゲンナージーの前任者のセルギーは「多くの新税を導入して多くの修道院長や司祭に税をかけた」という。(53) またクリバーノフによれば、ゲンナージーも新しく教会税を導入しようとしていたという。(54) このように、ここで生じていたのが、ゲンナージーの新しい教会政策に対するノヴゴロドからの反対であったと考える論拠がある。

しかし、それ以上に重要で本事件の質を変化させるきっかけが生じた。すなわちザハールが告発書簡を町々に送付したのである。大主教は記している。「修道士ザハールが〔私宛ての〕書簡のなかで、私に関する書簡をあらゆる町に送った、と書いている。彼は私を異端と呼ぶが、私は異端ではない。『もし誰かが汝〔ゲンナージー〕のことを異端と呼んだとしても汝は認めないだろう。もし認めたならば汝はキリストの教会から追放されるからだ』とも書かれていた。そこで私は、彼の書簡を添えて、〔罪状〕リストを送った」と。[55]このように、ゲンナージーは教会内部から、異端として告発されていたのである。

そこでゲンナージーは、処罰としてザハールを隠修生活者のための庵に送致しようとしたものの、ここにおいて何故か大公が口を差し挟んだ。彼はザハールを庵ではなくおのが修道院で解放するように大主教に命じた。ゲンナージーはそれに従うことを余儀なくされたが、ザハールは結局のところ修道院を抜け出し、モスクワ大公の許に駆け込んだ。[56]

一度は庵に送られたザハールの解放が大公の側から要請され、またその後、彼がその大公の許に駆け込んだことは重要である。この事実は、大公とこの修道士との何らかの人的関係を想像させる。大公が回状を入手し、ザハールの訴えに正当性を認めたのかもしれない。この点は後述する。

いずれにせよ、大公がザハールを解放し、その彼が大公の許に行ったという状況下で、大主教は、このザハールの告発が正当な訴えとして取り上げられる可能性を認めたに違いない。それ故に、彼はザハールを告発したと考えられるのである。現地の修道士の側からの告発が、それが正当なものと認められて何らかの形で処罰を受ける危機感を大主教に感じさせたと考えられるのである。

（二）司祭デニスらによる批判

ゲンナージーは、府主教ゾシマに宛てた書簡のなかで、ザハールとは異なる環境にある人々をも異端として告発した。クレムリンのアルハンゲリスキー聖堂の司祭デニスとノヴゴロドのミハイロフ通りの司祭ガヴリルコが典礼の際に座位の周囲で踊り、また十字架を冒瀆したとして告発された。(57) また雑役アレクセイコが泥酔して鐘つき堂からイコンを奪い、それに汚水をかけた咎で告発された。(58) 大主教の告発はこれに留まらなかった。下級聖職者や教会の雑役を中心にした「異端の拡大」について言及されている。(59) 他方で、長司祭アレクセイ他二名の物故者も告発された。「あなた〔ゾシマ〕は……この世から消えた彼らを呪詛すべきである。すなわち長司祭アレクセイ、イストマ、そしてズーボフと共に逃亡してユダヤ教に帰依したイヴァシカ・チョルヌィである」と。(60)

これらの下級聖職者たちは、以上のようにイコン冒瀆やユダヤ教信仰という「罪状」により告発されている。しかし、後の一四九〇年の教会会議に発する公式の史料等を参照すると、こうした罪状を異端一般に対する伝統的「レッテル張り」であり、問題の本質は別の点にあったと考える若干の根拠がある。すなわち後述するように、司祭デニスが逮捕された際に彼が「ゲンナージーを悪く言った」ことが知られる。その場にゲンナージーはいなかったにも拘わらず、である。また審問の場においても専ら大主教ゲンナージーだけを「悪く言った」と記されている。(61) 従って、上述のザハールと同様に、司祭デニスらもゲンナージー個人との間に問題を抱えていたと考える根拠がある。彼らは大主教の活動を批判し、公式の告発という形はとらなかったものの、現実に彼に批判的発言を行っていたと想像できる。ザハールの案件で既に大公により注視されていたゲンナージーは、あらゆる批判に対し敏感にならざるをえなかったに違いない。従って、デニスらの批判的発言は、モスクワに告発を行わせるほどに大主教に危険を感じさせ、放置できないものと見なさせたと考えられる。

（三）大主教に対するその他の告発

大主教はその他の点でも告発されていた。彼は、一四八八年会議で有罪とされたサムソンコを拷問し、自白を強要したとして、モスクワに告発されていた。大主教はこれに弁明している。「私は誹謗を受けている。私の調査は信じられないと。……私がサムソンコを拷問したとでも言うのか。彼を拷問したのは大公の小貴族であり、私は護衛の者と共に脇にいただけである。賄賂を取る者がいないようにと。〔私の〕メモに書かれているのはサムソンコが〔実際に〕述べたことである。仮に彼自身がやったことでなかったとすれば、〔彼は〕そのように証言出来ただろうか」と。(62) ゲンナージーが本当に拷問に関わらなかったのかどうかは判然としないが、いずれにせよ、以上の告発が現実に行われたことが重要である。加えて、ノヴゴロドから来た更に別の告発者が、大公イヴァンにゲンナージーを告発したことが知られる。それによるとゲンナージーはこの告発者を捕らえ、枷をはめて財産を奪ったという。(63)

このように、ゲンナージーは様々な点で多方面から告発され、それは現実にモスクワに届いていた。彼の選任を事実上行った大公イヴァンは、ノヴゴロドから上がってくるこうした多くの告発を看過することができなかったと考えられる。この段階で、ゲンナージーの教会管理能力を大公が疑問視したとしてもおかしくはない。

他方でこの時期、ゲンナージーに更に強い危機感を抱かせたであろう出来事が生じた。大公イヴァンが行った、ロストフ大主教ヨアサフの更迭とフェラポントフ修道院への配流（一四八八年）である。ゲンナージーには、ヨアサフの更迭理由が理解できなかったように見える。しかし彼は、その背景には、何者かによるヨアサフの告発があったことだけは理解していた。(64) 但しゲンナージーを脅かしたのはそのことだけでなかった。彼はヨアサフ本人に宛てて次のように書いている。「大公は〔告発内容の真偽について問うために〕あなた〔ヨアサフ〕のところに人を幾度も送ったが、あなたは彼〔大公〕のところに行かず、自分の頑なさを保持し続けた。それ故にあなたは大主教座から去った」と。[65]大公は、ヨアサフに対する何者かの告発を無視せず、それに耳を傾け、調査に取り組み、結局ヨアサフを更迭したのである。こうした状況こそが、ゲンナージーをして、自分に対する告発が大公により取り上げられることを恐れさせた背景なのである。

（四）府主教と大公からの疑い

以上の告発に加えて、更に考慮されるべきなのが、ゲンナージーに対する大公や府主教の態度の変化である。ゲンナージーは、彼が大主教に任じられた時期には、言うまでもなく大公イヴァンの信頼を預かっていたと考えられる。[66]しかし一四八八年会議の後、彼と大公との関係はやや変化したように見える。前述のように、大主教は一四八八年の判決を不十分と考えていた。他方、会議後に大公は、「異端者」の財産を教会が没収することなくモスクワに送るよう大主教に命じた。こうした一四八八年以降の状況は、クリバーノフが述べたように、ゲンナージーと大公との若干の不和を反映しているように見える。[67]

だが、より重要なのは、別の問題に関してこの時期に生じた、ゲンナージーに対する大公や府主教の側からの不信感の高まりであろう。

一四九〇年九月にゾシマが府主教に選ばれた後、彼はゲンナージーに書簡を送った。そのなかでゾシマは、ゲンナージーと当時の強大な隣国であるリトアニアとの関係について問いただし、また自分に対する忠誠を示すよう、信仰告白を文書に認めて送るよう求めた。[68]これに対する返答において、大主教は弁明している。「私はリトアニアから文書を受け取ったことはなく、リトアニアに送ったこともない。いかなるリトアニアの出身者も大主教区では聖務を行っていない」と。(69) またゾシマへの宣誓要求については、大主教は「主人よ、私は〔かつて〕自分の父である府主教ゲロンチーに、そして神の教会会議、大主教、主教に信仰告白を行った。〔故に〕あなたへの信仰告白は処罰に値するはずである」と述べて拒絶した。(70) 当時のロシアには、選出された新主教が府主教へ正教信仰を告白するという慣習があり、ゲンナージーも既に当時の府主教ゲロンチーにこれを行った。だが新府主教ゾシマは、自分にも告白を行うよう求めたのである。ハウレットによれば、ゾシマのこの要求は、当時リトアニア大公国の影響下にあったキエフ府主教とゲンナージーとが今後も関係を持たないことの確認であったという。(71) というのも、一四世紀以降、とりわけ一五世紀後半になって以降この時期に到るまで、モスクワとリトアニアは互いに自らの教会をこの地域における唯一の正統的正教会と考えていたからである。(72)

但し、信仰告白の再要求の原因を、リトアニア関連でのゲンナージーに対する疑いだけに求めるべきでない。当時の彼は、スラヴ語完訳聖書の作成や異端者の懲罰方法の研究、またいわゆる「七千年終末論」の研究のために、大公や府主教を介さずにカトリックとの交流を持っていた。彼は、大主教座聖堂において自らの周りにドミニコ会士ベニヤミン、大公イヴァンのイタリア使節ドミトリー・トラハニオテス、教皇庁の役人ニコロ・ルーベンス、リヴォニアで教育を受けて大主教の周りで書物製作に携わったドミトリー・ゲラシモフ、また神聖ローマ皇帝の使節等を招いており、彼自身も数多くのラテン語文献を研究していた。とりわけ一四六〇年代以降に反カトリック色を鮮明にしたロシア正教会において、(73) 府主教が、ゲンナージーとカトリックとの繋がりを問題にした可能性は高い。当然、ゲンナージー自身もまた、常にカトリックを異端と考えるこの時代の正教会の思考様式により、自分が異端として処分される危険を感じただろう。

その一方で、ノヴゴロド大主教になったゲンナージーが、この時期、教会に対する大公権力側からの攻勢に直面し、次第に、大公のエージェントから教権主義者になったとする主張がある。[74] 本書の著者は、ゲンナージーが教権主義者になったとまでは考えない。但し、当時進められていた大公による修道院没収政策に対し、大主教が、『コンスタンティヌスの寄進状』の理論を以て抵抗したことは確実である。[75] また、この時期のモスクワで、教権主義への知的関心が散見される。一四八〇年代のモスクワでは、ノヴゴロドとは別に、大公の写本工房が文献筆写の中心として存在していたことが知られる。[76] そこでは、ゲンナージーにより「異端者」であると名指しされたイヴァン・チョルヌィが筆写のみならず写本作成の監督を行っていた。[77] 彼が作成に携わった一写本（РГБ. Ундольское собрание No. 1.）には、ハウレットによると、『コンスタンティヌスの寄進状』が筆写されているという。[78] 更に、一四八五年にイヴァン・チョルヌィが、まさに大公イヴァンの依頼によって、『エリン年代記』の「第二版」を筆写した事実も重要である。[79] この年代記の「第二版」はローマとビザンツの歴史を綴っており、その記事は、一五二〇年代に編集された、モスクワ大公国をローマとビザンツの正統なる後継者として位置付ける新しいタイプの年代記『ルースキー・フロノグラフ』のなかでふんだんに利用されている。[80] こうした事実は、もしかすると、まさに大公自身が「寄進状」や聖俗の優越性、世俗権力の正統性の源泉に関する議論に関心を抱いていたことを意味するのかも知れない。更にそのことは、ゲンナージーと大公イヴァンとの間に、聖俗権力の優越の議論に関連して、溝が出来ていたことをも示すのかも知れない。

こうした可能性も含め、大公イヴァンや府主教とゲンナージーとの関係は、当時、良好とは言い難い状況にあったと言える。加えてゲンナージーは様々な問題を巡り現地ノヴゴロドと対立しており、ノヴゴロドからの幾つもの訴えが現実にモスクワに、しかも大公自身にも届いていた。またそうした訴えに基づき、実際に処罰が行われたケースが大主教の身近にあった。こうした状況こそが、大主教の危機感を一層醸成し、以下で述べられるような新たな動きに結びついたと考えられる。

第四節 「異端者」に対するゲンナージーの新たな告発

上述のように、ゲンナージーをめぐる状況が悪化し出したと考えられる一四九〇年秋に、モスクワで教会会議が開かれた。まず九月二二日に、ゲロンチーの死後空位になっていたモスクワ府主教位に、シーモノフ修道院院長ゾシマが任命された。次いで、同じく空位になっていたコロムナ主教の選出について審議された。

この会議は、ゲンナージーにとって、ザハールやデニスを告発する絶好の機会であった。しかし、大公が教会会議へのゲンナージーの参加を差し止めた。ゾシマに宛てた書簡でゲンナージーは次のように述べる。「私はあなたが任命される場〔教会会議〕への参加を強く欲していた……。しかし……その時、彼〔大公〕の大問題に関する、君主にして大公の訓令が〔私のもとに届いた〕。彼は私にそれに取り組むよう命じ、また自分〔大公〕の案件のために〔ノヴゴロドに留まり〕モスクワに来ないよう〔私に〕命じた(81)」と。このように、大公が大主教の会議参加を阻止していたのである。ゾシマについて言えば、彼はまさにこの会議で府主教に選出されたのであるから、それ以前には一修道院長に過ぎなかった彼がゲンナージーの参加を阻止できたとは考えにくい。

ゾシマは、府主教に選出された直後に、ゲンナージーに書簡を送った。そのなかで彼は、前述のように、自分への忠誠を確認するために、信仰告白を文書に認めて提出するようゲンナージーに求めた。またゾシマは、コロムナ主教の選出に関して白紙委任を求めた。だがゲンナージーはこの機会を逃すわけにはいかなかった。そこで彼はザハールやデニスに対する告発を書状で認め、会議に参加していた主教たちに送った。「コロムナの主教やその他のことで……私〔ゲンナージー〕に宛てて、誰を叙階するのかという手紙が送られてきた。そして名前を書かずに送るよう〔ゾシマは〕私に命じた……願わくはあなた方〔会議に出席している主教たち〕は、〔コロムナ〕主教の叙階を急がないように。まずあなた方は異端者を厳しく罰しなさい。また彼らを刑に処すよう大公が命じるようにしむけなさい」と。(82)

同時にゲンナージーは、ゾシマにも書簡を書き送った。ここでは、ゲンナージーは、デニスら「異端者」の起源に関する情報を提供している。「リトアニアの呪われしものがロシアの地に、とりわけ君主の領地である大ノヴゴロドに入った。それはノヴゴロドにミハイル・オレリコヴィチ公〔一四七〇–七一年にノヴゴロドの勤務公〕がいて、また彼と共にユダヤ人異端者がいた時である。このユダヤ人から異端がノヴゴロドの地に広まり、秘密裏に保持されたのである」と。(83)

「異端」がリトアニアから入り込んだとする彼の発言が、事実に基づいているのかどうかは明らかでない。だが、いずれにせよここで重要なのは、彼がこの段階で初めて、「異端者」がリトアニアから来た現実の「ユダヤ人」から広まったと述べた点である。これまでの彼の「ユダヤ」という言葉は、異端一般に付される伝統・形式的なレトリックの域を超えなかった。しかしここでの結び付けは、抽象的ではあるものの、一般的レトリックではない。

更に注目されるべきは、この結び付けが、自分とリトアニアとは無関係であるとする、先に見た府主教への弁明の直後に行われている点である。つまり大主教は、リトアニアと関係があるのは自分ではなく「異端者」であると記すことで、自分へ向けられた疑念を受け流し、それを「異端者」に差し向けたのである。以後のゲンナージーは、もはや「異端者」とリトアニアとの関係の証明ではなく、対策について話をする。「私はそれ〔リトアニアからの異端の拡大〕について聞いたので、それについて大公とその父である府主教ゲロンチーに文書を送っておいた」と。(84)

また、この書簡で初めて、大公書記官フョードル・クーリツィンに言及がなされた。「主人よ、この災いは、クーリツィンがハンガリー国から帰国した後に起こったのであり、この時から異端者たちはモスクワに逃げ出し〔集まり始め〕たのである。メモに書いたように、長司祭アレクセイ、イストマ、スヴェルチク、司祭デニス、その他の異端者はクーリツィンのところに来た」と。彼が告発された理由については本書第五章で考察される。但しここでは、クーリツィンが宗教的「異端者」であったが故に告発されたとする直接的な考えだけは否定しておきたい。ゲンナージーは、クーリツィンを「異端者」の起源と見なしてはいない。上記の通り、大主教は同じ書簡のなかで、「異端者」の起源をリトアニアから来たユダヤ人に求めている。従って、先の引用で問題にされているのは、クーリツィンのところに「異端者」が集まっていたことなのである。[85]

次いでゲンナージーは、書記官のもとに「異端者」が集まっていたことの問題性を裏付ける教会法を列挙する。ゲンナージーは「聖使徒の規則第一〇条に『交わりを禁じられた人々と共に家で祈るのであれば、その者は破門される』とある。同様に聖使徒の規則第一一条に『追放された聖職者と共に、まるで聖職者と共にあるかのごとく祈るならば、追放される』とある。聖使徒の規則第四五条にもある。『主教、司祭或いは輔祭が異端者たちと共に祈るならば、破門される。あたかも下級聖職者のように活動することを彼ら〔異端者〕に命じる者は、追放される』と。また聖使徒の規則第七〇条には『主教、司祭、輔祭或いはあらゆる聖職の位階を持つ者がユダヤ人と共に斎戒を行い、彼らと共に祝い、彼らにとっての祝日に彼らから種なしパンを少しでも受け取るか、或いは類似の行為をなすならば追放され、俗人であれば破門される』とある。更に聖使徒パウロの規則第一一番には次のようにある。『異教の魅惑に従い、またユダヤの慣習に従い、それから離れない者は追放される』と書かれている」と述べている。[86] このように、彼は上記のケースが破門と追放の対象になることを強調している。つまり彼は、具体的な異端的行為を根拠とするのではなく、「交わりを禁じられた人々」らと「共にいる」ことを処罰の根拠とするケースを多く挙げているのである。この点を考慮する時、ゲンナージーは自分が告発した「異端者」及びその「関係者」全員を取りこぼすことなく確実に処罰に付そうとしていたと考えることが出来る。

また、大主教が火刑によって「異端者」の根絶を図ろうとした点が注目される。彼は「彼ら〔異端者〕を処罰するために、つまり火刑に処して布教を行うためには、会議を開催するだけでよい」と書いた[87]。当時の大主教は、イベリアでの異端審問における火刑執行とそれによる当地の「浄化」に関する情報を神聖ローマ皇帝の使節から入手していた[88]。ここで重要なのは、ロシアを「異端者」から「浄化」することが、彼自身の護身に直結していた点である。

もっとも大主教は、「異端者」を教会会議にかけることを前提とし、また「なぜなら異端者どもは私のところで懲罰を受けて懺悔をしたが、全ては元のままであり、彼らは逃げ出したからである……」と続いて書いている。つまり回心しない「異端者」に対しては火刑が適用されるということであり、これは無条件の死刑適用ではない[89]。しかしながら、これまで異端者に対しては、少なくとも教会の公式な立場としては「死や流血を除く」処罰しか認めてこなかったことを考慮する時[90]、この状況は、伝統的な異端対策から更に一歩踏み込ませるほどに大主教が追い込まれていたことを示唆する。

第五節　一四九〇年の教会会議における「異端者」のイメージの成立――第二段階

その後、状況は急展開を迎える。会議に出席していた主教たちが決定的行動に出たのである。会議後に出された府主教ゾシマの「説教」によると、会議の開催期間中に、クレムリンのアルハンゲリスキー聖堂において、大公家の追善式が行われた。その最中に、この聖堂の司祭デニスがやって来て、主教たちに混じり、式に参加しようとした。この時、デニスに対し主教たちが言った。「『汝は至聖所から離れよ。汝は聖堂で聖なる主教たちと共に聖務を行うに相応しくない。まだ全ルーシの府主教ゲロンチーがおられた時代に、汝に関する良くない話があった。それは汝ひとりだけに関するものではなかった。汝らの行為のリストと文書がノヴゴロドの大主教ゲンナージーから届いていた』と。彼は弁明したが、ノヴゴロド大主教ゲンナージーをまたも悪く言った。こうして彼は追放された」と。(91) 主教たちの行動は、直接的には、直前に彼らに送られていたゲンナージーの書簡の指示により引き起こされたと考えることが出来る。書簡を通じたゲンナージーによる主教たちの説得が功を奏したのである。但し、ゲンナージーの指示が受け入れられる素地が出来上がっていたこともまた、主教たちの行動の背景として重要である。すなわち行動を起こした六人の主教のなかには、ゲンナージーの書簡の宛先人としてこれまで名が挙げられたサライのプローホル、スーズダリのニーフォント、ペルミのフィロフェーイが含まれていた。以前からの彼らとゲンナージーとの繋がりが、またゲンナージーの先の書簡におけるデニス逮捕の要請とその教会法的根拠の列挙が説得力を持ったということになろう。

デニスの逮捕の後、主教たちはまず府主教館へ行き、次いで大公イヴァンに審問の開催を要請した。その結果、大公イヴァンは主教たちに命じた。「この者を、神の、そして使徒と教父たちの聖なる規則に従って、その異端について審問するようにと。そしてノヴゴロド大主教のリストと文書を読み、そして聞くように彼らに命じた。そして彼ら〔異端者〕のなかにいるのを見いだされた者、彼らのところで彼らの異端教説を聞いた者をモスクワで取り調べるよう命じた」のだった。(92) 恐らくはこの段階でやっとザハールなどの「異端」容疑者も逮捕されたのだろう。

次いで主教たちは府主教館に入り、そこで審問が始まった。

審問には聖職者と大公の臣下が参加した第一段階と、大公自身も参加した第二の段階があった。前者に参加した俗人は、大公貴族のイヴァン・パトリケーエフ公、ユーリー・コシキン、ボリス・ボロズジン、書記官アンドレイ・マイコであった[93]。聖職者について言えば、府主教ゾシマと「大主教、主教たち、掌院及び典院〔修道院長のこと〕たち、長司祭たち、清き長老たち、数多くの司祭たち」であった[94]。

ところが、ゲンナージーの参加はここでも認められなかった。その理由については、クリバーノフが述べる如く、（一）「異端者」の財産をめぐる一四八八年会議以前からの大公と大主教との不和が理由だったのだろうか。また（二）「異端者」に対する大公の側からの庇護があったのだろうか[95]。或いはハウレットが述べる如く、単に大公が大主教に対し、ノヴゴロド管区における自己の任務の継続を求めていた結果であったのだろうか[96]。

大公がゲンナージーの参加を拒否したのは教会会議開催の前であった。審問は突如開催されたのであり、元々は「異端者」審問は予定されていなかったという経緯をふまえるならば、大公が「異端者」を庇護していたから大主教に参加を認めなかったという論理は成り立たない。では大公と大主教との「異端者」の財産をめぐる不和についてはどうだろうか。著者の考えでは、第三節で論じられたように、確かに不和の要素はあった。だが、これが会議参加を大主教に認めなかった直接の理由とは考えにくいように思われる。というのも、現に大公イヴァンがそうしたように、一四八八年には、大公の貴族が財産没収と輸送に立ち会うことで問題は解決されたからである。このことによりゲンナージーには不満が残ったかもしれないが、ともかく大公が大主教を審問会議に参加させない理由にはなりにくい。また、後のゲンナージーの会議への参加を一瞥してみよう。彼は、一四八八、九〇年の時だけでなく、また二年後の一四九二年の教会会議、そして同年のヴォログダ地方をノヴゴロド大主教座から切り離してペルミ主教座に編入する時にも欠席していたと思われる。また一四九五年の府主教シモンの選出の際にもゲンナージーは教会会議への出席を認められず、白紙委任状の提出を求められている。(97) 恐らく唯一の例外は一五〇三年の教会会議だけであった。(98) このように、彼がノヴゴロドを離れてモスクワの教会会議に来ることはまずなかったのである。この点を考慮するならば、一四九〇年会議へのゲンナージーの参加の差し止めが、大公と大主教との間の「財産」をめぐる不和を直接の原因としていたとは考えにくい。

ここで参照されるべきはハウレットの意見であろう。彼女は、「彼〔大公〕が……自分の案件のために〔ノヴゴロドに留まり〕モスクワに来ないよう〔私に〕命じた」とする大主教の書簡の文言を引用し、大公が大主教に自分の案件を貫徹するよう命じていたと論じた。(99) 著者の考えでは、ここにこそ、大主教の参加差し止めの理由を見るべきである。更に、一四七八年のモスクワへの併合後のノヴゴロドの状況を考慮する時、彼女の意見は更に説得力を持つように思われる。

ノヴゴロドは一四七八年に軍事的にモスクワに併合されたものの、それによってこの「併合」問題が終わったわけではなかった。大公は併合時に、併合前の秩序の大枠での保持を約束したものの、(100) それは反故にされた。併合直後に行われた教会領の半分の没収、一四八〇年の大主教フェオフィルの逮捕、投獄、獄死、(101) 一四八三年末のノヴゴロド貴族の「陰謀事件」の「発覚」とその追放及び財産没収、(102) 一四八六／八七年のノヴゴロド商人団五〇家族の追放、(103) 一四八八年の再度の「陰謀事件」の摘発とノヴゴロド貴族、有産市民、大商人の逮捕、財産没収、その跡地へのモスクワ士族の移住等、(104) モスクワの施策は過激なものばかりであった。

こうしたノヴゴロドの混迷した状況が想起されるべきである。ここで特に注目しておきたいのが、ゲンナージーの書簡にも数度登場するノヴゴロド代官ヤコフ・ザハーリチである。彼はノヴゴロド人の処罰においてしばしば中心的な役割を果たした。上記の一四八八年の「陰謀」はノヴゴロド人たちが彼に対して起こしたものだった。しかしこれは発覚し、彼は首謀者を処刑し、陰謀への加担の口実で八〇〇〇人のノヴゴロド有産市民を大公国内の様々な地方に配流した。しかも代官としての彼の任期は一四九五年までの約一〇年という異例の長さであった。この時期のノヴゴロドの統治の困難さは、この都市の代官が併合当初は四名、一四八二年以降も二名からなっていたことからも窺える（通例は一名）[105]。

以上の状況に加え、併合前のノヴゴロドにおいて「神政政治」的体制が敷かれていた事実を考慮すべきである。独立時代の大主教は大きな政治力を有しており、ノヴゴロド国のシンボル的存在であった。それ故に大公は、ノヴゴロド併合後、大主教座にモスクワのエージェントであるセルギーを任じ、ノヴゴロドの教会管理ばかりか、総じて円滑なノヴゴロド支配を目論んだのである。しかし、既に見たように、新大主教セルギーは現地で猛反発を受け、病気になって一年程の在位の後、一四八四年に退位した。このことに鑑みるならば、大公イヴァンは、教会管理及びノヴゴロド支配においてゲンナージーに大きな役割を期待しており、その彼が任地を離れることを、可能な限り避けたかったであろう、と考えられるのである。

さて、会議に戻ろう。以上の状況のなかで、「異端」被疑者の審問が行われた。第一段階の審問では、ゲンナージーの告発状が朗読されたが、彼ら全員がこれを否認し、その後、修道士ザハールがゾシマにより単独で審問された[106]。次いで一般の教区民と聖職者からなるモスクワの証人が証言に立ち、モスクワにおける「異端者」のイコン冒瀆を証言した。以上の審理の結果は、大公イヴァンに報告された。そして大公自らが貴族や書記官を引き連れて府主教館に登場する。「異端」被疑者はそのまま、大公の審問に付された。この第二段階の審問も、第一段階のそれと同様の手続きで行われた。冒頭でゲンナージーの告発が検討された。先述の通り、そこにはイコン冒瀆、キリストに対する誹謗、ユダヤ信仰等が列挙されていた。加えて、ゲンナージーが以前府主教ゲロンチーに送った「メモ、異端のリスト」も検討された。しかし、被疑者たちはそれを否認し、ゲンナージーに対して多くの誹謗をなしたという。次に、モスクワの人々が証人として呼ばれ、被疑者たちのイコン冒瀆行為について中心的に証言がなされた。次いで再度、異端嫌疑を受けた人々の反論があった(107)。

この後、大公は、教会規則を参照して然るべき処罰を「異端者」に下すよう、ゾシマに命じた。ゾシマと聖職者たちは規則を参照し、位階の剥奪、教会からの追放、呪詛を然るべき対応と見なしたものの、呪詛については、それが現実に行われたとする記述はない(108)。

判決書では、以下の九名が有罪とされた。修道士ザハール、ノヴゴロドの長司祭ガヴリーラ、司祭マクシム、司祭デニス、司祭ヴァシーリー、輔祭マカール、雑役グリージャ、雑役ヴァシューク、雑役サムハであった(109)。ここには、ゲンナージーが告発状に名を記さなかった長司祭ガヴリーラ(110)、司祭マクシム、ヴァシーリー、輔祭マカール、雑役ヴァシューク、サムハの六人が列挙されている。彼らは、有罪とされたザハールやデニスと交わりを持っていたと審問で判断された人々であろう。

ここで、彼ら全てがノヴゴロドの聖職者及び雑役であった点、なかでも長司祭ガヴリーラがノヴゴロド大主教座聖堂であるソフィア聖堂の長司祭であった点は注目されるべき重要な事実である。ガヴリーラは、モスクワから任ぜられる大主教と異なり、現地ノヴゴロドの在俗聖職者団の頂点といってよい位置にいた人物であった。こうした点もまた、この「異端者」の問題が、先述のように、モスクワ出身の大主教と現地の聖職者団との衝突という側面を持っていたことを裏付けるのである。他方、当然ながら、当時のモスクワ大公国の外交を支えた大公の側近フョードル・クーリツィンは審問にさえ付されなかった(111)。

またザハールは、「異端者」の「首謀者」と判断された。判決書も説教も同様に、有罪とされた人々を、「異端の首謀者」ザハール、長司祭ガヴリーラ、司祭マクシム、司祭デニス以下の順で並べている。[112] この点は非常に興味深い。なぜなら、後にヨシフが「異端者」について記す際には、長司祭アレクセイが首謀者であるかの如く記されているからである。しかし、一四九〇年の段階ではそうではなかった。告発はザハールを中心にして行われ、また審問においても彼は別個に審問されていた。告発活動を活発に行っていたザハールこそがゲンナージーにとって最も恐れるべき存在であり、その告発に大主教は大幅に労力を割いていた。

このようにして判決書では、本来は雑多なグループの集まりの全体的な呼び名であった「ノヴゴロドの異端者」という言葉が、あたかも一つの集団を表す言葉であるかの如く使用されたのである。対「異端者」闘争を後に「引き継ぐ」修道院長ヨシフ・ヴォロツキーが、「異端者」をあたかも単一の集団の如く見なす理由の一つはここにあるのである。

「異端者」の公式の罪状としては、まずはイコンと十字架の冒瀆と破壊が挙げられた。「汝らの多くはイコンに描かれたキリストと聖母の御姿を冒瀆し、他の者はキリストの十字架を冒瀆し、他の者は多くの聖なるイコンを罵り、他の者は聖なるイコンを割り、火にくべ、また他の者は十字架を歯で強く噛み、またある者は聖なるイコンと十字架を大地に叩きつけ、それをゴミのなかに置き、またある者は聖なるイコンをたらいのなかに置き、そして汝らは別の誹謗をイコンに描かれた聖なる御姿に対して数多く行った」と。[113] ここでの「罪状」は以前のゲンナージーの書簡における告発と細部まで完全に一致しており、これらの書簡に基づいていると考えられる。

次いで、キリストや聖母の冒瀆が罪状として挙げられている。「汝らのうちの他の者は、我々の主その人である神の子イエス・キリストに対し、またそのいとも清き聖母に多くの悪言を吐き、また汝らの別の者は、我々の主であるイエス・キリストを神の子と呼ばない」と。[114]前半部は一四八八年会議の判決において既に挙げられていた点であるが、後半部は前半部から敷延的に導かれたように見える。ここでは、元々のキリストや聖母に対する誹謗が「反三位一体説」に近い形で受け止められ始めていることがわかる。

だが次の三点は、まさにこの会議の間に新たに導き出された結果と考えられる。まず聖父、会議、聖人の冒瀆[115]の罪で「異端者」は非難された。この点は、ゲンナージーの告発にも、加えて一四八八年会議の判決にも含まれていないので、一四九〇年会議で「明らかにされた」罪状であると思われる。もっとも判決書では、ザハールがモスクワ府主教ピョートル（在位一三〇八―一三二六年）やアレクシー（在位一三五四―七八年）、そして公会議を批判したことが記されており、[116]また教会ヒエラルヒーの腐敗の糾弾は当然、教会の権威の象徴である府主教や公会議への攻撃になりうる。従って、ヘッシュが述べるように、このことから「罪状」が敷延された可能性はある。[117]また第二に、彼らは斎戒を守らないことで有罪とされた。[118]この点はゲンナージーの告発にない。また第三に、土曜日を安息日とすることも大主教の告発状にはない。[119]だがこれに続いて彼らが「ユダヤの習慣」に従っていると述べられているので、土曜日の重視という性格は恐らく会議で論理的に導かれた点であったように思われる。

異端宣告を受けた人々に対する処罰にも言及しておこう。まず彼らは教会刑に処された。[120]既に見たように、有罪とされた人々は全員が聖職者または雑役だったので、聖職からの罷免と破門が宣告された。だが、大主教が要求した、物故の「異端者」に対する呪詛及び「異端者」への火刑は行われなかった。[121]

しかし、「異端者」に対する審問はこれだけで終わらなかった。彼らはその後、大公の命令でノヴゴロドに送られ、ゲンナージーの再審問を受け、呪詛された。[122]そして彼らは特別製の滑稽な服を着せられた。彼らは、後ろ向きで馬に乗せられ、「この者はサタンの兵士である」と刻まれた特別な兜をかぶせられた。そして行列で町中を練り歩かされた後、彼らには火がかけられたという。[123] だがこれは火刑ではなく、単なるセレモニーであった。この後で彼らは追放され、或いは投獄されたからである。[124] 修道士ザハールは修道服をはぎ取られた上で、スーズダリ主教ニーフォントの下に送られ、司祭デニスはガーリチに送られ、またある者は逃げ出したという。[125]

一四九〇年会議の後、ゲンナージーが「異端者」と争いを継続した痕跡は全くない。それは現地ノヴゴロドにおける極めてセンセーショナルな処罰の執行が、ゲンナージーに対するプロテストを封じ込めたからと考えられる。またこの会議において、彼が危険視した存在が処罰され、基本的には危険が去ったからでもあろう。逆に言うならば、そうしたことこそがこの時点における彼の問題関心の核であったと考えられるのである。その意味で、ここで活動を停止した旧ノヴゴロド教会の伝統あるいは現実（そしてその体現者たち）との争いと、またそこから派生した、大主教が窮地に立たされた結果としての彼のいわば護身問題への対応こそが、大主教による異端告発の本質なのであり、同時にこの時期の「異端者」事件の基底をなしているのである。

結びに代えて

この時期の「異端者」事件は、総じて言うならば、モスクワから到着したゲンナージーと「ノヴゴロドの現実」との争いに端を発していた。そのことは初期のゲンナージーの報告から読み取ることが出来る。一四八四年のセルギー大主教の「病気」と退位、一四九〇年のソフィア聖堂の長司祭ガヴリーラに対する異端宣告は、以上の説を妥当とみなすための重要かつ象徴的論拠である。

但し、この時期の事件をそうした争いのみで捉えることは出来ない。この事件において、ゲンナージーは微妙な立場に立たされていた。

「異端者」を扱う先行研究では、ゲンナージーと大公や府主教との不和が言及されることはあっても、大主教の基本的な立場は結局のところ、概して安泰とされてきた。しかし、この争いにおいて最終的に彼が勝利したことは確かだとしても、そこに至る過程において、彼はどの様な状況に置かれ、いかなる要因がどのように作用して彼は最終的に勝利したのだろうか。

ゲンナージーは、数多くの告発・批判を受けていた。こうした告発は、大公や府主教の前で正当性を帯びうる内容であった。それ以外にも、彼の活動は大公や府主教により問題にされていた。こうした状況は彼の敗北を招きうるものであり、特に一四八八年のロストフ大主教ヨアサフの更迭という先例は、ゲンナージーをして、敵対者の告発、彼らの処罰の正当化を徹底したものにさせた。彼は、高位聖職者に根回しを行い、彼に対する敵対者こそが異端であるという主張を浸透させていった。こうした努力は実り、彼は審問の開催にこぎ着けた。高位聖職者たちは、ゲンナージーが告発した人々の異端性を疑っていない。彼らによる司祭デニスの逮捕と審問の開催、またゲンナージーに有利な方向での審理の進行により、この争いにおけるゲンナージーの勝利が確定した。証人が揃い、また正当な手続きに沿って進められたこの会議においては、仮に大公イヴァンがゲンナージーに対する不信を高めていたとしても、もはや大主教の敵対者を支持することは出来なかっただろう。ここにおいて、大主教を告発、或いは彼に異議を申し立てていた人々こそが異端として処分されることになったのである。

このように、一四九〇年会議において、「異端者」事件には決着がつけられた。ところが一四九二―九四年頃に、ヨシフ・ヴォロツキーがモスクワで「異端者」を「再発見」する。以降のヨシフの争いについては以下で述べられる。

【註】

（1）*Лурье*, Идеологическая, С. 75-203, 407-426.

（2）Hösch, Orthodoxie, S. 68-92; Pliguzov, Archbishop, pp. 269-288; *Хоулетт*, Свидетельство, С. 53-73.

（3）ビザンツにおける九世紀のパウロ派や一二世紀のボゴミール派に対する異端宣告も、キリストや聖母、十字架やイコンに対する冒瀆を根拠にした。教会による彼らの表象については *The Oxford Dictionary of Byzantium*, vol. 3, p. 1606; 草生「一二世紀ビザンツ帝国」、五一頁等を参照。この点についてはロシアにおいても同様であり、一五世紀の異端「ストリゴーリニキ」もイコンや十字架の冒瀆者と呼ばれた。АЕД. С. 252. こうした定式化した「レッテル張り」の伝統の、ビザンツからロシアへの伝播は、歴代のキエフやモスクワ府主教の半数以上がコンスタンティノープル総主教座から派遣されたギリシア人であったことを考慮すれば十分に理解できる。「ノヴゴロドの異端者」の場合、後述するように、イコンや十字架に対する冒瀆は別にして、キリストや聖母に対する冒瀆という罪状は「レッテル張り」の結果であり、本章で論じられるように、彼らが現実には別の主張を行っていたと考えられる。

（4）ПСРЛ. т. 3. СПб., 1847, С. 243-244.

（5）АЕД. С. 317.

（6）АЕД. С. 375.

（7）АЕД. С. 309-310.

（8）「マルキオン」と「異端者」との同定に際して、ゲンナージーは、教会法令集にある何らかの著作の第一二章と第一九章を参照せよと述べている。АЕД. С. 310. この著作は、ハウレットにより、六—七世紀のコンスタンティノープルの司祭ティモテオスの『異端の受容』のなかの第二論文「マルキオン派について」であることが明らかにされた。この論文には、大主教の先の叙述（「尋問された場合には……」）と一致する文章が含まれており、加えてこの文章がティモテオス論文のまさに第一二章と第一九章に記されている。従って、ゲンナージーはこの論文を参照して、「異端者」を古い異端者であるマルキオン派として分類し、同時にその典拠を自分の書簡に引用したと考えることができる。Howlett, *The Heresy*, pp. 25-

28.

（9）Howlett, *The Heresy*, p. 29.

（10）Pereswetoff-Morath A.A *Grin without a Cat. vol. 1. 'Adversus Iudaeos' texts in the literature of medieval Russia. 988-1504*, Lund university, 2002, pp. 5-8; Howlett, *The Heresy*, pp. 29-31. 異端を古い順に四種（バーバリズム、スキタイ、ヘレニズム、ユダヤ）に大別するヨアンネスは、「ユダヤ」が以前の三つの異端に取って代わり、また全ての異端がここから生じたと述べており、これに従えば、「メッサリアもマルキオン」も「ユダヤ」の一種と見なされることになる。Творения преподобного Иоанна Дамаскина. Источник знания. М., 2002, С. 123-124, 136-140.

（11）一九六〇年代には、この語の解釈をめぐって論争が生じた。一部の研究者たちは、この語がまさに「異端者」のユダヤ人やユダヤ教との関係を証明すると考えた。例えば、J・ファインは、フョードル・クーリツィンの「ラオデキヤ書簡」を検討し、クーリツィン及び「異端者」のユダヤ的性格を主張した。Fine J. V. A. Jr., Fedor Kuritsyn's "Laodikijskoe poslanie" and the Heresy of the Judaisers. *Speculum*. 16（1966）, pp. 500-505. しかし、現在の研究者たちはこうした意見に総じて否定的である。というのは、（一）この「書簡」とクーリツィンとの関係が証明されず、（二）また「ユダヤ的に思考する жидовская мудрствующий」という言葉が、ビザンツ・ギリシア伝来の反異端用語であることが明らかにされてきているからである。例えば *Хоулетт*, Свидетельство, С. 64.「書簡」については本書第五章第一節等を参照。

（12）АЕД. С. 378-380.

（13）世界開闢歴（いわゆるビザンツ歴）七千年（ユリウス暦一四九一／九二年）に世界が終末を迎えるとする考え方で、正教会の半ば公式的な見解でもあった。本書第二章参照。

（14）АЕД. С. 311.

（15）АЕД. С. 313.

（16）ハウレットは、この名称のイコンが正教会に存在しないことを指摘し、これを「祝日の主の変容 Transfiguration with the Feasts」という正教会に実在する別のイコンであると、つまりゲンナージーが名称を間違えて記録したと考えた。

Howlett, *The Heresy*, pp. 41-42. だが、本書の著者の考えでは、деяние は単にイコンのまわりに描かれた聖人たちの事蹟図と考えるのが自然である。Словарь русского языка XI-XVII вв., т. 4, М., 1977, С. 241. 大主教がイコンの名称を間違えて記したとは考えにくい。

(17) АЕД. С. 312-313.

(18) АЕД. С. 312.

(19) АЕД. С. 313.

(20) Мифологический энциклопедический словарь. М., 1991, С. 443.

(21) АЕД. С. 317.

(22) АЕД. С. 310, 314-315.

(23) АЕД. С. 310.

(24) АЕД. С. 314. 大公は後に、大主教が「ノヴゴロドに住んでいる司祭、輔祭、雑役、庶民に関して書いてきた」と書いている。

(25) Hösch, Orthodox, S. 106.

(26) АЕД. С. 313.

(27) АЕД. С. 312.

(28) クリバーノフによると、この時期に教会権力の制限を目論んでいた大公は、教会批判を繰り広げた「異端者」を庇護したという。*Клибанов*, реформационные, С. 190.

(29) ゲンナージーはかつて、「あらゆる手段で敵対者と戦う」「権威的教会政治家」と見なされたが、こうしたイメージは、近年見直しを迫られている。*Цветков*, Послание, С. 196.

(30) ПСРЛ. т. 6, вып. 2. М., 2001, С. 324.

(31) АЕД. С. 375.

（32）АЕД. С. 314.
（33）АЕД. С. 310.
（34）АЕД. С. 314.
（35）АЕД. С. 314.
（36）*Клибанов*, реформационные, С. 193; *Лурье*, Идеологическая, С. 138-140.
（37）АЕД. С. 317.
（38）Howlett, *The Heresy*, pp. 46-48.
（39）АЕД. С. 314-315.
（40）*Клибанов*, Реформационные, С. 193; *Лурье*, Идеологическая, С. 138-140.
（41）АЕД. С. 314.
（42）АЕД. С. 375.
（43）АЕД. С. 383, 385. このことは、彼が後に一四九〇年の会議で有罪とされていることから見てとれる。もしここで異端宣告を受けていたならば、二年後に再び審問に付される立場にはなかったであろう。
（44）АЕД. С. 314.
（45）*Клибанов*, Реформационные, С. 190.
（46）АЕД. С. 314, 375.
（47）Hösch, Orthodoxie, S. 75.
（48）АЕД. С. 378-380.
（49）Русская историческая библиотека（РИБ.）, т. 6, СПб., 1908, С. 83-102.
（50）拙稿「ストリゴーリニキの『書物』をめぐる最近の論争」『西洋史論集』（北大）第一号、一一一四頁、一九九八年。
（51）拙稿「一四世紀のストリゴーリニキ『異端』と正統教会」『スラヴ研究』四六号、一九九九年、五七―八九頁、同「ロシア正教会の異端対策の展開」『ロシア史研究』六七号、二〇〇〇年、二一―一六頁。
(52) ПСРЛ. т. 12. М., 1965, С. 258.
(53) Псковские летописи. вып. 2. М., 1955, С. 63.
(54) *Клибанов*, Реформационные, С. 188.
(55) АЕД. С. 380.
(56) АЕД. С. 380. ゲンナージーは書いている。「私は、彼をゴルネチノの庵に送るよう命じた。〔ところが〕その後、大公が私に、彼についての文書を送ってきた。それは、私が彼を霊的に〔つまり教会刑で〕罰し、その後でネムチノヴォの彼の修道院で解放するよう要請する文書であった」と。そこでゲンナージーは「彼〔ザハール〕の手で彼に関する証文を書かせた。彼に対して〔今後は〕懺悔聴聞士を受け入れるよう命じ、また聖餐を受けるよう命じた。〔それ以降〕修道士たちは……生活し、聖餐を受け入れていた。しかし彼〔ザハール〕は誓いを破り、修道院に行かず、モスクワに行ってしまった。彼のことを誰も心配しなかったではないか。このストリゴーリニクは何のために大公のもとに行ったのだろうか」と。
(57) АЕД. С. 375.
(58) АЕД. С. 380.
(59) АЕД. С. 375.
(60) ゲンナージーは、アレクセイとイストマが「異端者」であるという証言を、一四八八年に異端宣告を受けたサムソンコから聞き出していた。但し、アレクセイは、後にヨシフが記すような「異端者」の首謀者としてではなく、単にモスクワのフョードル・クーリツィンのところに出入りしていたという状況で告発されている。他方でイヴァシカは、ノヴゴロドからモスクワに逃げ出したとされている。АЕД. С. 376-377.
(61) АЕД. С. 383.
(62) АЕД. С. 380.
(63) АЕД. С. 383.

(64) АЕД. С. 317.
(65) АЕД. С. 317.
(66) ゲンナージーは大公の推挙を受けて大主教に任命されたと考えられている。チポグラフ年代記は、ゲンナージーが大主教に任じられるために大公に二〇〇〇ルーブリを払ったと伝える。この記事が現実を表すものかどうかは明らかでないが、これは大公こそが事実上の選任権を有していたと考える根拠にはなる。ПСРЛ. т. 24, С. 235. 前任者セルギーと異なり、ゲンナージーの選出の際には、伝統的なくじ引きによる選出が行われた形跡がない。
(67) *Клибанов*, Реформационные, С. 193, 202. クリバーノフは、教会への大公権の介入がゲンナージーと大公との関係を悪化させたとする。ヘッシュは、教権主義者へのゲンナージーの変化を、彼と大公との不和の主要因と見なす。Hösch, Orthodoxie, S. 72-73.
(68) АЕД. С. 374-375.
(69) АЕД. С. 375.
(70) АЕД. С. 375.
(71) Howlett, *The Heresy*, p. 54.
(72) *Голубинский*, История, т. 2-2, С. 7-11.
(73) *Голубинский*, История, т. 2-1, М., 1900, С. 479-480; Alef G. Muscovy and the Council of Florence. *Slavic Review*. Vol. 20-3, 1961, pp. 389-401; *Зимин А.А.* Витязь на распутье. М., 1991, С. 79-100. 拙稿「一五世紀におけるモスクワ教会の独立とその正当化作業」『西洋史論集』（北大）、第一一号、二〇〇八年、六〇―九〇頁を参照。
(74) その主たる論拠として挙げられるのが、ノヴゴロド大主教座に伝わる「白頭巾」にまつわる「ノヴゴロドの白頭巾の物語」をゲンナージーが作成したとする主張である。「物語」によると「白頭巾」はローマのコンスタンティヌス帝からローマ司教、コンスタンティノープル総主教を経て、一四世紀にノヴゴロド大主教に伝わった「権威の象徴」であった。「物語」の研究に取り組んだH・H・ロゾフによると、当時、イヴァン三世は教会領や修道院所領の没収を進めており、現にノヴゴロド大主教管区ではノヴゴロド併合後、多くの土地が没収され、モスクワ大公に勤務する軍事士族層に分け与えられた。こうしたなかでゲンナージーは、教会領の不可侵性を主張し、そのためにノヴゴロド大主教座の権威を引き上げることに努め、こうして作成されたのが「物語」であったという。*Розов*, Повесть, С. 178-219. ノヴゴロドがローマとコンスタンティノープルの権威の後継者であり、また白頭巾を、コンスタンティヌス帝よりローマ司教に移譲された特権の象徴と見なす「物語」は、ゲンナージーの教権主義、またモスクワの世俗権力への彼の抵抗を表現していると見なされた。

ただ、ルリエー以降の研究においては、「物語」の土台として口承のいわば「白頭巾伝説」がゲンナージーの廻りで創られた可能性は排除されないものの、「物語」自体は少なくとも一六世紀半ば以降に成立したと考えられてきた。ルリエーによると、一五六四年の教会会議において、「いかなるきっかけでノヴゴロド大主教が白頭巾を被っているのか、そうしたことを記した文書はない」と述べられていることが「物語」の成立をこの会議以降と考える論拠になるという。Словарь книжников и книжности Древней Руси. Вторая половина XIV-XVI в. Ч. 2. С. 214-215. しかし近年、「物語」がやはり大主教の周辺で作成されたことを示す写本が発見された。*Жукова И. Л.* Древнейший список Повести о белом клобуке. Славяне и их соседи. вып. 11, М., 2004, С. 263-269.

(75) 前述の「白頭巾の物語」以外にも、大主教の廻りでは「神聖なる教会財産に手を付ける者どもに対する小説教」が作成され、修道院領没収政策への抵抗が示された。"Слово кратко" в защиту монастырских имуществ. ЧОИДР. 1902, т. 2.

(76) АЕД. С. 278; *Клибанов*, Реформационные, С. 39.

(77) *Клибанов*, Реформационные, С. 35-62; *Клосс Б.М.* Книги, редактированные и писанные Иваном Черным. Записки отдела рукописей БИЛ. т. 32, 1971, С. 61-72.

(78) Howlett, *The Heresy*, p. 152.

(79) *Клибанов*, Реформационные, С. 41-56.『エリン年代記』の「第二版」については*Лихачев Д.С.* Еллинский летописец второго вида и правительственные круги Москвы конца XV в. ТОДРЛ. 6. М.-Л., 1948, С. 100-110; Летописец Еллинский и Римский. т. 1. текст. СПб., 1999を参照。

(80) ПСРЛ. т. 22. М., 2005.
(81) АЕД. С. 374.
(82) АЕД. С. 379-380.
(83) АЕД. С. 375.
(84) АЕД. С. 375.
(85) 詳しくは本書第五章参照。この書簡で、「メモに書かれている彼ら全員を呪詛したまえ。また彼らに同意をした人々も、彼らを身受けした者も、また彼らの庇護者も、またいつも彼らの魅惑に従う者も呪詛したまえ」と記されていることが重要である。АЕД. С. 376. クーリツィンは「異端者」として挙げられているわけではない。加えて重要なのは、一四九〇年以降、ゲンナージーは、「生き延びた」クーリツィンに対し、その戦いを継続しなかったという事実である。つまりクーリツィンへの大主教の関心は、ザハールら「異端者」が存在してこそのものであったと考えられるのである。
(86) АЕД. С. 375-376.
(87) АЕД. С. 381.
(88) *Седельников А.Д.* Рассказ 1490 г. об инквизиции. Труды комиссии по древне-русской литературе Академии Наук, т. 1, 1934, С. 49-57.
(89) АЕД. С. 381.
(90) 拙稿「ロシア正教会の異端対策……」、一〇一一六頁。
(91) АЕД. С. 384.
(92) АЕД. С. 384.
(93) АЕД. С. 385.
(94) АЕД. С. 384-385.
(95) *Клибанов*, Реформационные, С. 190, 193.

(96) Howlett, *The Heresy*, p. 48.
(97) РИБ. т. 6, С. 833-836. シモン選出の際にゲンナージーが教会会議に参加しなかった理由について、大公は会議に出席した主教たちに、ゲンナージーは「キリスト教の重要で不可欠の案件がある故に府主教選出においてあなた方と共には出来ない」と説明したという。
(98) *Бегунов Ю.К.* «Слово иное» — новонайденное произведение русской публицистике XVI в. о борьбе Ивана III с землевладением церкви. ТОДРЛ. т. 20. Л., 1964, С. 352.
(99) Howlett, *The Heresy*, p. 48; АЕД. С. 375.
(100) ПСРЛ. т. 25. М.-Л., 1949. С. 318.
(101) ПСРЛ. т. 25, С. 326.
(102) ПСРЛ. т. 25, С. 330.
(103) ПСРЛ. т. 12, С. 219.
(104) ПСРЛ. т. 24, С. 237.
(105) ПСРЛ. т. 25, С. 322.
(106) АЕД. С. 385.
(107) АЕД. С. 383.
(108) АЕД. С. 385.
(109) АЕД. С. 383, 385.
(110) ハウレットはこの長司祭ガヴリーラと、先に告発された司祭ガヴリルコを同一人物とする。しかし、その論拠は提示されていない。Howlett, *The Heresy*, p. 75.
(111) フョードル・クーリツィンが告発された理由については、本書第五章第一節で論じられる。
(112) АЕД. С. 385.

(113) АЕД. С. 383.

(114) АЕД. С. 383.

(115) АЕД. С. 383.

(116) АЕД. С. 385.

(117) Hösch, Orthodoxie, S. 83.

(118) АЕД. С. 383.

(119) АЕД. С. 383.

(120) АЕД. С. 384.

(121) АЕД. С. 376, 381.

(122) Howlett, *The Heresy*, p. 74; ПСРЛ. т. 30. М., 1965, С. 175, 200.

(123) АЕД. С. 472. こうしたセレモニーは、ゲンナージーが神聖ローマ皇帝使節から聞き出して採用したものであり、これまでのロシアでは確認されたことのない独特のものであった。*Седельников*, Рассказ, С. 49-57.

(124) АЕД. С. 473.

(125) РИБ. т. 6, С. 787-788.

第二部　一四九〇年代前半のヨシフ・ヴォロツキーの「対『異端者』闘争」

――『同時代問題の「異端化」』

以上の通り、一四九〇年の教会会議において、ザハールやデニスといった雑多な人々が「ノヴゴロドの異端者」という一つの集団へと纏め上げられた上で、そのような存在として異端判決書に書き記された。これがこの時点での正教会の正統的「異端者」観であり、ヨシフもその異端論駁書『啓蒙者』においてそうした見方を土台にした。彼は、確固とした異端集団の存在を全く疑っていない。

ただ、ここで問題になるのが、(一)会議判決書の「異端者」事件および「異端者」観と(二)ヨシフが描くそれらとの間に介在する大きな差である。

まずは事件の経緯について。ヨシフは判決書が依拠する事件観に基づいて「異端者」事件の歴史を記したが、その際、彼はこれに大幅に加筆した。ゲンナージーの書簡や会議判決書にない「事実」が明らかにされ、また驚くべきことに、会議を主催した府主教ゾシマが「異端者」であったこと、その後も彼が悪行を続けていることが書き加えられた。

次に「異端者」の主張について。ヨシフは、判決書で描かれた主張に従いつつも、やはりこれに大幅に加筆した。『啓蒙者』では、大雑把に言えば「異端者」の主張は(一)「反三位一体的主張」、(二)イコン冒瀆、(三)七千年終末をめぐる主張、(四)修道制批判から成っている。しかし既に見たように、そのうちの(三)七千年終末をめぐる主張と(四)修道制批判は、一四九〇年会議では全く言及されなかった。

「異端者」事件と「異端者」の主張に関する以上の差は、どう考えられるのだろうか。事件観の差については、これまでの研究では殆ど問題にされなかった。ヨシフは事件によく通じており、彼の記述は単に彼が知っている情報が書き加えられた結果に過ぎないと見なされたからである。他方で「異端者」の主張の差について言えば、ヨシフに従って一四七〇年代から「異端者」が確固とした集団として存在したと考えるルリエーによると、この差は、「異端者」集団が大きく分けて二グループに分かれていたことに基づいていた。すなわち「異端者」は元々ノヴゴロドで活動したものの、一四八〇年代後半にモスクワにも「伝播」した。このモスクワのグループが、七千年終末をめぐる主張を行い、また修道制を批判し始めた。その一方で、一四九〇年教会会議で裁かれたのはノヴゴロドの「異端者」だけだったので、判決書には、「反三位一体的主張」とイコン冒瀆だけが「異端者」の主張として記された、というのである。しかし本書第一部で述べられたように、そもそも彼らを一集団とする見方は正しくないのであり、その点で既にルリエーの見方は受け容れがたい。

「異端者」事件及び彼らの主張に関する一四九〇年の判決書の記述とヨシフの叙述との差は何に起因しているのか。第二部ではこの問いに答えてみたい。ここで言及されるべきは、ルリエー以来の『啓蒙者』研究の成果である。それによると、ヨシフは、『啓蒙者』における七千年終末をめぐる主張と修道制批判に関する記述（第八―一一章にあたる）を、以前から存在していた別の著述や書簡を加工して作成したというのである。ところが、後述されるように、この利用された著述・書簡は「異端者」を念頭においたものではなかった。つまりヨシフは、「異端者」とは元々無関係であった、七千年終末をめぐる主張や修道制批判に関する著述や書簡を『啓蒙者』の章として取り込みながら、その記述を「異端者」を念頭においたそれに改訂したと考えられるのである。またゾシマについて言えば、ヨシフはゾシマが「異端者」であったと書いているものの、ゾシマは実際に「異端者」を裁いており、従って彼がそのメンバーだったとは考えにくく、現代の研究者も総じてヨシフの説に否定的である。

こうした状況で次の課題として浮かび上がるのは、ヨシフがなぜ、そしてどのような状況で上記の改訂やゾシマの告発を行ったのかという問題の検討である。以下本書の第二章では七千年終末をめぐる主張に関して、また第三章では修道制批判に関して検討が行われる。最後に第四章で、『啓蒙者』作成時の状況が検討され、そこでゾシマを「異端者」とするヨシフの記述が検討される。

以上の課題の検討は、最終的に、一四九〇年代前半の「異端者」事件およびヨシフの「対『異端者』闘争」の解明に繋がっていく。一四九〇年以降の「異端者」事件とはいかなるものであったのか。第二部ではその一端について述べてみよう。

第二章　七千年終末論争の「異端」教義化

――『啓蒙者』第八―一〇章を中心に

はじめに

中世のロシアには、世界開闢暦七千年[1]（ユリウス暦一四九一年九月―九二年八月にあたる）に世界が終末を迎えるとする伝承（以下「七千年終末説」と略す）があった。ヨハネの黙示録に見られるキリスト教使徒時代からの千年至福説は、ロシアを含むコンスタンティノープル教会の管轄地域において独特の形をとったのである。例えば、数字の七がしばしば終末と結び付けられ、七百年や七千年に終末が訪れるという考えが生じた。[2]初期ビザンツの神学者であるシリアの聖エフラエム（三〇六―七三年）は、七千年に世界が終末を迎え、キリストが再臨すると予言した。ロシアにおいても、例えば一二世紀のトゥーロフ主教キリルが、七千年の三年前にアンチ・キリストが現れると記した。[3]それ以外で終末説に根拠を与えたのが、ロシアではパスハーリヤという名称で知られる復活祭日一覧表である。この表には何らかの理由で七千年までの復活祭日一覧しか掲載されておらず、そのことは、七千年以降に現世は存在しないという見方の普及を促した。[4]このような事情が重なり、「七千年終末説」は広く流布し、正教会においても半ば公式見解として承認されていた。

先行研究によれば、一四八〇年代後半以降にこの「七千年終末説」を真っ向から否定し、終末はまだ先であると主張（以下「終末遅延説」と表記）したのが「ノヴゴロドの異端者」であった。帝政期の研究者А・И・ニキツキーはノヴゴロド大主教ゲンナージーが七千年直前に記した二通の書簡、すなわちサライ主教プローホルと前ロストフ大主教ヨアサフ宛ての書簡に注目した。というのも、双方の書簡の後半部には、『六つの翼』(5)という名の天文学書に依拠して終末の時期を割り出し、(6)終末がまだ先であると主張した人々について記されていたからである。ニキツキーはこの人々を「異端者」と見なした。(7)なぜなら双方の書簡の前半部では共に「異端者」について記されていたからであった。この意見は、ソヴィエト期の「異端者」事件研究の第一人者Я・С・ルリエーによっても支持された。(8)

しかし、この意見に疑問を呈したのがJ・ハウレットである。彼女は、「プローホル宛て書簡」にせよ「ヨアサフ宛て書簡」にせよ、前半部は「異端者」について書かれていることを認めるものの、後半部では別の異端について書かれていると考え、このようにして「終末遅延説」と「異端者」との結び付けを否定した。(9)

但し、ここで以下の点に言及する必要がある。実は「ヨアサフ宛て書簡」の後半部には、「異端者」の重要人物とされる長司祭アレクセイが登場する。『三年が過ぎて第七の千年が終われば、我々が、恐らく必要とされる』という言葉を私〔ゲンナージー〕はアレクセイから聞いた(10)」と。やはり後半部も「異端者」に関する記述なのだろうか。

ハウレットはここでの「アレクセイ」の名を、この「書簡」を筆写した後代の写字生による挿入と見なした。というのも、一六世紀前半の一写本だけで伝来するこの「ヨアサフ宛て書簡」では、上の引用のうち、最も重要な「私はアレクセイから聞いた」という言葉が本文中になく、写本の余白（テクスト下部）に、しかも朱書きの挿入印付きで目立つように書き加えられているからである。[11] この補足方法は、この写字生が犯した筆写ミスの際に行われた一般的な補足の場合（テクスト左右余白にて、専ら黒インクを利用）と異なる。従って、「私はアレクセイから聞いた」という補足は、元々の「ヨアサフ宛て書簡」にはなかったと考えられ、[12] それ故に「ヨアサフ宛て書簡」の後半部に記される人々を「異端者」と同定する根拠はないのである。だがそれ以上に重要なのは、「異端者」を裁いた一四九〇年の教会会議に宛てて書かれたゲンナージーの告発状においても、またこの会議の判決書においても、「終末遅延説」どころか七千年問題自体が全く言及されていないという事実である。[13] つまりゲンナージーも教会会議も「終末遅延説」を「異端者」の主張と見なしていなかったと考えられるのである。それ故にさしあたりここでは、「終末遅延説」を当時の、特にノヴゴロド・プスコフ地方に広まり、かつ広範囲の人々を虜にした思想であったと述べておく。

さてその後、一四九二年八月末に懸案の七千年が過ぎ去った。だが世界終末は訪れなかった。すると、この時期に書かれた三部作『七千年終末についての物語』（以下『終末物語』と略）によると、七千年が過ぎるや否や、今度は「ある人々」が、終末の不成就という現実を踏まえ、終末到来を予言した使徒やシリアの聖エフラエムを批判し始めた（以下「使徒・教父批判」）という。[14] ここでの「ある人々」を「異端者」と見なしたのが帝政期の歴史家H・ルードネフである。彼は、「異端者」を摘発したヨシフ・ヴォロツキーが『啓蒙者』の第八—一〇章で、「七千年はキリストの再臨の時であり、また世界終末の時であるとされているが、これは実現しなかった。従って、キリストの再臨を予言した使徒の書物、並びに七千年の終末到来を予言した聖エフラエムの著作には偽りがある」[15] とする「異端者」の主張を記していることに注目した。[16] これに依拠して、研究者たちは、「使徒・教父批判」を行った人々を「異端者」と見なしてきたのである。[17]

だが、この意見を無批判に受け入れるわけにはいかない。というのも既にルリエーが明らかにしたように、『啓蒙者』の第八―一〇章というのは、実は、上述の三部作『終末物語』を土台にしており、これを改訂して作られたからである。[18] 重要なのは、改訂前の『終末物語』では「使徒・教父批判」を行ったのが単に「ある人々」とのみ記されていた点である。つまり『終末物語』では、七千年後の時代に「ある人々」が終末の不成就との関連で、使徒や教父の著述を批判したと記されていたのである。ところが『終末物語』が『啓蒙者』の一部として取り込まれた際に、『終末物語』の表題に大きく手が加えられ、使徒や教父を批判したのが「異端者」であると明記されたのである。[19]

上述のように、特定の主張を有した集団としての「異端者」観は一四九〇年会議が創り出した虚像であり、現実にはそうした集団は存在しなかった。従ってまず確認されるべきは、裁かれた人々が一集団として七千年終末の問題に関連する主張を行っていたとは言えないことである。

しかし現実にはヨシフが彼らを一集団と見なし、この集団が七千年終末に関する共通の主張を有していたと書き記しているのである。そこで本章の課題は、「七千年終末論」、「終末遅延説」、「使徒・教父批判」のそれぞれと、一四九〇年に「異端者」と宣せられた人々の関係の再検討ということになる。もし両者が無関係であったとすれば、何故、そしてどのように、ヨシフがこれを「異端者」に結び付けたのかという新たな問題が生じることになる。

第一節　七千年以前における「七千年終末問題」

本章冒頭で述べたように、七千年終末の到来は過去の聖職者たちにより予言されていた。とりわけシリアのエフラレムのような教父による予言は大きな影響を及ぼしたと考えられる。もちろん、当時の人々がすべからくそれを信じ、またその真実性を喧伝したが如き印象を持つとするなら、それは誤りである。しかし終末に関する記述は一五世紀後半になると増加する。[20] 例えば、ヤロスラヴリ地方の年代記では、一四八九／九〇年の項目に「この年、蛇にしてサタンであるアンチ・キリストが到来することになっている。そして主の再臨までは一、二年を残すばかりになった……」と記されている。[21] また一部のパスハーリヤにも一四八九／一四九〇年の項目の後に、「この後、アンチ・キリストが目を覚まし、イェルサレムにて三年半支配する」と記されている。また多くのパスハーリヤには七〇〇〇年の項の後に「この後に何が起こるのか、神だけが知っている」という書き込みがある。[22]

七千年終末を意識したのは聖職者ばかりではなかった。俗人にも「七千年終末説」から影響を受けて行動する者がいた。А・И・アレクセーエフによると、イヴァン三世の母親マリヤ・ヤロスラヴナが一四七七年九月一日に、キリロ・ベロオーゼロ修道院に金銭を寄進した際に、大公家のために今後一五年間祈り続けるよう条件を付けたという。つまりそれは終末が到来する最終期限たる一四九二年八月末日までであった。[23] 他方で、後述するように、府主教ゾシマやゲンナージーは、「庶民」が終末論で動揺していたことを書き記している。このように、「七千年終末説」は聖職者の間でのみ注目された訳でも、またノヴゴロドだけで生じた訳でもなかった。

但し、ノヴゴロドにおける状況は若干異なっていたと考えられる。第一章で述べられたように、併合後のノヴゴロドの状況は、いわば「大変動」に見舞われていた。一方で、かつてのノヴゴロドを支配した貴族たち、商人や有産市民の大半の強制移住、モスクワ軍事士族の流入が、また他方で教会における「ノヴゴロド的現実」に対する「モスクワ的キリスト教」からの圧迫や支配があり、そのことは反モスクワ的雰囲気を醸成したと考えられよう。一六世紀初頭にモスクワに併合されたプスコフにおけるそうした現象については、プスコフ年代記が記している。

モスクワはそこではアンチ・キリストと見なされた。[24] こうした事実を考慮するならば、ニコリスキーらが主張するように、ノヴゴロドにおいても、モスクワへの併合後の状況のなかで、終末に関する主張が他の地域におけるよりも深刻に受け止められる条件が揃っていたと考えることは根拠のないことではない。[25]

まさにこのような時期に、ゲンナージーがモスクワから到着した。彼は大主教就任後すぐに、ノヴゴロドにおいて終末をめぐる議論を知り、一四八七年にはサライ主教プローホルに宛てて、この「ある人々」の主張について知らせている。それによれば、この人々曰く、キリスト教の年代記作者が使う暦には欠陥があり、従ってあと数年で終末が訪れることになってしまっているがこれは正しくない。「我々の暦」では現世はまだずっと続くとされている、と。このように、ゲンナージーが記す「ある人々」は、終末の到来はまだ先であると主張していた。つまり「終末遅延説」を主張していたのである。大主教はこの説を一般的に異端と呼ぶ。[26]

ゲンナージーは、ここでの問題が正教の暦と非正教の暦との差にあることを理解していた。[27]「異端の暦」によると、当時はまだ世界開闢から五二二八年しか経っていないことになっていた。[28] この数字を勘案するならば、ここで念頭に置かれた「異端の暦」が、世界開闢を紀元前三七六一年とするユダヤ暦であったことがわかる。

但し、ゲンナージーがここで言う異端を、ユダヤ人と解釈するのは早計である。ゲンナージーは彼らをユダヤ人と呼ばない。むしろ、ここでの異端は、ユダヤ暦に触発されて正教の暦に疑いの目を向け、「終末遅延説」を唱えた人々も含めて、広く考えた方がよかろう。

一四八八年の「ヨアサフ宛て書簡」では、ゲンナージーは、『六つの翼』の暦の他にも、ラテン人やタタール人の暦と正教会の暦との差に着目している。ラテン人の暦は「我々の〔世界開闢暦〕より八年分だけ長く」、それに従うならば、終末までに更に八年が加わることになる。その一方でタタール人が使うヒジュラ暦によれば、「世界終末まで、つまりキリストの再臨まで、まだ一〇二年ある」ことをゲンナージーは知らせている。[29]以上の記述に基づいて、ハウレットは、ゲンナージーが異端と考えたのは「ユダヤ人、タタール人、ラテン人」であったと述べたが、[30]これは限定のし過ぎだろう。ゲンナージーは当然、上記の三者を念頭においていただろうが、彼らの暦に依拠して、或いは触発されて「終末遅延説」を主張した人々もこれに含めるべきである。

大主教自身は、「七千年終末説」を一応、正しい説と考えていたように思われる。彼は上述のように「終末遅延説」だけを問題にしており、またこれを異端と考えているからである。とは言え、彼は「七千年終末説」に対しても、若干の距離を置いていたようにも見える。

彼はこの時期、ローマに滞在していた外交官ドミトリー・トラハニオテスを通じて、七千年終末についての情報を集めており、一四八九年にはこのドミトリーから報告を受け取っている。[31]ドミトリーは報告する。「主人よ、あなたは私に七千年について書き送るようお命じになりました。七千年が過ぎようとしているが、その徴候が全く現れない、と。だが……主人よ、キリストも預言者も聖人も、七千年については何も書いておりません……」と。しかしドミトリーは加える。「既に七千年が終わりつつあるので、〔以下の如く〕一つか二つ、或いは全て七にして〔終末を〕考えるべきでしょう。つまり〔七〇〇〕七年、或いは〔七〇〕七〇年、或いは〔七〕七〇〇年、或いは七七七七年〔に終末が生じる〕と……」と。[32]

他方でゲンナージーは、ヨアサフに宛てて『労働のために七つの世紀があり、第八のものは未来のためのものである』と〔エノク書に〕書かれている。その一方で、我々には週に六日間、労働を命じられた日があり、第七日目には仕事を休む。いずれにせよ、もし労働の時が我々のパスハーリヤと共に終わらない場合には、あなたはそのことについて、パイーシー〔・ヤロスラヴォフ〕やニル〔・ソルスキー〕と詳細に話をすべきであり、これについて私に書いてください」[33]と書いている。つまりゲンナージーは、七千年終末を信じないわけではないものの、仮にそれが生じなかった場合も想定しており、著名な指導者の指示を仰ぐことも考えていたのである。

最後に確認されるべきは、単に暦の差に戸惑う「庶民」については、大主教は彼らを被害者的立場に位置付けており、これを異端者とは呼んでいないことである。ゲンナージーが異端者と見なしていたのは、あくまで、正教のものとは異なる暦を持ち出して「終末遅延説」を積極的に唱えた人々であった。

但し、異端を積極的に広めるこの人々の具体的な人物名やグループ名はこの段階で挙げられていない。彼らは、「キリスト教を誘惑する者」や「我々の正教信仰を堕落させる者」[34]と一般的に呼ばれており、ましてや「ノヴゴロドの異端者」とは呼ばれていない。後にゲンナージーが「異端者」を教会会議に告発した際にも、その罪状中に「七千年」についての説を含めていないことを考慮するならば、彼がここで言う異端とは、「ノヴゴロドの異端者」のことではなく、人々を戸惑わせる「謬説」を唱える人々一般を指していると考えられよう。

第二節　七千年後における「七千年終末問題」の展開

一四九二年八月末を以て七千年が過ぎ去った。それ故に当時のモスクワ府主教ゾシマは新しいパスハーリヤを作成し、同年秋の教会会議の後、これに「通告」を添付して全ての主教区に送達した（同年一一月二七日）[35]。

この「通告」のなかで、ゾシマは重大な表明をしている。すなわち「全ルーシの府主教である穏和なゾシマは、第八の千年に対応するパスハーリヤを書くことにする。この〔第八の千年に対応するパスハーリヤの〕なかで、我々はキリストの全世界的到来を待つことにする。但しその日時については誰も知らない。神の福音書執筆者は『天上の天使も知らない、父だけが知っている』と言っている」[36]と。ここでは「七千年終末説」が放棄されると共に、将来における終末の到来が望まれていることがわかる。七千年終末が訪れなかったという現実に直面して、教会は「七千年終末説」を謬説と見なすことを余儀なくされたのである。

但し、言うまでもなく、将来における終末を待望するというゾシマの言明は、以前の「終末遅延説」の公認化を意味しない。「終末遅延説」は明確に「七千年終末説」のアンチテーゼとして出されたものであり、状況的にゾシマの言明とは異なる。それ故、結果的に両説が共に謬説として退けられることになったのである。

ゾシマのパスハーリヤと「通告」はゲンナージーにも送られた。ゾシマは、彼が作成した今後二〇年分のパスハーリヤをノヴゴロド大主教管区内に配るようゲンナージーに命じた。この命令を受けたゲンナージーは、自分が作成した今後七〇年分のパスハーリヤも一緒に添付することに決めた[37]。彼はこの七〇年分のパスハーリヤもまた正統なものであることを、彼自身のパスハーリヤに添付されたノヴゴロドの司祭たちに宛てた書簡のなかで強調している（一四九二年一二月一二日）[38]。先のドミトリー・トラハニオテスの調査が、ゲンナージーによる七〇年分のパスハーリヤ作成に繋がったと考えられる。

司祭たちに宛てられたこの書簡とは別に、ゲンナージーは、自分が作成したパスハーリヤに序文を付けている。「全ルーシの府主教にして我々の父なる主人であるゾシマから、私、大ノヴゴロドとプスコフの大主教ゲンナージーは、第八の千年に対するパスハーリヤを作成するように命じられている。なぜなら七千年という時間が過ぎ去り、……パスハーリヤが終わり、ある者どもが、以前の六千年が終わった時の如く、七千年が過ぎ去ったので世界終末が生じると言っているからである」[39]と。ここで問題にされているのは、「終末遅延説」を唱えていたこれまでの人々ではなく、「七千年終末説」を唱える人々である。ゲンナージーによれば、この人々は「七千年という時間を持っており、ソロモンに従って進んでいる」のであり、「今のこの時代は七で割り切れるのであり、七千年が終わったので、世界終末の到来に期待している」[40]という。これに対して彼は、「だが預言者アモスも『災いだ、主の日を待ち望む者は。主の日はおまえたちにとって何か。それは闇であって光ではない』と言っている」と批判する。[41]このように、ゲンナージーもゾシマと同時期に、これまで広まっていた「七千年終末説」を否定し始めたことがわかる。[42]

だが、ゾシマとゲンナージーが共に、「七千年終末説」を唱える人々を単に異端とも「ノヴゴロドの異端者」とも呼んでいないことには注意を要する。[43]当時は「異端者」を断罪した一四九〇年の教会会議後であり、当然、ゲンナージーばかりかゾシマも「異端者」について知っていた。それだけに、両者がここで「異端者」に言及していないという事実は、両者が「七千年終末説」を「異端者」の主張と考えていなかった証しである。ゲンナージーによると、この時点で「七千年終末説」を唱えていたのは「庶民」であった。[44]

こうした状況にあった七千年経過の直後、一四九二年の内に、[45]このテーマに関するもう一つの著作である『七千年終末についての物語』（三部作）がヨシフによりヴォロコラムスク修道院で執筆された。[46]彼は後にこの『終末物語』を部分的に改訂し、自身の『啓蒙者』に第八、九、一〇章として挿入した。これについては後述する。[47]

『終末物語』第一部では、「ある人々」が、七千年が過ぎ去ったが世界終末もキリストの再臨もない、故に再臨を予言した使徒や教父たちの書物には偽りが含まれていると声を上げていることが記されている。これに対して著者ヨシフは、様々な教父たちの言葉が「七千年終末説」を示してはいないことを論じながら、「七千年終末説」を謬説として退けている。例えばヨシフは、「見たか、兄弟よ、〔使徒や教父たち〕全員が、現在の時が七つであって、七千ではないこと、来世が第八の時であって、第八の千年ではないことを等しく知らせ、考え、述べている」と述べ、数字の七や八に関する話と七千年や八千年の話とは無関係であると主張する。(48)『終末物語』で次に言及されるのが「キリストの再臨からアンチ・キリストの到来まで千年がある」と、使徒ヨハネに従って述べる者たちについてである。これに対してはヨシフは「だが見よ、〔使徒にして〕神学者である大ヨハネはおよそ千年と言っているではないか」と反論している。(49)次いで、パスハーリヤが七千年で終わっている事実に基づき、神は人間に生きるための時間として七千年を与えたと述べる人々に対し、ヨシフは、ニケーア公会議まではパスハーリヤは存在しなかったことを、またパスハーリヤの終わりはこの世の終末とは無関係であることを示して反論する。(50)またこの世は千年続き、加えて七で割り切れるとする人々に反論する。(51)このように、『終末物語』第一部では、使徒や教父たちの終末に関する言葉を直接「七千年終末説」と見なしてこの説を根拠づける「人々」が批判されているのである。

『終末物語』第二部に移ろう。これは「なぜキリストの再臨は長い間ないのか。既に彼が現れる時を迎えた。聖なる使徒たちは、キリストが最後の年に生まれると書いているが、既にキリストの生誕から千五百年が過ぎた。だが彼の再臨はない、と言う人々」(52)に対する反論である。七千年終末の不成就に関連して使徒を批判するこの人々に対し、ヨシフは、聖書や聖人たちの書物からの引用を用いて論駁している。(53)『終末物語』第二部は、ほぼ全てがそうした引用である。(54)

また、『終末物語』第二部のなかで唯一登場する異端という言葉は、一般論として「異端は欲望や放蕩生活から生じる」と述べられる際のものに過ぎない。従って、『終末物語』第一部と同じく、ここでも論駁対象は、異端者とも「ノヴゴロドの異端者」とも呼ばれていないことがわかる。(55)

『終末物語』第三部、すなわち「聖エフラエムは、あらゆる預言は成就され、書物に記されたことは全て生じ、我々の主であるイエス・キリストの再臨だけが残ったと書いた。聖エフラエムがこれを書いてから既に千百年が過ぎたが、我々の主であるイエス・キリストの再臨はない。もし聖エフラエムの書物が真実なのであれば、聖エフラエムが書いた如く、我々の主であるイエス・キリストの再臨があるだろう、と言う人々についての物語」は、その表題が示すように、七千年終末が成就しなかったことに基づいて教父エフラエムを批判する人々に対するヨシフの反論であり、やはり聖人たちの引用で占められている。(56)

上記のように、第一の『終末物語』において、ヨシフは、七千年が過ぎるまでは普及した見方であった「七千年終末説」を謬説と記した。このように、ゾシマもゲンナージーも、またヨシフもが同時に「七千年終末説」を謬説と見なしているのである。恐らく、「七千年終末説」の謬説化は、一四九二年の教会会議で決定された公式決定であった。その際に彼らはこの説を「異端者」と結び付けていない。この点では、ゾシマ、ゲンナージー、ヨシフの三者が同じ態度である。またこの時期にヨシフは、第三の『終末物語』のなかで、終末の不成就に起因する使徒や教父への批判にも応対したが、この批判も「異端者」と結び付けられていないことを確認しておこう。

第三節　誘惑者から異端者へ

ところがこの同じ時期に、七千年終末に関して、上述の教会の「公式見解」(57)と異なる意見が生じた。終末をめぐる主張を記した一通の書簡、いわゆる「匿名の人物宛て書簡」（著者も不詳）が伝わっている。(58)この書簡は、一五世紀末の写本一本で伝わっており、内容から判断すれば、上述のゾシマの言明や『物語』と同様、七千年が過ぎた直後、まだその記憶がさめやらぬうちに執筆されたと考えられる。(59)

この著者は「異端者どもが暦に関して庶民を次のように述べることで困惑させている」とする。すなわち「既に我々〔正教〕の〔暦で〕七千年は過ぎ去ったが、他の信仰〔の暦〕においては〔七千年は〕まだ過ぎ去っていない」のであり、従って、正教以外の暦に基づいて終末を待つべきであり、終末が到来するまで更に時を過ごすべきであるという。(60) これに対して書簡の著者は、「災いだ、主の日を待ち望む者は。主の日はおまえたちにとって何か。それは闇であって光ではない」という預言者アモスの言葉を引用し、(61) また更に時に関するエノクの言葉をも引用しながら、暦は、専ら自分の人生の終わりを誰もが知ることが出来るために与えられたものであるが、その暦を使って終末の到来時期を模索することは問題であるとする。ここで著者が批判しているのは、上記の「教父批判」や「使徒批判」ではなく、七千年よりも先の終末を待望し、暦を用いて「その日」を算出している「終末遅延説」であることは明らかである。

そしてこの「終末遅延説」を述べていたと書簡の著者が記すのが、「ノヴゴロドの異端者」の重要人物とされる長司祭アレクセイなのである。書簡には「アリウスの共闘者であり、アリウスのように滅んだ長司祭アレクセイは、『時が過ぎれば、我々が、恐らく必要とされる』と述べていた」と記されている。(62) このように、この書簡では「終末遅延説」と「異端者」が結び付けられているのである。

この記述の妥当性については、厳密に言えば判断が困難である。だがいずれにせよ、「異端者」を裁いた一四九〇年会議において「終末遅延説」が言及されなかった事実を考慮するなら、七千年（一四九一／九二年）が過ぎ去った直後に初めて、「終末遅延説」が「異端者」の主張であるという意見が教会内に出現したと考えられるだろう。

次いでこの「書簡」は第三者に送られ、「異端者」と「終末遅延説」とを結び付ける意見が一部の聖職者に伝わっていった。その結果と考えられるのが、一四九〇年代末以降になされた、現存する「ヨアサフ宛て書簡」の写本への、アレクセイの名前の追記であろう。(63) この追記をした人物は、この発言とアレクセイとは不可分であると認識していたのである。

だが、断っておくならば、ゾシマもゲンナージーも、またヨシフさえも、七千年直後にはこの結び付けを行っていなかった。従ってこうした結び付けがこの時点で教会全体に広まっていたと考えることはできない。

第四節　異端者から「ノヴゴロドの異端者」へ

七千年が過ぎ去った直後に成立したヨシフの三部作『終末物語』は、その後、彼により若干の、だが極めて重要な改訂がなされた上で、彼の『啓蒙者』に、その第八―一〇章として取り込まれた。それはルリエーによれば、一五〇二―〇四年のことであった。(64)『終末物語』で論駁されていた人々は、この段階で初めて「ユダヤ的に思考するノヴゴロドの異端者」であると明記されることになった。

ヨシフに従い、「ノヴゴロドの異端者」という確固とした集団が一四七〇年代から既に存在したと考えるルリエーは、『終末物語』で描かれている人々も「異端者」であるとした上で、『啓蒙者』への『終末物語』の改訂時の状況を次のように考えた。すなわちヨシフは、七千年終末に関連して様々な主張を行っていた「異端者」に「ユダヤ」というレッテルを『啓蒙者』において更に張り付けることで、彼らへの死刑適用の正当化を目論んだというのである。「キリスト教を信じている」異端者を教会が処刑することは、教会法で禁じられていた。従ってヨシフは、彼らに「ユダヤ」というレッテルを貼り、死刑執行を可能にしようとした。従ってヨシフの仕事は『啓蒙者』のなかで彼らを「ユダヤ」として描くことであったという。(65)しかしヨシフは依然として彼らを異端者とも呼んでおり、ルリエーの説には首肯しがたい。

ここでは、ルリエーが詳細に検討しなかった『終末物語』の『啓蒙者』への編入とその際の改訂を詳しく検討することにより、ヨシフの目論見に関する議論を進めてみよう。以下は、編入の際に手が加わった箇所である。

（一）改訂の結果、以前の『終末物語』の第一、第二、第三部（『啓蒙者』ではそれぞれ第八、九、一〇章になった）のそれぞれに新たに表題がつけられ、論駁相手が「ノヴゴロドの異端者」であると明示された。(66)

（二）『終末物語』第一部では「ある人々」となっていた部分が、第八章では「ユダヤ的に思考する異端者たち、長司祭アレクセイ、司祭デニス、彼らと同様に考える者ども」に代えられている。(67)

（三）同じく第八章では、「彼らは『教父の書物は偽りを含んでおり、これらの書物は火で焼くに相応しい』と言っている」という追記がある。(68)

（四）第八章の最後で、「ユダヤ人のところでは」という追記がある。(69)

（五）第九章冒頭で、この章の内容を正当化する文が加えられている。すなわち「あらゆる聖なる書は、旧約でも新約であっても、福であり、有益であり、有り難いものである。特に聖なる、神の使徒の書は。主は彼らに『汝らは私の友である。私はもはや汝らを奴隷とは呼ばない。奴隷は主人のすることを知らないのだから。私は汝らを友と呼ぶ。なぜなら父から聞いたことをみな、汝らに知らせたのだから(70)』と言った。それ故、これらの書は我々の魂にとって真実で、有益で、有り難いのである」と。(71)

（六）その直後に、「全てに勝るほど汚らわしく、古き異端者よりも呪われている、長司祭アレクセイ、司祭デニス、フョードル・クーリツィン、その他の同様に思考する人々や多くの誹謗、誘惑、讒言を考え出し、話す人々。今や一つのことを彼らは言っている。キリストの再臨がない。今やその時であるのに。使徒たちはキリストが終末の時に生まれると記していたが、既にキリストの誕生から千五百年が過ぎてしまった。だが彼の再臨はない。だから使徒たちの書物には偽りが記されていると。〔しかし〕我々は神の書物から取られた、聖なる使徒たちの書物は真実であるということの証言を得ている。なぜなら聖霊が〔そのように〕言ったからである」という追記がある。(72)

（七）第一〇章の冒頭が全く新しく創られており、「まず我々は、聖なるそして神の使徒たちの書物が我々の魂にとって全て真実にして有益であり、有り難いものであることについて話そう。同時に今や、我々の聖なる教父たち、特に至聖であり神を帯びた我々のエフラエムの書物について話そう。すなわちそれらは真実にして有益であり、有り難いものであることを。だが異端者たち、とりわけ今日現れている長司祭と呼ばれるアレクセイ、司祭デニス、フョードル・クーリツィン、彼らと同様に思考する人々は、全く逆に考えており、聖なる、そして至聖なる、神を帯びた我々の父エフラエムを冒瀆している。そしてエフラエムが次のように書いていると言っている。すなわち預言は成就され、書物に記されたことは全て生じ、残ったのは我々の主であるイエス・キリストの再臨だけであると。このようにエフラエムが書いてから千百年が過ぎた。だがキリストの再臨はない。それ故、彼の書物には偽りが記されているのである。異端者たちはこのように言っている」と記されている。(73)

以上の改訂作業を見てみると、当然のことながら使徒や教父の権威が強調され、著者ヨシフの主張を権威の伝統に位置付けて正当化する作業が行われている。しかし、ルリエーの指摘にあったような「ユダヤ」との結び付けが全ての箇所でなされているわけではなく、それは意外に少ない印象を受ける。

むしろ重要であるのは、各章で取り上げられるあらゆる謬説が、アレクセイ、デニス、クーリツィンに代表される「異端者」と結び付けられている点である。「匿名の人物宛て書簡」の著者も、改作された「ヨアサフ宛て書簡」の写字生も、七千年終末をめぐる様々な議論のなかで専ら「終末遅延説」だけを「異端者」の説としていた。だがここでは、「七千年終末説」や「使徒批判」、「教父批判」も「異端者」に結び付けられている。言い換えれば、七千年終末をめぐる個々の議論はその起源及び内容について異なっていたにも拘わらず、この段階において、そうした議論の全てに「ノヴゴロドの異端者の教説」というレッテルが貼られたのである。

結びに代えて

ロシアの聖職者たちは一四八〇年代後半以降、七千年終末をめぐる幾つかの議論を確認していた。最初に問題とされたのは、ゲンナージーが告発した「終末遅延説」であった。しかし彼はこの「終末遅延説」を「異端者」の主張とは見なさなかった。

七千年が過ぎた後、府主教ゾシマやゲンナージー、そしてヨシフは、これまでに半ば公式的な見解として正教会内部に広まっていた「七千年終末説」を謬説と認めざるを得なくなった。恐らくは一四九二年秋の教会会議において、正教会は「七千年終末説」を公式に否定した。つまりこの段階で初めて、以前から問題とされていた「終末遅延説」も含め、終末の到来時期に関するあらゆる議論が問題にされたと言うことが出来る。終末に関する正教会の公式見解は、この時期以降、「終末の時は神のみぞ知る」というものであったと思われる。(74)

だが、この同じ時期に教会内部で新たな見方が現れた。その最初が「匿名の人物宛て書簡」における、「終末遅延説」と「異端者」アレクセイとの結び付けである。恐らくはそれに基づいて「ヨアサフ宛て書簡」の内容も改訂され、アレクセイが「終末遅延説」を述べていたと記されることになった。但しこの時点では「七千年終末説」や「使徒批判」、「教父批判」は「異端者」とは結び付けられていない。「異端者」はあくまで「終末遅延説」を主張する人々であった。

その後、ヨシフは『七千年終末についての物語』を改訂した上で、『啓蒙者』に組み込んだ。そこでは、「七千年終末説」を主張していたのが「異端者」であったかの如く記された。それと共に、七千年終末の不成就という現実を踏まえての「使徒批判」及び「教父批判」も「異端者」の主張として記された。こうして新たな「異端者」イメージがヨシフにより創られたのである。

さて、ここで前節の問いに戻ろう。七千年終末をめぐる主張が「異端者」と結び付けられた理由は、ルリエーが述べるように、彼らを火刑に付そうとするヨシフの目論見にあったのだろうか。

ルリエーは、本書の著者も含む近年の研究者と異なり、「異端者」が現実に七千年終末をめぐる様々な主張をしていたと考えた。そして、そうした彼らを更に「ユダヤ」として上塗りして描いた書が『啓蒙者』であった。これにより、ヨシフは「異端者」を火刑に処すための重要な論拠を獲得した、というのである。

しかし、そうしたルリエーの構想は多くの問題点を抱えている。既に見てきたように、元々七千年終末をめぐる主張と「異端者」とは無関係であった。だが徐々に、七千年終末をめぐる主張は「異端者」のものと見なされるようになっていったのである。こうした結論は、ヨシフがこの議論と「異端者」とを結び付けることで何を狙ったのか、という次の問いを生じさせる。

論理的に考えられるのは次の二つのケースである。第一に、七千年終末問題を「異端者」に押し付けることで、

「異端者」の罪状の数を更に増やそうとした、或いはそのことによって処罰の執行を正当化しようとしたとするものである。だが現実にはこれはあり得ないだろう。というのは、後の一五〇四年の教会会議に関する史料やヨシフ自身の以後の書簡の類においては、七千年終末問題は全く言及されていないからである。しかも彼らは既に一四九〇年に異端宣告を受けており、今更彼らへの処罰を正当化する必要はなかった。

逆に第二のケース、つまりヨシフはこの結び付けにより、七千年終末に関する様々な主張を「異端的」謬説として葬り去るという効果を狙った、と考える方が妥当である。とりわけ「使徒批判」と「教父批判」は、一四九二年以降にも消えずに、使徒と教父の権威を低下させ、また間接的に教会批判となって残る主張であり、従ってこれらは早急に処理されねばならなかった。また正教会として公式に謬説とされたと考えられる「七千年終末説」も論駁されるべき存在であった。従って、ヨシフは『啓蒙者』のなかで、こうした主張を異端の説として葬り去ることを意図したと考えるのが自然であろう。こうした作業が『啓蒙者』作成時に行われたと考えられるのである。

『啓蒙者』成立の詳しい状況については、本書第四章で述べる。

【註】

（1）世界開闢暦とは、ユリウス暦紀元前五五〇八年に現世界が神により創造されたとする、いわゆる「ビザンツ暦」のことである。世界開闢暦七千年は、ユリウス暦での一四九一年九月から一四九二年八月末日にあたる。

（2）「七千年終末説」は、これまで中世ロシア思想史の枠内で扱われるか、或いは以下で述べられる如く、「異端者」の思想として紹介されるかのいずれかであった。前者に属す研究では、この思想がキリスト教の終末説の伝統をいかに受け継いでいるかが議論の中心であり、当時の社会・政治状況との結び付きには関心が向けられていない。*Николаевский А.И.* Русская проповедь в XV и XVI веках. ЖМНП., ч. 138. СПб., 1868. С. 123; Schaeder H. Moskau das dritte Rom. Darmstadt,

1957. S. 49-51.

(3) Памятники российской словесноти XII века. M., 1821. C. 100.

(4) *Никитский*, Очерк, C. 41-46.

(5) 『六つの翼』は一四世紀イタリアのユダヤ人インマヌエル・バル・ヤコブの手になる天文学書である。これは帝政期に「異端者」の著作として紹介され、一五―一六世紀の写本で公刊された。*Соболевский*, Переводная, C. 413-419.

(6) АЕД, C. 311.

(7) *Никитский*, Очерк, C. 47-53. 彼は、七千年終末に関する主張こそが「異端者」の根本的主張であると考える唯一の研究者である。彼によれば、「異端者」はここを出発点にして、次第にイコンや十字架の否定にまで行き着いたという。

(8) 但し、ルリエーの考えでは、七千年にあたる西暦一四九一―九二年以前については、「反三位一体」的主張、イコン冒瀆、教会制度批判が「異端者」の主張の眼目であり、七千年に関する主張は「異端者」の「文化的傾向・主張」として背後に追いやられている。一四九二年の経過後についてのみ、七千年に関する主張は、修道制批判と双璧をなす「異端者」の主張と見なされる。АЕД. C. 134; *Лурье*, Идеологическая, C. 164-169.

(9) Howlett, *The Heresy*, pp. 35, 39-40. 前半部と後半部ではそれぞれ異なる対象が念頭に置かれていると考えるハウレットは、以下の説明を行っている。まず、「終末遅延説」に言及する両書簡後半部は、彼女によれば、「異端者」に言及する前半部とは別に書かれたある著作に同一の起源を持つ。なぜなら両書簡の後半部のテクストの多くが一致しているからだという。現存する写本の状況もこの説を裏付けるという。すなわち後半部だけの「プローホル宛て書簡」が一五世紀末の写本で伝わっている一方で、前半部も含む完全な形での「プローホル宛て書簡」は、最も古い写本でも一六世紀初頭のものである。従って、『六つの翼』を分析して「終末遅延説」を論駁するために作成された同一の著作が先に存在し、この著作が、ゲンナージーの二通の書簡が執筆された際に、それぞれの後半部として挿入されたという。だが写本の伝来状況は、書簡後半部が別の著作に起源を持つとする論拠にはならない。また両書簡の後半部では、確かに類似の言い回しも多数存在しているのだが、構成は全く異なっており、従って、両方が同一の著作に起源を持つとは考えにくい。但し、前半部と後半部が異なる対象を念頭におくとする主張には本書の著者は賛同できる。この理由は後述する。

(10) АЕД. С. 318.

(11) РГБ. Троицкое собрание No. 730, л. 249; АЕД. С. 318; Howlett, *The Heresy*, p. 38-39; *Хоулетт*, Свидетельство, С. 69.

(12) Howlett, *The Heresy*, p. 39.

(13) АЕД. С. 379-386.

(14) АЕД. С. 391-414.

(15) Просветитель, С. 357-404.

(16) *Руднев Н.* Рассуждение о ересях и расколах, бывших в русской церкви со времени Владимира Великого до Иоанна Грозного. М., 1838, С. 92-124.

(17) *Руднев*, Рассуждение, С. 111; *Панов*, Ересь, С. 28-31; *Лурье*, Идеологическая, С. 390.

(18) *Лурье*, Идеологическая, С. 114-118.

(19) АЕД. С. 393-394. 近年の研究により、『七千年終末についての物語』の著者はヨシフであることが明らかにされた。つまり同じ著者が、当初は、論駁対象を「ある人々」と記し、後代になってから「異端者」と呼び変えたのである。*Плигузов, А.И.*, *Тихонюк И.А.* Послание Дмитрия Траханиота новгородскому архиепископу Геннадию Гонзову о седмеричности счисления лет. Естественно-научные представления Древней Руси. М., 1988. С. 62-63, 65.

(20) *Борисов Н.С.* Повседневная жизнь средневековой Руси накануне конца Света. М., 2004. С. 24-38.

(21) Энциклопедия русского игумена XIV-XV вв. Сборник преподобного Кирилла Белозерского. СПб., 2003, С. 374.

(22) *Романова А.А.* Эсхатологические ожидания XV в. и записи в Пасхалии. Российское государство в XIV-XV вв. СПб., 2002, С. 217-242.

(23) Алексеев *А.И.* Под знаком конца времен. СПб., 2002. С. 72.（本書著者未見）。内容については *Борисов*, Повседневная, С. 30 に依った。

(24) ПСРЛ. Т. 5, ч. 2. М., 2000, С. 225-226; *Борисов*, Повседневная, С. 35-37.
(25) *Никольский*, История, С. 94; *Борисов*, Повседневная, С. 38.
(26) АЕД. С. 311.
(27) АЕД. С. 311. ハウレットによると、ゲンナージーは『六つの翼』本体は問題にしていなかった。なぜなら、この書は一六世紀末以前にはロシアの禁書リストに入っていなかったからであるという。問題にされたのはそれに添付されていた暦であった。Howlett, *The Heresy*, pp. 35-39.
(28) ルリエーによると、五一二八という数字は、ゲンナージーが使った写本の『六つの翼』の作成年を示すという。Библиотека литературы древней Руси. т. 7. СПб., 1999, С. 572.
(29) АЕД. С. 319-320. ここでいう、タタール人の暦とはイスラム暦のことである。イスラム暦は太陰暦であり、それに従えば西暦一五九一年がヒジュラ（西暦六二二年）より千年にあたる。
(30) Howlett, *The Heresy*, p. 39.
(31) *Плигузов и Тихонюк*, Послание, С. 57.
(32) *Плигузов и Тихонюк*, Послание, С. 71-75.
(33) АЕД. С. 320.
(34) АЕД. С. 311.
(35) ПСРЛ. т. 26. М.-Л., 1959. С. 288.
(36) РИБ. т. 6. С. 800.
(37) РИБ. т. 6. С. 803.「彼〔ゾシマ〕は、二〇年分を書き加えて私に送ったパスハーリヤを、主教区内に配るよう命じた……。私は……（中略）……七〇年分の自分のパスハーリヤも同様に汝らに書き送った。これは、二〇年が過ぎ、神が未だに世界を生きながらえさせることを望み、我々の年が終末に向かって進まない時のために定められた」。
(38) РИБ. т. 6. С. 803-804.「我々と彼のパスハーリヤとの間にはいかなる矛盾もないと〔ゾシマが〕我々に書いてきた」。

「神学者グレゴリオスが時について『時は七〇という数で満たされる』と言ったように、〔我々は〕七〇という年を与え、七〇年を定めた」。

(39) **РИБ.** т. 6. С. 806.

(40) **РИБ.** т. 6. С. 806.

(41) **РИБ.** т. 6. С. 807. 文中の引用句は「アモス書」五章一八節。

(42) 七千年後に至っても人々が終末論で騒ぎたてるという状況は矛盾している。だがパスハーリヤが七千年経過の直後に作成されたことを考慮すれば、この書簡は、今、騒ぎを起こしている人々ではなく、むしろ直前まで騒ぎを起こしていた人々を念頭においていると考えられる。

(43) もっとも、序文の後半部には一カ所だけ異端者という言葉が登場する。しかし、これは「サドカイの異端者」と呼ばれており、直前に論じられていたゲンナージーの聖霊論を否定する輩として引き合いに出されている。**РИБ.** т. 6. С. 814-815. 従って、これを「七千年終末説」を唱えた人々、またその影響を受け戸惑う庶民と考えることはできない。

(44) **РИБ.** т. 6. С. 809.

(45)『終末物語』の成立年代について、ルリエーはこの『物語』第一部のなかの、一一世紀のビザンツ文学『鏡』の著者、修道士フィリッポスに触れた一文（「この書を書いたこの聖なる長老は六六〇三年に、つまり四〇〇年前に生きていた」）に依拠し、『物語』が七〇〇三（世界開闢暦六六〇三＋四〇〇、西暦一四九四／九五）年に書かれたと考えた。**АЕД.** С. 392, 400. これに対しハウレットは、この『物語』第一部末尾の「もし聖なる父たちによりパスハーリヤが七千年に対して造られたのなら、七千年に世界開闢周期 **миротворный круг** も終わるに違いない。今はまだ、世界開闢周期の八四年が過ぎただけである」（**АЕД.** С. 401.）という記述に注目した。世界開闢周期とは、五三二年を一単位とする復活祭日計算のための周期であり、当時最も近かったのが、一四〇八（五三二×一三－五五〇八）年であった。従って「現在」は第一四周期なのであり、その八四年目である一四九二年を『終末物語』の成立年と彼女は考えた。この意見にはプリグーゾフも同意する。*Плигузов и Тихонюк,* Послание, С. 53-54. だが、先の一四九四／九五年という数字との矛盾をどう考えるべきか。ハウレットは二つの数字の存在は、『終末物語』が二つの異なる『物語』を基礎にしていることを示すと考えている。Howlett, *The Heresy*, pp. 91-92. だが、本書の著者は別の理由から一四九二年説を採用する。というのは、一四九五年説の根拠「それから四〇〇年が過ぎた」というのは概数である可能性があるからである。『終末物語』第二部のなかでも、「キリストが生まれてから千五百年が過ぎた」と、明らかに概数が使われている。АЕД. С. 398, 403, 406. 具体的数字が提示されている分だけ、一四九二年説の方が有力だろう。

(46)『終末物語』の著者を、クリバーノフは上記のドミトリー・トラハニオテス、或いはゲンナージーと見なした。というのは上述のドミトリーの手紙「七千年について」（校訂テクスト及び写本系統については *Плигузов и Тихонюк*, Послание, С. 51-75を参照）から多くの部分がこの『物語』で引用されているからである。*Клибанов*, реформационные, С. 206. ルリエーは、ユーリー（ドミトリーの間違いか？――本書の著者）・トラハニオテスとゲンナージー、それにヨシフを加えている。なぜなら、『物語』が後に彼の『啓蒙者』に挿入されたからである。АЕД. С. 393. その後、プリグーゾフとチホニュークは、『物語』の初期の写本、そして『物語』作成に使用された上記のトラハニオテスの手紙の写本の研究から、『物語』の作成がヴォロコラムスク修道院で行われ、その著者がヨシフであることを説得的に論じた。*Плигузов и Тихонюк*, Послание, С. 62-63, 65.

(47) *Лурье*, Идеологическая, С. 114-118.

(48) АЕД. С. 396.

(49) АЕД. С. 398.

(50) АЕД. С. 400.

(51) АЕД. С. 401.

(52) АЕД. С. 401.

(53) АЕД. С. 402-403, 405-408.

(54) ここで念頭に置かれている人々を、ヨシフは、「彼ら」或いは「汝ら」と呼ぶ。これはハウレットが指摘した如く、『物語』の構成の複雑さを物語るのかもしれない。但し、いずれであっても同じ主張を述べていることを記しておく。

(55) АЕД. С. 398, 402.

(56) АЕД. С. 413.

(57) この書簡の著者の問題は未決着である。А・Д・セジェーリニコフやルリエーは、書簡の内容がゲンナージーの「ヨアサフ宛ての書簡」に近いことを論拠にして、彼を書簡の著者と考えた。*Седельников*, Рассказ, С. 48-49; АЕД. С. 390. これに対しハウレットは、ゲンナージーの「ヨアサフ宛て書簡」では、(一) 七千年は将来の話であり、また (二) ここに登場する義人エノクの主張が批判的に捉えられているが、「匿名の人物宛て書簡」では逆に (一) 七千年は現在或いは過去の話であり、(二) エノクの主張が擁護されていることを論拠にして、ヨシフを著者とする。Howlett, *The Heresy*, pp. 85-86. また彼女は、(三) この書簡と『七千年終末についての物語』との議論の類似、「匿名の人物宛て書簡」で登場するアリウスにヨシフが度々言及する一方で、ゲンナージーは殆どアリウスに言及していないという点も重視する。だが本書の著者の考えでは、ハウレットの説も立証が不十分に思われる。議論の仕方やアリウスといった根拠を以て、「匿名の人物宛て書簡」の著者をヨシフとすることは出来ないだろう。本書の著者の判断では、双方ともに『エノク書』に好意的であるように思われる。

この問題を解くための一つの鍵であるのが、「ヨアサフ宛て」、そしてこの「匿名の人物宛ての書簡」に共通して引用される『エノク書』のテクストである。これは一四–一六世紀のロシアに伝わる『エノク書』(**Библиотека литературы древней Руси**. т. 3. СПб., 1999. С. 228-230 を参照せよ) とは部分的に異なっている。両書簡共に、特殊な、しかし同じテクストを参照したように思われる。「匿名の人物宛て書簡」における『エノク書』の引用は、「ヨアサフ宛て書簡」におけるその引用よりも短いので、後者を参照することが出来た人物であれば、「匿名の人物宛て書簡」の著者である可能性は誰にでもある。

(58) АЕД. С. 388-391.

(59) АЕД. С. 390; Howlett, *The Heresy*, pp. 85-87.

(60) АЕД. С. 390.

(61) АЕД. С. 391.『アモス書』五章一八節。

(62) АЕД. С. 390-391.

(63) 本章「はじめに」を参照。本書の著者の考えでは、「ヨアサフ書簡」へのアレクセイの名の挿入時に「匿名の人物宛て書簡」が参考にされた可能性が高い。なぜならまさに「我々が必要とされる」という発言とアレクセイとが直に結び付けられているからである。別の形で両者が結び付けられる可能性もあるなかで、まさにこの発言のところに「私はアレクセイのところで聞いた」という言葉が挿入されている状況は、写字生が、「匿名の人物宛て書簡」を参照した可能性が高いと見なす根拠になる。

(64) *Лурье*, Идеологическая, С. 115. この年代の妥当性については本書第四章で詳述される。

(65) *Лурье*, Идеологическая, С. 110.

(66) Просветитель. С. 333, 357, 383. 訳については本書付録1を参照せよ。

(67) Просветитель, С. 337.

(68) Просветитель, С. 337-338.

(69) Просветитель, С. 356.

(70)『ヨハネによる福音書』一五章一四―一五節。

(71) Просветитель, С. 360-361.

(72) Просветитель, С. 361-362.

(73) Просветитель, С. 383-384.

(74) *Николаевский*, Русская проповедь, С. 125.

第三章　「ノヴゴロドの異端者」の教説としての「修道制批判」の形成

――『啓蒙者』第一一章を中心に

はじめに

ヴォロコラムスクの修道院長ヨシフ・ヴォロツキーはその主著『啓蒙者』の最終章、すなわち第一一章において、[1]「ノヴゴロドの異端者」によるものとして、四種の修道制批判に言及している。その各々は第一一章の四つの節で記されている。

第一一章第一節によれば、「異端者」は修道制を、聖書に典拠を持たない人為的な制度であるとして否定する。

第二節によると、「異端者」は、修道士の生活を神意に適わないものとして批判する。もし修道士の生活が神意に適うならば、キリストも使徒も修道服を着たはずだが、現実には彼らは世俗の服を着ていたというのである。

第三節によれば、「異端者」は、修道士の最高位階であるスヒマ修道士の黒衣を悪魔が与えたものと主張する。仮に神の天使により与えられたものならば、その服は黒衣ではなく光り輝いているはずである、と。

第四節によると、「異端者」は、使徒パウロが修道士を批判していたとし、それに基づいて修道制を批判する。彼らは、結婚を禁じる人々に対するパウロの批判に着目し、それに基づいて修道制を批判しているのである。[2]

以上四種の修道制批判は、帝政期のルードネフ以来長い間、単に『啓蒙者』にそう記されているという理由により、「異端者」による現実の主張と考えられてきた。[3]

しかし、そうした研究水準を大きく引き上げたのがハウレットである。彼女によると、元々の、「異端者」として裁かれた人々は一四九〇年以降活動を停止しており、従って修道制批判は彼らの主張ではありえなかった。しかしヨシフは、敢えて『啓蒙者』に先述のように記したのだという。以下で詳しく説明しよう。

既にルリエーが明らかにしたように、『啓蒙者』の大部分の章は、以前から存在していた書簡類を下敷きにしていた（本書の「研究史概観」の節を参照）。この意見にはハウレットも同意している。両研究者の差は次の点にある。すなわちルリエーは、『啓蒙者』の下敷きになった書簡類で描かれている異端者は「ノヴゴロドの異端者」であり、次いでこれらの書簡に若干の手が加えられた上で『啓蒙者』の諸章が成立したと考えた。これに対してハウレットは、第五―一〇章を例にとって、『啓蒙者』の下敷きになった書簡類で描かれているのは「ノヴゴロドの異端者」ではなかったと考えた。ところが、彼女によると、下敷きになった書簡類のテクストは、『啓蒙者』に取り込まれた際に、以下に述べられる理由により、「異端者」を念頭に置いているかの如く改訂された。従って『啓蒙者』で描かれている主張の多くは、「異端者」のものと記されているにも拘わらず、実は「異端者」のそれではないことになるというのである。

ここでは先にハウレットの考えをまとめておきたい。第五―一〇章の検討結果に鑑み、彼女は上述の改訂作業を次のように考えた。すなわち『啓蒙者』という書は、大枠としては「ノヴゴロドの異端者」に対する反駁書であり、現に序章「新出の異端者に関する物語」と最終章（ハウレットによれば第一五章）では彼らが論駁されているのだが、それ以外の章において描かれているのは、ビザンツ時代の正教会に出現した過去の異端であったと。[4]ではなぜヨシフはこうした書を作成したのか。彼女によると、この書は過去に出現した異端とその謬説を列挙し、それに反論を加えることで「正統神学」の範囲を定めようとするいわば神学提要であった。そうした例として彼女は、八世紀のダマスコスのヨアンネスが、五世紀のネストリオス派に対する論駁書を書いた事例を挙げる。[5]

このように彼女によれば、『啓蒙者』では、「物語」と第一五章を除き、「異端者」は記されていないという。従って、彼女は明記しないものの、第一一章で描かれる修道制批判についても、一四九〇年に裁かれた「元来の」「異端者」の主張ではないと考えているのである。

著者の考えでは、第一一章で描かれている修道制批判が「異端者」と無縁であるとする彼女の意見は、まだ論証されていないものの、恐らく正しい。というのも、(一)一四九〇年に「異端者」を告発したゲンナージーが、彼らの「修道制批判」に全く言及していないからである。仮に大主教が「異端者」の修道制批判について聞き知っていたならば、そうした絶好のテーマについて必ずや言及したことだろう。また、(二)『啓蒙者』を構成する他の大部分の章と同様に、第一一章についてもまた、少なくともその一部(主に第二節、第三節)が、独立した文書の形でも伝わっている。[6]ところがこちらの文書では、修道制を批判する人々は単に異端、或いは「ある人」と呼ばれているに過ぎず、「ノヴゴロドの異端者」という呼称は表題にも本文にも登場しないのである。従って第一一章で描かれる主張は「ノヴゴロドの異端者」のそれとは考えにくいのである。

但し他方で、『啓蒙者』で描かれるのはビザンツの異端であり、この書を正教神学の提要と見なすハウレットの意見は正しいのだろうか。[7]既に前章で検討されたように、第八―一〇章については、一五世紀末のロシアで生じた終末説やそれへの批判がヨシフにより問題にされ、これが恣意的に「ノヴゴロドの異端者」の主張として仕立て上げられたと考えられる。第一一章についてはどうだろうか。ハウレットは第一一章について、何ら具体的検討を行っていないので、これが本章の第一の課題である。もし「異端者」が修道制を批判していたと見なす根拠がないということになれば、何故ヨシフが現実に反してこのように記したのか、という問いの検討が第二の課題になる。

第一節　一四九〇年頃の修道制批判――破戒修道士への批判

クリバーノフはかつて、一四世紀以降のロシアで、いわゆる「改革運動」が隆盛を極めたと論じた。彼によると、この運動は、聖職者の堕落に対する教区民・大衆の側からの異議申し立てであり、西欧における清廉主義的な「下からの」教会改革運動や宗教改革に匹敵するものであった。運動の具体的内容は、聖職売買や聖職者の妻帯といった聖職者の堕落に対する批判に始まり、「反三位一体」、イコン冒瀆といった教義上のテーマに対する批判に至るまでの幅広いものであったという。[8] 著者は、こうした抗議を「広範な運動」と見なすクリバーノフには賛同しない。しかし、この時代のロシアにおいて、聖職者の堕落に対する若干の抗議が見受けられるのは確かである。[9]

そうした抗議の一をなす修道制批判は、一五世紀初頭のプスコフにおいて初めて確認される。モスクワ府主教フォーチー（在位一四〇八―三一年）によれば、当時のプスコフには、「修道士の位階を、あたかも叙階されていないかのように見なす」「新たな騒乱者たち」がいたという。[10] その実態に関しては論争が続いているが、[11] いずれにしても、フォーチーの証言は一五世紀初頭のプスコフで修道制批判が生じていた事実を裏付ける。まさにこの一四世紀後半から一五世紀一〇年代には、プスコフのスネトゴルスキー修道院に対して、府主教やノヴゴロド大主教から、そこに所属する修道士の放蕩行為を戒める文書が送られている。[12] そうした修道士の放蕩行為が、上の修道制批判を当時の社会において生じさせたのかも知れない。

その後、一五世紀後半の修道制批判の存在について言えば、それを直接示す史料はない。しかし、修道制批判を惹起し得た、破戒修道士の存在を読み取ることが出来る。まず、この時期にまさにヨシフ・ヴォロツキーが破戒修道士の跋扈を問題にしていた。彼は一四七九年に自分の修道院をヴォロコラムスクに開基し、修道制改革を開始している。彼は自ら修道院規則を作成し、修道生活の「良き」在り方を定めた。(13) 次いで彼は一四八〇年代にも、破戒修道士に関する書簡を残している。それによると、修道士として剃髪を受けた者がその後、俗人の衣服を着用し、肉を食らい、また妻を娶っていたという。(14)

クリバーノフは、こうした一五世紀末という時期において、「異端者」が修道制を批判し始めたと考えた。(15) 彼によれば、「異端者」の一員イヴァン・チョルヌイが書いたいわゆる「修道制批判の著作（以下「著作」と略）」がこの時期に作成されたことが、そうした事実を裏付けるという。(16)

ここで「著作」について解説しておこう。これは、（一）パウロの「コリントの信徒への第一の手紙」、「テモテへの第一の手紙」からの短い抜粋と（二）それへの「解釈」から成っている。この解釈部で「著作」の著者は、キプロスのエピファニオス（三一五頃-四〇三年）の「簡略に書かれた全ての異端の物語」からの抜粋、小アジアのガングラにおける地方教会会議（三四一年）の規則の第一〇条、八六一年のコンスタンティノープル教会会議決議の第二条を引用しながら、パウロの手紙の解釈を提示している。クリバーノフによると、「著作」の著者イヴァン・チョルヌイは、この「解釈」を付けることにより、パウロが修道制を否定していることを読者に示そうとしたという。この「著作」は短いので全文を挙げておく。

パウロは『結婚しなさい。そして不法に身を持ち崩してはならない』と言った。また『霊は次のように明確に告げておられます。終わりの時には信仰から脱落する者がいます。惑わす霊とサタンの教えとに心を奪われて。このことは偽りを語る者たちの偽善によって引き起こされるのです。彼らは無知であり、また結婚を禁じ、また食物を絶つことを命じます。しかし、この食物は、信仰を持ち、真理を認識した人たちが感謝して食べるようにと、神がお造りになったものです。神がお造りになったものはすべて良いものであるので、感謝して受けるならば、何一つ捨てるものはない。なぜなら神の言葉と祈りとによって聖なるものとされているからです』とも言った。(17)

解釈〔原文朱書き〕。異端者たち〔クリバーノフによれば、修道士〕は結婚を拒絶し、当然の如く飲み食いする者を罵り、幼い子供を嫌っている。彼らのなかにはメッサリアの異端がある。『〔メッサリア異端の〕多くは、結婚を解消すべきと教え、また結婚しない人々を斎戒者〔クリバーノフによれば修道士〕として受け入れ、そうした人々の機嫌を取っている。彼らは父親や母親に、子供を養うよう説かない。主人から引き離された奴隷を剃髪し、また、結婚した女性に夫を捨てるよう説得して〔彼女らを〕剃髪している』とされる。その他、多くのことが行われている。今日、どこであれ、そのように振る舞う者がいたならば、我々は〔その者を〕呪詛、追放する。〔ガングラ会議〕規則第一〇条では『もしキリストのために童貞を守る者が高慢であったなら、〔その者には〕破門が〔ある〕』とされている。またコンスタンティノープルの聖使徒教会で開かれた教会会議の規則一〇二条では、次のように定めている。『ある人々は、清らかに神に勤めるためにではなく、修道服の清らかさを以て敬虔な評判を享受し、また現在の自己満足的快楽を得るために、修道生活を送っている。ある者は剃髪した後にも自分の家に止まり続け、修道士の勤め、或いはその規則を何一つとして実行していない。聖なる会議はかつて次のように命じたことがあった。従わせる者〔修道院長〕なしで、誰に対しても修道服を与えてはならないと。そうした人の魂の救済に関する配慮を、福を愛する院長は、またキリストのところに新たに導かれることになる魂を救済できる者は、行う必要がある。その者を従わせる院長なしで誰かを剃髪する者がいたなら、そうした者は、規則を守らない者、修道士の礼儀を乱す者として、追放、断罪される。地方の主教は、無思慮に或いは作法を守らずに剃髪した者を修道院に従わせるべきである。なぜなら軽率な剃髪は罪であり、〔そうした修道士の〕修道服は名誉を傷つけ、キリストの名を冒しているからである』と。[18]

以上の「著作」をクリバーノフは次のように解釈する。すなわち結婚を勧め、また断食に批判的態度をとる使徒パウロの手紙に依拠しながら、「著作」の著者は、著作中の異端者（＝修道士）を批判している、と。[19]加えてクリバーノフは、この「著作」を書いたのがまさに「異端者」であったと考えた。なぜなら彼によれば、（一）この時期に「異端者」も修道制を批判していたから、（二）正教会の歴史において、異端運動とパウロのテモテに宛てた手紙は伝統的に結び付いており、従ってこの手紙を引用する者は異端である可能性が高いから、（三）この「著作」を載せている唯一の伝来写本（РГБ. Ундольское собрание No. 1.「ウンドーリスキー写本」）を作成したのが「異端者」イヴァン・チョルヌィであるから、という。[20]

クリバーノフの論拠のうち、最初の二点は不十分である。第一点目に関しては、彼は、「異端者」が修道制を批判したとするヨシフの記述に依拠している。だが本章冒頭で述べられた如く、今やそのように考える十分な根拠がないので、クリバーノフの主張も連鎖的に成立しない。第二点目については、このような一般論はここでは決定的な論拠にはならない。テモテに宛てたパウロの手紙と「異端者」との関係は証明されない。

しかし、第三点目の根拠、すなわち「ウンドーリスキー写本」とイヴァン・チョルヌィとの関係については、詳しく検討しておく必要がある。

まず、この写本自体に、イヴァン・チョルヌィがこれを作成したことを示す記述は含まれていない点を確認しておく。こうした状況で、クリバーノフは両者の関係を、（一）「ウンドーリスキー写本」に含まれる旧約聖書のテクストと、（二）イヴァン・チョルヌィが実際に作成した別の写本（РГБ. Музейное собрание No. 597.「博物館写本」一四八五年作成）に含まれるエリン年代記のテクストとの比較検討により示した。「ウンドーリスキー写本」の旧約聖書、そして博物館写本のエリン年代記では、共通して特定主題のテクストの脇に、綴りはロシア語だが文字はペルミ文字を使って、「見よ」「驚くべき」（或いは「間違っている」）「適合している」の三種類の注釈が付されている。[21]注釈が付された特定主題は、キリストの単性説を想起させるものであり、クリバーノフによれば、「異端者」の思想に適合しているという。彼によると、イヴァン・チョルヌィは、他人が理解できないペルミ文字を暗号として利用し、両写本の「異端者」の主張に一致するテクストに「見よ」等の注釈を付けたというのである。こうした仮説に基づき、クリバーノフは「ウンドーリスキー写本」もまたイヴァン・チョルヌィが作成したと考えた。[22]

この意見に対してはルリエーが、クリバーノフの議論は極めて興味深いものの、以上の可能性を以てイヴァンと「著作」を結び付けることは出来ないとして批判した。[23]但し後にB・M・クロスが、写本筆跡を比較することで、ウンドーリスキー写本には多くの箇所でイヴァンの手が入っていることを明らかにした。[24]

だが更にその後、ハウレットが、両方の写本にイヴァン・チョルヌィの手が入っていることを認めつつも、両写本で注釈記号が付された主題は特段「異端者」的主題を表すとは言えないことを明らかにした。すなわち注釈記号のついたテクストは、まさに注釈記号の通り、（一）聖書テクストの参照、（二）テクストの正誤を指摘した箇所であった。彼女が行った、スラヴ語オストローク聖書のテクストとこの注釈記号が付された部分のテクストの比較から判断すれば、彼女の主張には説得力がある。このように、「ウンドーリスキー写本」には、イヴァン・チョルヌィの手になる注釈記号が含まれているものの、その注釈記号は、「異端者」の教えを示す記号ではなく、「写本工房の写し手としてのイヴァンの熱心な仕事ぶりを表現する以上のものではない[25]」のである。

加えて補足されるべきは、イヴァン・チョルヌィが「ユダヤの信仰に入った」という程度にしか、つまり抽象的にしかゲンナージー、そしてヨシフも、イヴァンが修道制を批判していたとは考えにくい点である。彼を批判した彼について記していないのである[26]。とりわけゲンナージーが一度たりとも、イヴァンが修道制を批判していると述べていない事実が重要である。仮にゲンナージーが、修道制批判という、異端宣告のための絶好の口実をイヴァンに見ていたのであれば、彼は当然これを府主教ゾシマや教会会議に告発し、また自分でも記したと考えられる。彼は、「異端者」各個人の罪状について、告発の際に詳細に記しているのだから尚更である。だが現実には、彼はイヴァンの罪状を曖昧にしか記していないのである。この事実は、ゲンナージーがイヴァンを、少なくとも修道制批判という点においては問題にしていなかったと考える一つの論拠になる[27]。

また「著作」そのものの検討も、クリバーノフの説が成り立たないことを証明する。ここで改めて慎重に「著作」を読み返すと、この書が修道制を批判しているわけではないことが理解できる。解釈部で引用される公会議規則に特に注意を払わねばならない。「もしキリストのために童貞を守る者が高慢であったなら、〔その者には〕破門が〔ある〕」。「ある人々は、清らかに神に勤めるためにではなく、**修道服の清らかさを以て敬虔な評判を享受し、また現在の自己満足的快楽を得るために、修道生活を送っている**。ある者は剃髪した後にも自分の家に止まり続け、**修道士の勤め、或いはその規則を何一つとして実行していない**」と記されている。また、著者は「院長なしで誰かを剃髪する者がいたなら、そうした者は、規則を守らない者、修道士の礼儀を乱す者として、追放、断罪される。

地方の主教は、無思慮に或いは作法を守らずに剃髪した者を修道院に従わせる。なぜなら軽率な剃髪は罪であり、〔その修道士の〕修道服は名誉を傷つけ、キリストの名を冒しているからである」[28]とする規則を引いている。続けて「著作」は、「従わせる者〔修道院長〕なしで、誰に対しても修道服を与えてはならない」と述べる。こうした引用は、この「著作」の著者の考えがクリバーノフとは全く逆であると考える根拠になる。この内容は、修道制に対する批判ではない。「著作」は、修道制〔修道士〕の理想型から逸脱し、放蕩生活を送り、事の本質を理解せぬまま安易に結婚を禁じ、斎戒を説く形だけの修道士、「著作」の著者から見るところ、いわば破戒修道士に対する批判なのである。ここでは既存の修道制は否定されるどころか是認されているのである。その意味で、「著作」の内容は上記のヨシフ・ヴォロツキーの破戒修道士批判にも一致しているのであり、その内容から判断すれば、「異端者」〔ヨシフが記すところの〕との接点は見あたらないのである。[29]

第二節　ヨシフによる論駁書の作成——修道制批判への反論

「著作」の出現とおよそ同時期に、[30]ヨシフは修道制批判者に対する反論（以下「反論」と略す）を執筆している。[31]その成立状況については後述することにし、まずはその内容を見ておく。

「反論」に表題はない。その代わりに冒頭で、「異端者のある者どもは次のように述べている。もし修道士の生活が神を喜ばせるとすれば、キリスト自身や聖なる使徒たちも修道服を着ていただろう。だが今日我々は、キリストも聖なる使徒も、修道服ではなく、俗世の服で描かれているのを見る」という異端の主張が掲げられており、[32]その直後から、この主張にヨシフが反論を加えている。ヨシフはここで、人は服装で認識されるのだから、キリストが修道服を着ていたならば修道士と間違えられてしまうだろう。また修道士は十字架によって清くあるが、キリストは逆に十字架を清める存在である。従ってキリストは修道服を着るべきではないという[33]。次いでヨシフは、キリストに従って修道士も世俗の服を着用すべきであると述べる「人々」にも反論する。ヨシフによると、人はキリストと逆のことをすべき場合があり、例えばそれは割礼、土曜日の祝いである。キリストはそれをしていたが、我々はそれをすべきではないという[34]。次いで、修道士は自分の罪に関して改悛し、涙を流す人々であり、従って罪のない者は修道服を着るべきでないと述べている「人々」にヨシフは反論する。改悛や涙を流す必要のない使徒や聖人たちでさえ修道服を着用して修道院に入っていたのであり、修道服の着用は問題がないことをヨシフは強調する[35]。次いでヨシフは、信心深い俗人が死後、修道服を着用した姿で墓から掘り出された例話を引用し、また修道士と俗人では前者が神の国に近いと述べる[36]。ここで「反論」の前半部が終わる。

続いて「反論」の後半部では、大スヒマと小スヒマという修道士の二つの位階とそれに付帯する修道服について話が進む。ヨシフによれば、三世紀のエジプトのパコミオス以前、修道士は「使徒が考案した小スヒマの修道服」を着ていた。ところがパコミオスの前に天使が現れ、天使が自分の「服」を彼に与えたという。これがいわゆる大スヒマの修道服の始まりである。ところがヨシフ曰く、「ある人々」は、使徒が考案した小スヒマの修道服を修道士が捨てたことを批判しているという。そこでヨシフは、修道士が今でも最初は小スヒマの修道服を着用し、十分な経験を積んだ後に、大スヒマの修道服の着用を許されるという習慣を挙げ、決して修道士が使徒の考案した修道服を破棄していないことを強調し、聖人たちの言葉でこれを裏付けている。「反論」はここで終わる[37]。

前半と後半に分けて記された二つの反論は、本章の冒頭で述べたように、『啓蒙者』第一一章の、それぞれ第二節、第三節と内容的に、また多くの部分においてテクストそのものまでも一致している。それ故に、「反論」と

『啓蒙者』第一一章との相関関係が問題になる。『啓蒙者』が先にあり、そこから部分的にテクストが取り出されたものが「反論」なのか、或いは逆なのか。「反論」自体には年代を直接示すものはないので、間接的な論拠を集めての議論にならざるを得ない。

この問題に言及した唯一の研究者であるルリエーは、「反論」が先に執筆され、後に『啓蒙者』第一一章に取り込まれたとは考えにくいとする。なぜなら（一）「反論」の分量が『啓蒙者』の一節分よりも大きいから、という。上述のように、「反論」は、『啓蒙者』第一一章の第二節、第三節という二節分にまたがっている。加えて（二）「反論」が改訂されて『啓蒙者』第一一章が作成されたと考える場合、第一一章の残りを形成することになる部分（主に第一節、第四節）も『啓蒙者』に加えられたことになる。しかし、第一一章第四節というのは『啓蒙者』の「一般的傾向」と異なる内容を含んでおり、従って、そうした第四節が改訂の際に加えられたとは考えにくいという。詳しく述べておこう。ルリエーによれば、一方で第四節では「ノヴゴロドの異端者」が使徒パウロに依拠して修道制を批判していることが記されている。つまり「異端者」がキリスト教徒として記されている。他方で『啓蒙者』は全体的傾向として、「異端者」をキリスト教徒ではなく、ユダヤ教徒として描こうとしている。従って、「異端者」への火刑適用を正当化するためにユダヤ教徒として「異端者」を描こうとしている『啓蒙者』の作成時に、わざわざそれに逆行する第四節が加えられたという状況はありえないというのである。(38)

しかし、同時にルリエーは、逆の場合、つまり『啓蒙者』が先に存在し、そこから「反論」が書き抜かれたとも考えない。「反論」は、比較的早い時期（一六世紀半ば）の写本のなかで、他のヨシフの著作とともに残されている。それ故に、この写本は恐らくヨシフの弟子たちにより写されたものである。従って、もし「反論」が『啓蒙者』からの抜き書きであったならば、弟子たちはその抜き書きの際に、種本としての『啓蒙者』の名称、或いはヨシフの

図 4

ルリエーが想定する、修道制批判への反論の系譜

（*Лурье,* Идеологическая, С. 119. を元にして作成）

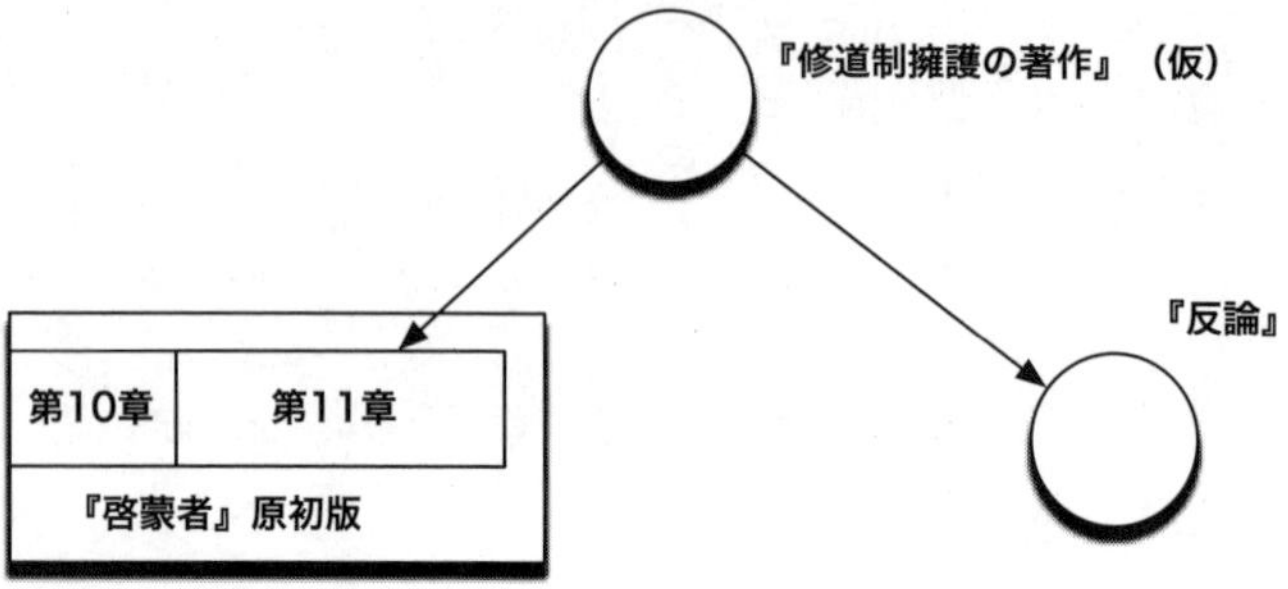

名前等に言及しただろうという（例えば「これは師ヨシフの『啓蒙者』からの抜き書きである」等の如く――本書の著者補足）[39]。

こうして両者の直接の関係を否定するルリエーは、最終的に次の結論に達した。すなわち元々四つの節からなる「修道制擁護の著作」の存在を仮定し、この「著作」に両者が共に遡ると（図4を参照）[40]。

しかし、「修道制擁護の著作」が存在したことを示す積極的な論拠はない。加えて、「反論」が先にあり、それが『啓蒙者』第一一章の第二節、第三節のベースになったという状況はあり得ない、とするルリエーには反論できる。

この主張におけるルリエーの第一の論拠は、全く論拠とは言い難い。「反論」のテクストの規模が『啓蒙者』の一節分よりも大きいという状況は、両者の前後関係を明らかにはしない。内容に応じてヨシフが「反論」を二つの節に分けた可能性は十分にある。彼が提示する第二の論拠も説得力に欠ける。彼は度々、『啓蒙者』の「一般的傾向」を引き合いに出す。すなわち「異端者」への火刑適用を正当化するためにヨシフは、「異端者」を、異端ではなく、ユダヤ教徒として描き出そうとしたと[41]。しかし、著者の考えでは、こうした「一般的傾向」を認めることは出来ない。なぜなら、ヨシフは依然として『啓蒙者』の至る所で異端という言葉を使用し続けているからである。従って、第四節は、『啓蒙者』の「一般的傾向」に合致しないが故に、後から付け加えられたものでないとするルリエーの指摘に説得力はない。

他方で、逆に『啓蒙者』から「反論」が書き抜かれたという状況はあり得ないとするルリエーの論拠には説得力がある。加えて、『啓蒙者』からの抜き書きの事例は極めて希であることにも注目すべきである。[42] また「反論」で批判されている人々は、殆どの箇所において、単に「ある者」と呼ばれている。唯一、表題においてのみ、異端という言葉が登場する。つまり「反論」は『啓蒙者』からの抜き書きとは考えにくいのである。[43]

このように、「反論」が先に成立し、これが後に『啓蒙者』の第一一章に、主に第二節、第三節として取り込まれたと考えることができる。つまり、何らかの特定の異端、さもなければ「ある人々」に対する「反論」が、『啓蒙者』よりも先に執筆され、それが『啓蒙者』作成時に、第一一章の第二節、第三節で利用されたと考えられるのである。その時に初めて、「反論」の異端が「ノヴゴロドの異端者」であると書き加えられたのである。

第三節　『啓蒙者』第一一章の作成——修道制批判の「異端」教説化

「反論」の作成後、ヨシフは、一一章からなる『啓蒙者』を執筆した。[44] 本節では、ここで成立した第一一章の構造を検討し、従来の「反論」のテクストがどのように『啓蒙者』に取り込まれて改訂されたのかについて検討したい。というのも、まさにこの段階で初めて、それまで単に異端、或いは「ある人々」と呼ばれていた存在が「異端者」と呼ばれ始めたからである。そしてその改訂の傾向についても検討したい。

第一一章は前述の通り、四節に分かれている。その内の第二、三節は修道服に関する「異端者」の批判に対するヨシフの反論であり、上記の「反論」とテクスト的に多くの部分で一致する。「反論」の前半部が第一一章第二節に、「反論」の後半部が第三節になったと言える。それ故、この二節については簡単に見ておくだけにしよう。

まず第二節である。この節は主にキリストと修道服との関係についての「異端者」からの九つの批判に対するヨシフの反論からなる。この批判のうち、第一、第三、第四、第六の合計四つの批判とそれに対するヨシフの反論は、「反論」からそのまま引き写されたものである。[45] 残りの批判（第二、第五、第七、第八、第九の批判）[46] とそれに対するヨシフの反論は、この第二節の作成の際に新たに書き加えられたものである。付言しておけば、「反論」から引き継がれた四つの問いに関しても、それに対するヨシフの反論は使徒や教父の著作の引用で補強されている。

次に第三節である。その前半では、「反論」後半部をほぼそのまま受け継ぎ、修道士の黒衣に関する批判に反論が加えられ、後半では、「反論」では論じられなかった修道士の黒衣に関する別の問題が論じられている。[47]

次に検討されるべきは、第四節である。大まかに言えば、この節は二分される。前半部は、前述の「修道制批判の著作」の冒頭でも引用された、使徒パウロのテモテ宛ての手紙からの引用（本章第一節参照）[48] をどう解釈すべきかに関するヨシフの見解である。[49]

第四節後半はこれまでと異なり、「イスラエルに種をまかない〔つまり結婚して子孫を残さない〕あらゆる者は呪詛される、とモーセの律法に書かれている」として修道士を批判する人々に対する反論である。ヨシフは、キリストが処女たる聖母から生まれたことを引き合いに出し、処女・童貞（である状態）の方が結婚するよりも「高く、また望ましい」とする。「天使が人々よりも高くに位置し、天が地上よりも高みにあるが如く、処女（童貞）は結婚した者よりも崇敬される」と彼は述べる。ヨシフによれば、神はアダムとエバに裸であることを求めたが、このことは神が処女・童貞を好んだことの証拠であり、それ故に旧約聖書の預言者も新約聖書の使徒もそのように振る舞ってきたという。[50] またヨシフは、先のモーセの律法の内容は修道士に関してではなく、結婚したにも拘わらず子孫を残さない者についてであると述べている。[51]

ところで、以上の第四節のうち、その前半部では、先に見た「修道制批判の著作」と同じくパウロの手紙が引用されている。この状況は、この第四節と「著作」との関係がいかようであったのか、という問題を提起させる。現にクリバーノフは両者の関係を認め、『啓蒙者』第一一章第四節をまさに「著作」に対する反論と見なした。[52] しかし上述のように、「著作」を「異端者」の文書と考えることはできない。従って、第四節が「著作」に反論しているとは考えられない。むしろ以上の状況は、修道制の在り方が当時のロシア社会で問題にされていたことの証言になる。すなわち「著作」は破戒修道士の存在を前提としながらこれに反論を加えており、他方で『啓蒙者』第一一章第四節は、パウロの手紙に依拠しながら修道制の批判者へ反論を加えていると考えられるのである。

さて、ヨシフの主張に続き、第四節の最末尾には、第二節、第三節にはないタイプの、いわばエピローグがある。先行研究では注目されてこなかったこの部分では、第四節のそれまでの部分とは異なり、第一一章全体の主張が誰に向けられているのかが述べられる。「修道生活を否定する……（中略）……この人々というのは、明らかにユダヤ人であり、……長司祭アレクセイ、司祭デニス、フョードル・クーリツィンのような人々である」と述べられている。[53] そしてアルメニア人について述べたニカイア府主教ヨアンネスの引用に続き、「ノヴゴロドの異端者はアルメニア人や古代のあらゆる異端よりも悪い存在であり、天使さえも彼らを正すことは出来ないのである」と述べて、ヨシフはこのエピローグを終えている。[54] この部分は結婚だけでなく、修道生活についても言及しているので、第四節ばかりか、第二節、第三節も含めた内容になっていることが注目される。加えてこのエピローグでは、長司祭アレクセイ、司祭デニス、書記官フョードル・クーリツィンという個人名が記されているが、これは、第一節の冒頭以来二度目である。[55] このことの意味については後述しよう。

最後に、残された第一一章第一節を見てみよう。この節は、修道制が使徒や教父の教えに反しているという全体的な修道制批判に対するヨシフの反論である。そしてその内容は、興味深いことに第二節、第三節、第四節と密に繋がっている。三つの節のテーマは、概して既に第一節において登場していると考えることができる。

例えば、第一節では、その前半部において、修道士と独身、結婚についての問題に話が集中している。使徒が悩みつつも独身を守ったことが強調され、[56] また妻を連れてキリスト教を伝道する権利に関するパウロの自問「私たちには……（中略）……信者である妻を連れて歩く権利がないのでしょうか」の解釈に力が注がれている。[57] また第一節後半部は、剃髪や修道服、世俗との分離、修道生活を「人が勝手に考え出したものであり、神に起源を持つものではない」とする「異端者」への反論に当てられている。しかし、そのなかでも、先に第二節、第三節の検討の際に見た修道服の問題が大きな比重を占めている。使徒ペトロの時代から修道士の黒衣が使われていたこと、天使が現れてパコミオスにスヒマ修道士の黒衣を与えたこと、こうした点について、ペテロ、使徒ヨハネ、イェルサレム主教イグナチオス、大ディオニシオス（二－三世紀）等、多くの聖人の意見が引用されている。[58]

こうした内容の観察に基づき、第一節における全体的な反論と、第二節、第三節、第四節における個別具体的な反論という第一一章の構造を見ることが出来る。そしてこの四つの節の内、（一）第一節の冒頭と、（二）同じく全体的な修道制批判への反論である、先に挙げた第四節末尾のいわばエピローグにおいてのみ、「異端者」アレクセイやデニス、フョードル・クーリツィンの名前が記されているのである。[59]

つまり、第二節、第三節、第四節が、第一節及びそれと類似のエピローグにより前後を挟み込まれた状況にあるのである（図5参照）。

図５

第 11 章表題：この章が「ノヴゴロドの異端者」への反論であることが記されている。
第 1 節（プロローグ）---「反論」が第 11 章に入る際に作成された、修道制批判への全体的な反論。
冒頭では、以下の 2-4 節で反論される主張がアレクセイら**「ノヴゴロドの異端者」のものであることが強調**されている。

第 2 節・第 3 節---
「反論」がこの第 2 節、第 3 節の土台であり、第 11 章に取り込まれる際に大きく二分された。主に修道服についての反論。
アレクセイらの名も「異端者」という語もない。

第 4 節---
修道士という結婚をしない存在に対する批判に、ヨシフが反論したものであり、第 2 節、第 3 節とは直接結びつかない。
アレクセイらの名も「異端者」という語もない。

第 4 節末尾（エピローグ）---第 11 章の締めくくりにあたる。直接には第 11 章第 1 節の冒頭を受けている。
以上の主張がアレクセイら**「ノヴゴロドの異端者」のものであることが再度強調**されている。

真ん中の三節（第二節—第四節）が、アレクセイらの名前が記された第一節とその類似のエピローグで挟まれている。こうした状況に基づき、次の仮説を出すことが出来る。すなわちこの第一一章は、既にそれまでに「異端者」と無関係に存在していた三つの修道制批判を、あたかもそれが「異端者」のものであるかのように装わせたものであると。アレクセイらの名前を前後に配置することで、その間の節もまた、彼らと関係があるかのように仕立て上げられたように思われるのである。

また、第一一章全体の表題及び、各節の接続部も興味深い。まずは第一一章の本文の冒頭に配されている表題を見ておこう。

> 修道士の生活を貶めるとともに、また修道士たちは神の掟と預言者や福音や使徒の著作とを捨て、独断と独習により己の生活を発案し、人間の伝承を守っていると言うノヴゴロドの異端に対する講話。
>
> また、**他のある者たち**は、もし修道士の生活が神意に適うならば、キリスト自身も神の使徒たちも修道服を着用していただろう。だが今我々はキリストも、また同じく聖なる使徒たちをも、修道服ではなく、世俗の服であるのを見る、と言っている。
>
> また、**他のある者たち**は、スヒマ修道士の服装は聖霊によって、パコミオスに与えられたものではない。もし天使［が与えた］ならば、輝いていたのであろう。

だが〔現実には〕黒くさえなっているではないか、これこそ悪魔の仕業の印である、と言っている。
また、**他のある者たち**は、聖なる使徒パウロが『霊は次のように明確に告げておられます。終わりの時には信仰から脱落する者がいます。……なぜなら神の言葉と祈りとによって聖なるものとされているからです』とテモテに宛てて書いた言葉を曲解している。異端者たちはこの言葉を修道士についての聖使徒パウロのものであり、これらの言葉は妻帯を禁じ、食事を控える〔ように言っている〕ものだと言っている。これについては『イスラエルに種を蒔かないあらゆる者は呪詛される』と書かれている。ここではこれら全ての異端者の言葉を反駁する、聖なる書物の言葉が集められている。(60)

第一一章全体のタイトルでは四つの修道制批判が「異端者」のものとされつつも、各「批判」は別の人々によってなされたかのように記されているのである。

先の第一一章全体のスキームから見て取ることが出来るように、ヨシフは全ての修道制批判をひとまとめにし、「異端者」に結び付けることを目論んだ。しかし、全体の表題のなかには、元々は各節が別個の対象に向けられていたことを示す痕跡が見出されるのである。

第一一章の構成に関する以上の結論は、先行研究が明らかにした『啓蒙者』の特徴付けを覆す。前述の通り、ルリエーによれば、『啓蒙者』は「異端者」の処刑を正当化するために作成された実践の書であり、この書において、「異端者」は、被処刑要件を満たすために、キリスト教の異端ではなく、ユダヤ教徒として仕立て上げられているという。それ故にここでの「異端者」は「ユダヤ的に思考する **жидовская мудрствующие, жидовствующие**」と形容され、他方でユダヤ人的な振る舞いが強調され、またその起源がユダヤ人スハーリヤであると記されているのだという。[61]

しかしながら、『啓蒙者』はルリエーの特徴付けでは言い尽くされない。『啓蒙者』では、キリスト教的異端に付される典型的な主張（キリスト、イコン冒瀆）が繰り返し描かれており、また相変わらず異端者という言葉が彼らの呼び名として幾度も使われているのである。本書第二章において著者が行った検討もまた、「異端者」をユダヤ教徒として仕立て上げようとする志向ではこの改訂作業を説明しきれないことを示唆している。改訂において力が費やされたのは、七千年終末に関する様々な「謬説」を「異端者」の主張として描こうとする努力であった。[62] 修道制批判に関してもこれと同じく、元々は一四九〇年に有罪判決を受けた「異端者」とは無関係の人々が行っていた言動が、ヨシフにより、「異端者」のものとして仕立て上げられて処理されたという経緯を見て取れる。著者のこうした結論は、ルリエーのそれとは完全に異なる。彼の説ではそもそも、前提として、修道制の批判者が「ノヴゴロドの異端者」であるとされており、ヨシフの作業目標はそれを更に「ユダヤ」として上塗りし、彼らへの火刑適用を可能にすることにあった。だが、著者の考えでは、状況はまだ批判者たちが異端であることが確定されていない段階であった。従って、ヨシフの作業は、修道制批判者を異端として告発し、これを確定させようとする段階なのである。これはまさにゲンナージーが行った作業と一致している。すなわち、彼もまた、自分が問題にするノヴゴロドの下級聖職者たちを過去に有罪とされた異端として告発することによって、彼らを異端宣告にまで導くという方法をとった。異端宣告は、少なくとも結果として、その対象への処罰を正当化する。ゲンナージーは、一四八〇年代後半に、敵対する人々への処罰を、彼らを過去の「メッサリアとマルキオン」の異端者として告発することで正当化したが、他方でヨシフは、自分が敵視する存在を、過去の「異端者」として告発し、それへの処罰の正当化を目論んだのである。

結びに代えて

一四八〇年代に、修道士となりながらも高慢に振る舞い、その理想型とは異なった生活を送る破戒修道士が問題になっていた。彼らに対してはヨシフも含め、教会から批判が加えられていた。

その一方で、恐らくは破戒修道士に対する一部の批判が過度に高じて、修道制そのものに対する批判にまで至った。これに対してヨシフが「反論」を作成した。彼は、修道服が神に認められたものであり、天使の衣服に由来するとして、修道制批判に対する反論を行った。この時点で彼は、基本的に相手を「ある人々」と認識している。

その後、ヨシフは『啓蒙者』を作成した。彼はここでその最終章である第一一章を、修道制批判に対する反論に充てた。この時にヨシフは、先の「反論」の書の大部分を第一一章第二節、第三節として取り込んだ。またこの頃、修道士が結婚しないことを（一）パウロの手紙を引用して、また（二）モーセ五書を利用して批判する人々がいたと考えられる。ヨシフはこれも論駁対象として加えた（第四節）。更に彼は、この敵対者を、既に一四九〇年に有罪宣告を受けた「異端者」に仕立て上げた。本来「異端者」と無関係であった第二—四節を、ヨシフは、アレクセイらの名を付したプロローグ（第一節）とエピローグ（第四節末尾部）で挟み込み、加えて全体の表題にも彼らが「異端者」であると書き入れた。

こうした改訂の目的は何であったのか。ルリエーは、これを「異端者」へのユダヤ的性格の付与と考えたが、これは正しくない。本章での検討は、ヨシフが、当時の修道制批判を既に過去に有罪とされた「異端者」として描き上げることで、修道制を批判する者への処罰の正当化を目論んだことを明らかにした。こうした手法は、まさに数年前（一四八七－九〇年）に大主教ゲンナージーが利用したものであった。そしてヨシフの後にも、彼の弟子たちが「清廉派」との争いで使用することになる。

敵対者を過去に有罪とされた異端者として告発する手法自体は、ロシア以外のキリスト教教会においても使用された伝統的なものであった。先のゲンナージーも、こうした手法を用いて自分の敵対者を異端として告発し、これらの人々を有罪判決に付すことに成功した。しかし、ヨシフの場合、概して同じ手法であるものの、独自の点も含んでいた。その一面は、既に前章、そして本章の検討で明らかにされた。すなわちゲンナージーの場合、その真意や正確さはさておき、基本的に彼は、自分が問題にする人々の主張や活動に関する情報を収集し、そのなかに過去の異端のそれとの共通点を見出すという手続きを以て同定作業を行ったのである。これを異端的系譜関係の立証と呼ぶことが出来るだろう。そのために、ゲンナージーは、いわゆる「異端カタログ」を参照し、彼が告発した人々を異端の系譜に位置付けた。

しかし、ヨシフはそうした比較検討を行わずに、七千年終末をめぐる主張と修道制批判を断定的に過去の「異端者」に結び付けた。彼は、七千年終末をめぐる主張と修道制批判が長司祭アレクセイ、司祭デニス、書記官フョードル・クーリツィンら「異端者」によって行われたと、既に事実として各章（八－一一章）の冒頭で言い切っている。『啓蒙者』各章の内容は、系譜関係の証明作業ではなく、異端的主張に対する論駁でしかない。

こうしたヨシフに特徴的な結び付けの作業が有する意味については、まさにこの一四九〇年代前半の時期の、もう一つのヨシフの「争い」を次章で検討した後で総括したい。

【註】

（1）この書は、成立当初には一一章からなっていた。一五一四年以降に第一二—一六章が加えられたとされる。本書第四章参照。

（2）Просветитель, С. 405-464. 佐々木秀夫「ノーヴゴロドに現れた異端について——ヨーシフ・ヴォーロツキイ「啓蒙者」をたどる」『古代ロシア研究』第一七号、一九八九年、三—一三頁。

（3）*Руднев*, Рассуждение, С. 111-112; *Сервицкий*, Опыт, С. 307-308; *Панов*, Ересь, С. 20-21, 31; *Никитский*, Очерк, С. 58; *Архангельский* А. Нил Сорский и Вассиан Патрикеев. СПб., 1882, С. 257-258; *Никольский*, История, С. 93; АЕД, С. 162-163; *Клибанов*, Реформационные, С. 55-60; *Лурье*, Идеологическая, С. 170-171.「異端者」が修道制を批判していたとする『啓蒙者』の叙述は、次の二種類の研究により、結果的に支持された。第一に、一四世紀後半に現れた異端「ストリゴーリニキ」と「異端者」との間に継承関係を認め、前者から後者に修道制批判が継承されたと考える研究である。こうした研究に従えば、ストリゴーリニキは修道制を批判しており、またその構成員が実際に「異端者」に混じっていた（ザハール）。*Иловайский Д.* История России, т. 2, М., 1884, С. 508-509; Vernadsky, The Heresy, p. 444; АЕД. С. 65; *Лурье*, Идеологическая, С. 162-163. 第二に、大主教ゲンナージーが「異端者」と見なしたモスクワ写本工房のイヴァン・チョルヌィが作成した写本（РГБ. Ундольское собрание, No. 1, л. 461об）に、修道制を批判する文書が伝わっており、従って「異端者」は修道制を批判していたとする研究がある。*Клибанов*, Реформационные, С. 43-56, 170-173; *Лурье*, Идеологическая, С. 160-163; *Зимин*, Россия, С. 82. だが、以上の意見を詳細に検討するなら、その論拠は不十分である。

第一の意見について述べるならば、ザハールはストリゴーリニキではない。確かにゲンナージーはザハールをストリゴーリニキと呼んだが、その理由は、人々に聖餐を授けるに値する聖職者が正教会に存在しないが故に自分が聖餐を受けないとするザハールの発言にあった。それ故に、ゲンナージーは、叙階の際の金銭授受を問題にして教会聖職者からの聖餐の授与を拒否したことで知られていたかつてのストリゴーリニキに彼を比定したのである。本書第一章第三節参照。АЕД. С. 378-380. そもそもザハール自身が修道士であり、その彼が修道制を批判したとは考えにくい。

第二の意見も説得力に欠ける。確かにゲンナージーは、イヴァン・チョルヌィを「異端者」の一員と記したものの、その主張は明示されていない。仮にイヴァンが修道制を批判していたならば、異端宣告を下すためのこのような絶好の主張は、一四九〇年会議へのゲンナージーの告発において、更に教会会議においても言及されたことだろう。だが、そうした事実はない。このことは、一四九〇年当時の正教会はイヴァン・チョルヌィ、そして「異端者」の主張のなかに、修道制批判を見出していなかったことを物語る。

（4）Howlett, *The Heresy*, pp. 134-135.

（5）Howlett, *The Heresy*, pp. 94-96.

（6）АЕД. С. 416-419.

（7）Howlett, *The Heresy*, pp. 94.

（8）*Клибанов*, Реформационные, С. 85-251.

（9）本書の著者はかつて、聖職者の堕落を批判し、彼らに代わって教区民が聖職者になることを条件付きで是認する、中世ロシアで成立したヨアンネス・クリュソストモスの偽書「偽の教師についての講話」について論じたことがある。拙稿「ストリゴーリニキの「書物」」、一一四頁。

（10）АЕД. С. 251.

（11）多くの研究者はこの「騒乱者」を、異端「ストリゴーリニキ」と見なしているが、著者はこの人々を即座に「ストリゴーリニキ」と考えることには反対である。АЕД. С. 251. この点については慎重であるべきである。この異端に関するいかなる史料においても、この異端が修道制を批判したと記されていないことが重要である。АЕД. С. 253-255.

（12）РИБ. т. 6, С. 205-210; 389-400;

（13）*Лурье*, Идеологическая, С. 249-257; Послание Иосифа Волоцкого. М.-Л., 1959, С. 296-319. この規則には邦訳がある。田辺三千広「ヨーシフ・ヴォロツキーの『修道制規則』・簡素版（一）（二）（三）」『史学』五〇巻記念号／五四巻二・三号／五八巻二号、一九八〇年／八五年／八九年、四七三―四八八／八三―九八／六九―八三頁。

(14) Послание Иосифа, С. 145-152; 246. ルリエーは、こうした文書の一つ「剃髪修道士に関するヨシフの書簡」を一四八三年までのものとする。
(15) АЕД. С. 299-305.
(16) *Клибанов*, Реформационные, С. 55-56.
(17) 「コリントの信徒への第一の手紙」七章九節、「テモテへの第一の手紙」四章一−五節。АЕД. С. 304. 翻訳は新共同訳聖書、新改訳聖書を参考にした。
(18) АЕД. С. 304-305.
(19) АЕД. С. 299-304.
(20) АЕД. С. 302-303.
(21) *Лыткин В.И.* Древнепермский язык. М., 1952.
(22) *Клибанов*, Реформационные, С. 55-56.
(23) *Лурье*, Идеологическая, С. 91-93.
(24) *Клосс*, Книги, С. 65-72.
(25) Howlett, *The Heresy*, pp. 166-168. ペルミ文字の使用は何を意味するのだろうか。И・С・ネクラーソフによれば、一五世紀にはこの文字は、モスクワの写字生の間で著しく広まっていたという。*Некрасов И.С.* Пермские письмена в рукописях XV века. Записки императорского Новороссийского университета. т. 51. Одесса, 1890, С. 252.（但し本書の著未見。内容についてはクリバーノフ及びクーチキン、ポポーフ論考によった。）ペルミ文字を使用した注釈記号は、数本の写本で、加えてイヴァン・チョルヌィに限らず、異なる若干数の筆跡で残されている。クリバーノフはこれを「異端者」の秘密の暗号と見なしたが、本書の著者には、そのように考える必然性はないように思われる。例えば、非「異端者」の書記官ヴァシーリー・マムィレフも、ペルミ文字で注釈を付けている。他方、イヴァン・チョルヌィは、時にキリル文字を使っても同種の箇所に注釈を付けており、これでは暗号にならない。АЕД. С. 280-299; *Кучкин В.А., Попов Г.В.*

Государев дьяк Василий Мамырев и лицевая книга Пророков 1489 года. *Древнерусское искусство*. сборник 2. М., 1974, С. 116.

(26) АЕД. С. 376, 471.

(27) ではイヴァンは何故告発されたのか。既に仮説が出されている。ゲンナージーは、「異端者」と思しき、また彼らに関係したあらゆる人物を告発したと考えるのがヘッシュである。Hösch, Orthodoxie. S. 74. この場合、イヴァン・チョルヌィも、「異端者」との何らかの関連を疑われたということになろう。この点に関して、一四八八年に有罪判決を受けた「異端者」サムソンコが拷問により、イヴァン・チョルヌィが長司祭アレクセイと共にフョードル・クーリツィンの屋敷に出入りしていたと証言したことが知られる。АЕД. С. 380-381. 及び本書第五章第一節参照。またハウレットは、大公の世俗の写本工房において、教会文献が筆写されていたことを大主教が批判し、工房の長であるイヴァン・チョルヌィを異端として告発したと考えている。Howlett, *The Heresy*, pp. 194-195.

(28) АЕД. С. 304-305.

(29) この「著作」は教会当局から出されたのか、或いは社会の側からの破戒修道士に対する批判であるのか。はっきりとした回答は出せないものの、この問いを考察する若干の材料がある。

　この「著作」は、「ウンドーリスキー写本」の四六一葉裏に記されている。ところが実は四五七葉以降は同じ筆跡で書き記されている。そしてこの四五七葉以降には、余白の取り方や朱文字の使い方も含め、「著作」と同じ形式で、別の神学的問題について記されているのである。「命の木、つまり知恵というのは、書物においては、善悪の木を見分け、理解するための知恵のことであると言われている。善悪の木のせいで〔人は〕命の木から遠ざかるという。**解釈**。多くの人々は……」と（四五八葉裏）。次の葉にも、「解釈」という言葉はない（後から朱書きをするためのスペースだけが残されている）ものの、全く同じ形式で「想像上の天国があり、またそこには庭があり、神の実がなっている……。〔解釈。〕木というものは……」と記されている（四五九葉裏）。こうした事実を考慮するならば、四五七葉以降は、同一の形式をとる神学的な手引き書であると考えられるのである。

破戒修道士や想像の天国、また命の木や善悪を知る木というのは、クリバーノフが別の箇所で論じたように、中世ロシアにおいて特定の時期に一時的に論争を引き起こした神学的主題である。*Клибанов*, Реформационные, С. 136-151.「ストリゴーリニキ」は、同時代のペルミ主教ステファンによれば、「命の木」について「謬説」を述べていたらしい。АЕД. С. 236-237. また想像の天国は、一四世紀のノヴゴロド大主教ヴァシーリーとトヴェリ主教フョードルとの神学論争の主題としてよく知られる。ПСРЛ. т. 6, ч. 1. С. 422-428.

モスクワの写本工房で作成され、加えて修道制を是認し、様々な時期に生じた神学上の問題に回答を与えているこうした手引き書の一部をなす「著作」は、恐らくは社会の側からの著作ではない。例えば命の木や創造の天国に関する議論は、あまりに年代的に「異端者」とはかけ離れている。また条文の列挙（或いは問題設定）に続いてその解釈が記され、間に「解釈」という語が挟み込まれて前後を区切る形式は、いわゆる「注釈付きの教会法令集」に付属する条文解釈部の形式と同一である。その意味で、この書の作成が俗人の手になるとは考えにくい。今後の詳細な検討が待たれるものの、恐らくはこの書は、**教会当局側から出された**、これまでの神学問題に関する手引き書である。

(30) 上述のように、ヨシフは一四八〇年代前半に、修道服を着用しない逸脱修道士を批判した。この事実は、同種の主題を扱う「反論」がおよそ同時期、一四八〇年代後半から一四九〇年代初頭までに作成されたと見なす一つの根拠になろう。

(31) 「反論」の著者はヨシフと考えられる。「反論」が後に『啓蒙者』で利用されたという状況以外にも、「反論」を含む写本が、主にヨシフの著作を載せた集成である事実がそうした説を裏付ける。АЕД. С. 416.

(32) АЕД. С. 416.

(33) АЕД. С. 416-417.

(34) АЕД. С. 417-418.

(35) АЕД. С. 418.

(36) АЕД. С. 418.

(37) АЕД. С. 418-419.

(38) *Лурье*, Идеологическая, С. 118.
(39) *Лурье*, Идеологическая, С. 120.
(40) *Лурье*, Идеологическая, С. 120.
(41) *Лурье*, Идеологическая, С. 110.
(42)『啓蒙者』の冒頭の「物語」が抜き書きされることがあるに過ぎない。その他の章や部分の抜き書きは存在しない。
(43) 既にゲンナージーの例に見て取ることができるように、特定の人物・集団に対する異端告発の際には、多くの場合、過去に有罪とされた異端者との比定がなされる。ゲンナージーの場合、彼はノヴゴロドの下級聖職者たちを、過去に現れた異端「メッサリアとマルキオン」と同定した。АЕД. С. 310, 316-317.
　以上のような事例を考慮しよう。仮に抜き書きが行われたとするなら、「反論」のなかでも、念頭におかれた人々が（種本である『啓蒙者』に従い）「異端者」であると記されたことだろう。たとえこの「反論」が「異端者」とは異なる人々に向けられたものであったとしても、この「反論」は、その人々を、既に有罪判決を受けた存在であった「異端者」と同定するための重要な根拠になるものであり、わざわざ「ノヴゴロドの」という言葉を落として、それどころか単に「ある者」と呼び換えて作成し直されるという状況は考えにくい。なぜなら「反論」は、反論の書であり、当該の異端の誤謬を示すことに力を注いだはずであり、ヨシフは、当該の人々を過去の異端に結び付けることが可能であれば、むしろ喜んでそれを行ったと考えられるからである。
(44) 成立年代については諸説ある。ルリエーの一五〇二―〇四年説、ジミーンの一五〇三年会議前夜説、И・ポルフィリエフの一四九二―九四年、プリグーゾフの一五〇八年以降説がある。本書の著者の説を含む諸説の詳細については第四章を参照。
(45) 第一に、キリストは修道服を着なかった、それ故に修道制は神の御心に適っていないとする批判である。第三の批判は、キリストは修道服を着なかった。それ故にキリストは修道服を好んでいなかったという批判である。第四の「批判」は、キリストが世俗の服を着るのなら、修道士を含め万民が世俗の服を着るべきである、という意見である。第六の「批判」

は、懺悔や罪を悔いる者が修道服を着るのであり、何もない者は着るべきではない、という意見である。Просветитель, С. 435-443.

(46) 第二の批判は、偉大な神は修道服を着る必要はないとするヨシフに対する、キリストは十字架での磔という、「偉大でない」、身分不相応の侮辱的な死を蒙ったではないか、これをどう説明するのかという批判である。第五の批判は、主キリストは修道服を着なかったが、使徒もまた修道服を着なかった、つまり使徒は修道制に批判的であったという批判である。第七の批判は、カエサレイアのバシレイオスら一部の教父について、彼が世俗と別れを告げて修道士になったものの、修道服を着たとは記されていない。つまり彼は着ていなかったという批判である。第八の批判は、以上の一部の教父たちがもし修道士だとしても、それは生活様式でそう呼ばれたのであって、修道服は着ていなかったのではないかという疑問の提示である。第九の批判は、なぜ神の使徒は、修道士になることを勧めなかったのかという問いかけである。Просветитель, С. 438, 441-448.

(47) 例えば「何故天使は輝いているのに、修道士は黒衣を着ているのか」という「異端者」の批判に対し、天使は預言者たちの前に、動物の姿も含めて様々な容姿で現れていること、パコミオスの前に現れた時には、悲しみと共に現れたので黒衣を着ていたと主張する。Просветитель, С. 452-454.

(48) 厳密に言えば、「著作」における引用と第一一章における引用は、同じテモテ宛ての手紙であるにも拘わらず、一カ所だけ文章が異なっている。ヨシフの引用が正教会に伝統的なものである一方で、「著作」のそれは、伝統的に「彼らは自分の良心が焼けきっており」とされる部分が、「彼らは無知であり」とされている。

(49) 彼は、この引用全体をひとまとめにしてではなく、パウロの引用を九つに分割し、その各々に対して逐一注釈を付す。「霊は次のように……信仰から脱落する者がいます」という引用についてヨシフは、これをパウロは、主を否定しまた正教キリスト教から離れた異端に関して述べたのであり、修道士のことではないと反論する。また「惑わす霊と悪霊の教えとに心を奪われて」という部分を、ヨシフは、預言書、福音書、使徒の教えに敵対する異端を念頭において書かれた部分だとする。次いで「このことは偽りを語る者たちの偽善によって引き起こされるのです」という句をヨシフは、これはまさに偽りを語る者を念頭においたものとし、「彼らは良心が焼けきっており」については「火が物を飲み込むように、異端の「良心」もまた火や汚らわしき生活のせいで燃え上がっている」のであると注釈をつけ、「結婚を禁じ」については、古来異端は皆、神により結婚が推奨されていないことに着目していると指摘するだけである。つまりこの辺りで既にヨシフは、解釈されるパウロのテクストが修道士を念頭におかれたとする批判に反論をしていない。彼は既に、パウロがまさに宗教的異端を念頭においたことを前提として話を進めている。以下も同様である。「食物を絶つことを命じます」については、異端は食事を汚らわしいと考えているので、食物を拒否するとだけ述べられており、「しかし、この食物は……神がお造りになったものです」については、異端は神を冒瀆するが、修道士は感謝しているのであり、従ってこのテクストで考慮されている対象が修道士ではないことを再度確認する。以下「神がお造りになったものは……何一つ捨てるものはない」を引用して、「汝が見るように、聖使徒パウロは修道士についてではなく、結婚を放蕩と同一視し、食事を汚らわしきものと考える異端について述べているのである。なぜなら神の言葉と祈りとによって聖なるものとされているからである」と、いささか強引に話を終える。Просветитель, С. 455-459. ここで第四節前半が終了する。

(50) Просветитель, С. 460-463.
(51) Просветитель, С. 463.
(52) *Клибанов*, Реформационные, С. 43.
(53) Просветитель, С. 463.
(54) Просветитель, С. 463-464.
(55) Просветитель, С. 463.
(56) Просветитель, С. 409-413.
(57) Просветитель, С. 413.
(58) Просветитель, С. 423-426, 431.
(59) Просветитель, С. 463.

(60) Просветитель, С. 405-406.
(61) *Лурье*, Идеологическая, С. 110.
(62) 本書第二章第四節参照。

第四章 『啓蒙者』簡素編集版の作成
――ヨシフ・ヴォロツキーによる「異端者の告発」

はじめに

「異端者」事件に関する先行研究を概観すると、事件を研究するにあたって『啓蒙者』そのものの検討が不可欠であることを理解できる。というのも、この書が事件全体を俯瞰している唯一のものであるにも拘わらず、そこで描かれる事件全体の構図が極めて恣意的であることに気づかされるからである。本書の著者は、そのような構図を再検討に付し、解体、再構築することにより、この書のなかにこれまでとは異なる史料価値を見出すことができる、と考える。そこで本章では、ヨシフがこの書を作成した動機、手法、作成時期を検討し、事件史料としての価値と限界を明らかにしたい。折しも近年、この書の成立状況に関して研究者の間で論争が行われているので、本章はこの論争の検討から開始することとする。

第一節　『啓蒙者』の構成

まずは『啓蒙者』の構成について述べておこう。

『啓蒙者』には大別して二つの編集版がある。序章にあたる「新出の異端についての物語」（以下「物語」と略す）及び第一－一一章で構成される「簡素編集版」と、「物語」及び第一－一六章で構成される「拡大編集版」である。(1)

「物語」は、「異端者」の出現に始まり一四九〇年の教会会議における彼らに対する審問と処罰が終わった直後までの事件の経緯を描く。それによれば、一四七〇年に「異端者」の始祖ユダヤ人スハーリヤがノヴゴロドに到来し、そこでアレクセイとデニスという二人の弟子を獲得した。この二人がその後、仲間を増やしていく。その後、一四八〇年にモスクワ大公イヴァン三世がノヴゴロドを訪れた際に、この二人は大公を魅了し、彼の寵愛を享受するようになる。彼らはモスクワに引き連れられ、クレムリン内の聖堂聖職者に任じられた。大公の宮廷において彼らは同志を増やし、大公書記官フョードル・クーリツィン、また後にモスクワ府主教になるゾシマらを「異端者」に取り込んだ。こうした状況のなかで、ノヴゴロドにおいて大主教ゲンナージーが「異端者」の摘発を開始し、一部の「異端者」は一四九〇年に裁かれたという。「物語」は、生き延びた「異端者」、特に府主教ゾシマに対する非難で締め括られる。(2)

「物語」の後には、後続の章の目次がある。原則的に、「簡素編集版」の場合には第一一章までの、「拡大編集版」の場合には第一六章までの目次がある。(3)

『啓蒙者』の構成：「新出の異端についての物語」＋ 目次 ＋ 各章本文

その後、各章の本文が続く。第一－四章は各々が、「異端者」が展開するキリスト論への反論である。第一章は、父なる神は子も聖霊も持たない存在であり、故に三位一体はあり得ないと主張する「異端者」に対するヨシフの反論である。第二章は、キリストは未だ生まれておらず、キリスト教徒たちがキリストと呼ぶ者は普通の人間であると述べる「異端者」に対する反論である。第三章は、モーセの掟を奉じ、守るべきであるとする「異端者」に対する論駁である。第四章は、神はアダムを救えなかったが、こうした態度は神に相応しくないと言う「異端者」に対する反論である。(4)

第五－七章は、全体として「異端者」のイコン冒瀆に対する反論である。第五章は、イコンに三位一体を描くべきでないと述べる「異端者」に対する反論、第六章は、人の手になる物に拝礼すべきでないと主張する「異端者」に対する反論である。第七章は、キリスト教徒が神の絵、十字架、福音書等に拝礼すべき根拠を述べた、反論というよりも解説である。(5)

第八－一〇章では、全体として、世界開闢暦七千年（西暦一四九一－九二年に当たる）に世界が終末を迎えるとする「七千年終末」説が不成就に終わったことに関連して生じた、教父や使徒への「異端者」による批判が反駁されている。第八章は、七千年が過ぎたがキリストの再臨はない、故にそれを予告した教父の書物は偽りを記していると述べる「異端者」に対する反論である。第九章は、使徒たちはキリストが終末の時に生まれると記したが彼の再臨はまだない、故に使徒の書物は偽りであると主張する「異端者」に対する反論である。第一〇章は、七千年終末を予言したシリアの聖エフラエム（四世紀）の書物を貶める「異端者」に対する反論である。(6)

第一一章では、「異端者」による修道制批判が四節に分けて論駁されている。これについては前章で詳細に記したので、ここでは繰り返さない。(7)

「簡素編集版」の『啓蒙者』はここで終わるが、「拡大編集版」のそれでは更に以下の章が続く。第一二章では、聖職者が異端であった場合でも人は彼に従うべきと述べる「異端者」の主張が反駁されている。(8)

続く第一三―一六章は全体として、異端一般に寛容的態度を取るべきと主張する「異端者」に対する論駁である。第一三章は、異端や背教者を裁くべきでないと述べる「異端者」に対する反論であり、第一四章は、異端や背教者を捜索、調査、拷問すべきでないと主張する「異端者」に対する反論である。第一五章は、異端や背教者が懺悔をしたならすぐに教会は彼を受け入れるべきと主張する「異端者」に対する反論、第一六章は、異端や背教者が、たとえ裁きの時であっても、許しを請い、懺悔し始めたなら、彼らの懺悔を受け入れるべきと述べる「異端者」に対する反論である。(9)

『啓蒙者』の文献学的考察を行なったルリエーによれば、この書はまず「簡素編集版」の形で成立した。つまり当初は「物語」と第一―一一章から成っていた。成立年代は一五〇二―〇四年（但し一五〇四年会議以前）の間であったという。なぜなら（一）冒頭の「物語」では一五〇四年の教会会議について記されていないからである。この会議は「異端者」の存在に終止符を打った記念碑的なものであり、内容的に言えば「物語」が扱わないはずがない。しかし現実には言及されていないので、『啓蒙者』は一五〇四年会議以前に作成されたと考えられるという。また（二）フョードル・クーリツィンら宮廷内の「異端者」を非難する「物語」は、彼らを庇護した公妃エレーナ・ステファノヴナの逮捕（一五〇二年）以後にしか作成されえないという。こうした結論に基づき、ルリエーは『啓蒙者』を、来るべき一五〇四年会議において「異端者」を火刑に付すために準備された告発書と見なした。(10)

彼によれば、その後、「簡素編集版」に第一二―一六章が継ぎ足されて「拡大編集版」が成立した。第一二章は、実はノヴゴロド大主教セラピオンに対するヨシフの批判であった。ヨシフはその修道院を許可なく大公の庇護下に置いた廉で、本来これを管轄する立場にあったセラピオンにより破門された（一五〇九年四月頃）[11]。この破門は取り消されるべきとする、ヨシフの主張がこの第一二章として結実したという[12]。また第一三―一六章はヨシフと「清廉派」[13]との論争を反映していた[14]。というのも、両者は「異端者」の処遇をめぐり論争していたからである。従って第一二―一六章は一四九〇年に裁かれた「異端者」を念頭においた叙述ではない。これらの章は、当時の論争相手であったセラピオンや「清廉派」を、既に有罪宣告を受けていた「異端者」として告発することにより、セラピオンらへの処罰の正当性を、そして逆に、彼らの主張の無効性を主張しているのである。従って、ルリエーの議論に従うならば、一四九〇年に裁かれた「異端者」について検討する場合、「物語」と第一―一一章からなる「簡素編集版」が検討対象になるということになる[15]。

第二節　原初型をめぐる論争――「一〇章版」と「一一章版」

ところがA・A・ジミーン、最近ではプリグーゾフの指摘によれば、「簡素編集版」には、ルリエーが扱ったグループとは別に、「物語」と第一―一〇章で構成される編集版が存在する[16]。彼らはこの版こそが『啓蒙者』の原初型であると考えている[17]。以下これを、慣例に従って「一〇章版」と略し、「物語」と第一―一一章から成る版を改めて「一一章版」と呼ぶ。

ジミーンとプリグーゾフは、「一〇章版」の具体的な成立年代については意見を異にするものの[18]、「一〇章版」が先に成立し、次いである時点で、修道制批判に対する反論である第一一章が加えられて「一一章版」が成立したと考えている。一四九〇年に裁かれた「異端者」とは無関係であった第一二―一六章が「異端者」に対する反論の形を取って『啓蒙者』に追記されたことを考慮し、これらの論者は、第一一章もまた「異端者」の「本来の主張」に後から加えられたと考えた。つまり本来の「異端者」を描くのは、第一〇章までであるというのである。

（一）ジミーンの「一〇章版」原初型説

『啓蒙者』の「簡素編集版」に二つのタイプが存在するなかで、「一〇章版」こそが原初型であると最初に考えたのがジミーンである。彼の四点の論拠を挙げておこう。

（一）『啓蒙者』の目次は第一〇章で終わることがある。他方で「一一章版」には第一一章の目次があるものの、そこには一一という数字が振られていない（他の章の目次には数字が振られている）。つまり第一一章は後代の挿入であり、元々の『啓蒙者』は第一〇章で終わっていた。

（二）第一一章は四節構成という特別な形式をとる。他の章には節はない。つまり第一一章は第一―一〇章と形式的に異なっており、それ故に第一一章は、後から加えられた可能性が高い。

（三）第一〇章は伝統的な修辞句「アーメン」で終わっている。つまり『啓蒙者』が当初、この章で終わっていた可能性が高い。

（四）「一〇章版」の「物語」にある、修道制批判に関する文章が「一一章版」のそれに比べ大きく欠けている。[19] このことは、同じく修道制批判に関する第一一章も当初存在しなかったと考える論拠になる。

ジミーンによれば、『啓蒙者』の編集の歴史は次の過程を辿った。この書は一五〇三年の教会会議の前夜に「一〇章版」の形で初めて作成された。ヨシフは当初、この会議で「異端者」の処罰を予定しており、それを正当化する目的で「異端者」の悪事を一つの告発書にまとめ上げた。ところがこの会議で「異端者」の問題は討議されず、代わりに「清廉派」が主張する修道院所領没収の議論が進められた。そこで修道院所領の保有賛成派であるヨシフは、修道制を批判する人々に対する反論を『啓蒙者』に第一一章として加え、こうして「一一章版」の『啓蒙者』が一五〇三―〇四年に成立したという。[20]

しかし、第一一章では、修道制自体を否定する人々が反論対象である一方で、一五〇三年会議で議題に上ったのは修道院所領の没収である。従って第一一章を、修道院所領没収策に対する反論とは考えにくい側面がある。[21] しかも、以下でルリエーが述べるように、実は「一〇章版」には第一一章が存在していたのである。

（二）ジミーンに対するルリエーの批判（「一一章版」原初型説）

ジミーンの主張に対し、ルリエーが以下の反論を行った。

（一）「一一章版」こそが『啓蒙者』の原初型であり、「一〇章版」は一五〇四年以降、かなり後に成立した「改訂版」である。なぜなら「一〇章版」を伝える写本には、一五〇四年会議の火刑執行を批判する人々へ宛てられた「会議判決の遵守に関する書簡」が必ず添付されているからである。

（二）「一〇章版」のあらゆる写本において、目次では確かに第一一章が欠如している。しかし、本文では例外なく第一一章が存在している。この事実は、「一〇章版」が「一一章版」を基にした後代の改訂版であると考えることを余儀なくさせる。

(三) いわゆる「一〇章版」においてさえ、「物語」では、本来第一一章で扱われる「修道制批判」に言及されている。つまり修道制批判は最初から存在していたのであり、従って、第一一章は後から追加されたのではなく、最初から存在していた。[22]

ルリエーの批判点のうち、特に重要なのは第二点目である。「一〇章版」のあらゆる写本において第一一章が存在（ジミーンは何故かこれに気づかなかった）しているのである。このことは「一〇章版」という名称の存在意義そのものを否定する。少なくとも『啓蒙者』の伝来写本から判断する限り、ルリエーのこの意見は妥当である。

「一一章版」を原初型とする説が多くの研究者に受け入れられた理由は、上の論拠以外にもあった。一九五五年当時、『啓蒙者』の最古の伝来写本（**РНБ. Соловецкое собрание** No. 326/346. 以下「ソロフキ写本」と略）が伝えていたのは「一一章版」だった。この写本は、ヨシフの弟子ニル・ポレフが一五一三／一四年にヴォロコラムスク修道院に寄進したものであり、伝来写本の内、唯一ヨシフ存命中に作成されたものだった。[23] 他方で、「一〇章版」の最古の伝来写本（**РГБ. Рогожское собрание** No. 530. 以下「ロゴジャ写本」と略）は一六世紀中頃に作成されたものである。従って、「一一章版」を原初型とする論者がそれを裏付ける現存写本を保有する一方で、「一〇章版」を原初型とする論者は、それを反映する早い時期の現存写本を提示できなかったのである。その分だけ、「一一章版」を原初型とする説が優勢であった。

（三）ルリエーに対するプリグーゾフの批判

その後、改めて「一〇章版」を原初型と考えるプリグーゾフがルリエーに反論を加えた。第一に、プリグーゾフによれば、『啓蒙者』には、上記の「ソロフキ写本」よりも古い写本（РНБ. Софийское собрание No. 1462. 以下「ソフィア写本」と略）がある。この写本のなかで、透かし及び写し手の筆跡から判断するところ一五〇〇–〇九年の間に作成された第一一葉–第二五葉にかけて「物語」が記されている。この写本の「物語」のテクストは、プリグーゾフによれば、「一〇章版」のそれに近い[24]。従って彼は、この最古の写本に筆写されている「一〇章版」の「物語」こそが「一一章版」のそれよりも先に作成され、原初型に近いと考えた[25]。第二に、彼はこの原初型（＝「一〇章版」）の成立を一四九二–九四年と考えた。というのも彼によれば、一方で『啓蒙者』の第八章が「七千年が過ぎた」ことを、つまりユリウス暦一四九二年九月一日以降にこの章を含めた『啓蒙者』が書かれたことを証明し、また他方で「物語」で展開されるゾシマ批判が、「物語」の成立を府主教ゾシマの退位（一四九四年五月）前であることを示唆するから、という[26]。

（四）プリグーゾフに対するルリエーの反論

これに対し、ルリエーは再反論を行った。彼は、「ソフィア写本」の「物語」が「一〇章版」のそれであることを否定するとともに、「一一章版」が原初型であり、その成立が一五〇二–〇四年とする自説を繰り返した。「ソフィア写本」の「物語」が、プリグーゾフが主張するような「一〇章版」的特徴を部分的に有すことをルリエーは認めない訳ではない。しかし彼は、全体としてはこれを「一〇章版」であるとは認めなかった。そして彼は、「ソフィア写本」の「物語」に含まれる「一〇章版」的特徴を、後代の二次的な改訂の結果であると考えた[27]。

ここで論点を整理しておこう。第一に、果たしてプリグーゾフが述べるように、「一〇章版」が先に成立し、それが「ソフィア写本」に反映されているのだろうか。第二に、ジミーンやプリグーゾフは一―一〇章に、ルリエーは一―一一章において、一四九〇年に裁かれた「本来の」「異端者」が記されていると考えたが、既に本書の第二、第三章で述べられたように、著者は八―一一章に記されているのは彼らではないと考えている。この意見は、『啓蒙者』の検討からも裏付けられるのだろうか。

著者は「ソフィア写本」、そして以前からの議論において重要である「ロゴジャ写本」及び「ソロフキ写本」を調査し、その結果、以下第三節で述べられるように、上述の議論に一定の結論を出した。この結論は、後述するように、『啓蒙者』の成立年代及び成立状況を考える上で重要な示唆を与えてくれる。

第三節　「新出の異端に関する物語」の諸版の比較

これまでの議論の到達点として、まず修正されるべきは、『啓蒙者』に「一〇章版」と「一一章版」が存在するという誤ったイメージである。「ロゴジャ写本」に代表される構成の写本は、目次における第一一章の欠落を根拠にして「一〇章版」と呼ばれてきた。しかし上述のように、この版の本文は一一章から成る(28)。そこでこれ以降、混乱を避けるために、「一〇章版」と呼ばれてきたものと「一一章版」と呼ばれてきたものを、それぞれ「ロゴジャ版」(「ロゴジャ写本」により代表される)と「ソロフキ版」(「ソロフキ写本」により代表される)と呼ぶ。

ロゴジャ版　「物語」＋　目次(一―一〇章)＋　本文(一―一一章)

ソロフキ版　「物語」＋　目次（一―一一章）＋　本文（一―一一章）

次いで最古の写本である「ソフィア写本」とこれら二つの版との関係を明らかにする必要がある。「ソフィア写本」は、「ロゴジャ版」と「ソロフキ版」のどちらの版に属すのか、或いは全く別系統に属すのか。「ソフィア写本」には、正確に言えば、「物語」と目次、そして第五―七章が記載されているが、上述の一五〇〇―〇九年の年代確定をうけた第一二葉―第二五葉には第五―七章は含まれていないので、以下の行論は、各版の「物語」と目次の比較検討に限定される。

まず三写本における「物語」の異文を比較しておく。「ソフィア写本」のテクストについては、本書末尾の付録2を参照されたい。そこには「ロゴジャ写本」と「ソロフキ写本」の異文も掲載されている。

（一）ソフィア・ロゴジャの共通テクストとソロフキのテクスト

初めに、「ソフィア写本」と「ロゴジャ写本」では共通するが「ソロフキ写本」では異なるテクストを検討しておこう（次頁表1参照）。比較に便利なように、表の最初の枠では、ルリエーによる「ソロフキ写本」のテクスト公刊の際に使用された異文番号を使用する。(29)

次頁テクストの内、以下の箇所において、「ソフィア写本」と「ロゴジャ写本」に共通するテクスト（表中左枠）は、比較される「ソロフキ写本」テクスト（表中右枠）に比べて原初型に近いテクストであると主張できる。まず異文5である。「ソロフキ写本」では誤って「**внуку же Владимерову**〔ウラジーミルの孫〕」という語句が欠けている。前後には子と曾孫が記されているので、論理的には孫も元々記されていたと考えられる。この状況は、左枠テクストを原初テクストと見なす根拠になる。次に異文12がある。「поставлен〔任じられる〕」に代わり、「ソロフキ写本」では誤って「отоставлен」と記されている。後者の如き単語は存在しない。また異文13と15がある。「свинью〔豚〕」と「нечистаго〔不浄な〕」の文言がそれぞれ「ソロフキ写本」では「сквернителя〔放蕩者〕」と「сквернаго〔汚らわしい〕」という同根語に置き換えられている。異文3は、恐らく、「ソロフキ写本」の作者の「重複誤写dittography」的間違いのせいで出現したと考えられる。彼の視点は一方の「единаго」からもう一つのそれに飛び移っており、その結果、テクストの一群が完全に抜け落ちてしまっている。残りの異文については、判断するため

表1

№№	ソフィア（=ロゴジャ）写本	ソロフキ写本
3	иже **не единаго имуще невѣрна, или еретичьская мудрьствующе, но вси** единаго	иже единаго
4	Въ градѣ **нарицаемѣм** Киевѣ	в граде Киеве
5	сыну Александрову, **внуку же Владимерову,** правнуку же Волгирдову	сыну Александрову, правнуку же Волгирдову
6	попа Максима, **еще же** многых от попов	попа Максима, многых от попов
7	Сего **ради** подобает	сего, **рече**, подобает
12	В лѣто же 6993 **поставлен** бысть архиепископь	в лѣто же 6993 **отоставлен** бысть архиепископ
13	Не реку архимандрита, но **свинью**, радующеся калу блудному, именем Зосиму	не реку архимандрита, но **сквернителя**, радующася кару блудному, именем Зосиму
14	Диаков крестовых **великаго князя** Истому и Сверчка	Диаков крестовых Истому и Сверчка
15	Зосиму глаголю **нечистаго**	Зосиму глаголю **сквернаго**
16	и бысть в лѣто 6999 **сентября 26**	и бысть в лето 6999 ("сентября 26" - 余白で補足)
17	Новаграда и Пьскова **Генадие** присылает	Новгорода и Пьскова («**свещеныи**» - 余白で補足) **Генадие** присылает
21	и срѣтающим их плевати	и сретающим их **повеле** плевати
22-22	устрашити нечьстивыя **и скверныя.**	устрашити нечьстивыя **безбожныа еретикы, и не токмо сим, но и прочим ужаса и страха исполнен позор, поне на сих зряще, уцеломудрятся.**
23-23	Церкви Божиа **слова** матере	церкви Божиа матере
24-24	пребывает черныи онъ **гавранъ**, изимаа очеса	пребывает черным он гавран ("га" は朱書きされている) изимаа очеса
28-28	Феодоръ Курицин да	Федор Курицын **диак великаго князя** да
29	Иванець	Ивашко
32-32	развращениа **творяху**	развращениа **творяще**
35	なし	"1"
41-41	Богъ спасти Адама **от ада** и сущих с ним	Бог спасти Адама и сущих с ним

の明瞭な徴がない。いずれにせよ重要なことは、逆に「ソフィア写本」と「ロゴジャ写本」に共通するテクスト（表中左枠）に比べて、「ソロフキ写本」のテクスト（表中右枠）の一次性を示す例証がないことである。テクストのそうした関係は、「ロゴジャ写本」と「ソフィア写本」との共通のテクストを、「ソロフキ写本」のテクストと比べて一次テクストと見なす根拠になる（結論1）[30]。

（二）ソフィア・ソロフキの共通テクストとロゴジャのテクスト

ところが、「ソフィア写本」には、「ソロフキ写本」と共通で、かつ「ロゴジャ写本」とは異なっているテクストも含まれている。以下ではそれを検討しよう（次頁表2参照）。

次頁の表2において、特に異文8と10が重要である。すなわち、表沙汰になることを恐れる異端者の秘密性と偽善に関するこの補足は、「ロゴジャ写本」のテクストにのみ存在しているのだが、この補足は二次的な挿入と考えられる。なぜなら、異文8と10は揃って類似の告発の型（「(они) … обрезати же ся **не смеяху**」及び「(они) … пред человеки убо **не смеюще** хулити еуангельская и апостольская писаниа」）を含んでいるからである。

異文11のテクストそれ自体は、その一次性・二次性を明らかにしない。しかし、ここで考慮されるべきは、このテクストが第一一章の四つの節（「異端者」の修道制批判を記す）の抄訳であるという点である。上述のように、「ロゴジャ版」も含め、『啓蒙者』の、少なくとも初期のあらゆる編集版には、「異端者」の修道制批判を記した第一一章の四つの節全てが存在している。従って、修道制批判に関する四節分全体の抄訳の存在は、一節分の抄訳しか含まないテクストに対する一次性の徴と考えることが出来るのであり、「ロゴジャ版」におけるその欠如は、「ロゴジャ版」の制作者が手を加えた結果であると、恐らくは、長大なテクストの削除・簡素化作業の結果と考えるべきで

表2

№№	ソフィア（＝ソロフキ）写本	ロゴジャ写本
8	и нынѣ законъ Моисѣов держати	и ныне закон Моисеов держати. **Того ради таящеся от христьянъ жрътвы жряху, яко же и жидове, обрезати же ся не смеяху.**
9	О, скверниии языци, **о, мерзская и гнилаа уста,** елици **богохулныи** онъ испустишя	о, скверниии языци, елици **мръзкыи** он испустиша
10	не токмо святаго Ефрема писаниа укоряющи, но и вся божественаа писаниа отчьскаа укоряху. И не токмо писаниа, но и самыи тои образ иноческыи	не токмо святаго Ефрема писаниа укоряющи, но и всяка божествена писаниа **еуангельская и апостольская же и** отеческая укаряху, **и пред человеки убо не смеюще хулити еуангельская и апостольская писаниа наединѣ же кого аще от простых обрѣтающе и своея ереси яко же змиинъ яд в того сердце влагающе, паче всѣх укоряху еуангельская и апостольская писания, отеческая же писаниа хуляху и пред человеки не боящеся** и не токмо писаниа **отеческая укоряху** но и самыи тои образ иноческии
11	держат предаииа человеческая. **Инии же глаголют, яко "аще бы было иночьское жительство богоугодно, был бы убо сам Христос и божествении апостоли въ иночьском образѣ, нынѣ же видим Христа написана, тако же и святых апостолъ, в мирском образѣ, а не въ иночьском". Инии же глаголют, яко "не от аггела свята предан бысть Пахомию образ иночьскыи, еже есть схыма; аще бы аггель Божии, свѣтел бы явился, но понеже чернъ явися, се есть знамение бѣсовскаго дѣиства". Инии же развращают словеса святаго апостола Павла, еже к Тимофью пишет, глаголя: "Духъ же рѣчию глаголет, яко в послѣдняя врѣмена отступят нѣции от вѣры, внимающе духом лестьчим и учением бѣсовскым, в лицемѣрии лжесовесник, ижженных своею съвѣстию, возбраняющих женитися, и удалятися от брашенъ, яже Богъ сътвори в снѣдение съ благодарением вѣрным и познавшим истинну". Еретикы же глаголют, яко сиа реклъ есть святыи апостолъ Павел о иноцѣх, тии бо възбраняют женитися и брашен ошаатися; о них же писано есть: "Проклят всяк, иже не въставит сѣмени въ Израили".** И не токмо до сего	дрежать предаииа человеческая. И не токмо до сего
18	Генадие присылает	Геннадие, **глаголю,** присылает
20	и повелѣ водити по граду	и повелѣ водити **их** по граду
27-27	А что то **въскресение мертвым**	А что то **в мертвым въскресение**
33-33	к своеи ереси **прехыщряюще**	Ко своеи ереси **прехитряюще**
34	обрѣте вину, **и того ради** и велику книгу	обрѣте вину и велику книгу
38-38	жертвы же **иcперва не хотяше** Богъ, но аще и	жерътвы же **не хотяше исперва** Богъ, но аще и
39	И обрѣзанье упразнишяся	И обрѣзание упразнишася, **в коеждом словѣ яже суть сиа** - (書かれた後、二重線で消されている)
42-42	послати исполнити **хотѣние свое**, но сам сниде	послати исполнити **свое хотѣние**, но сам сниде

図６

ソフィア写本と二つの版との関係（作業仮説）：共通テクストの検討に基づく

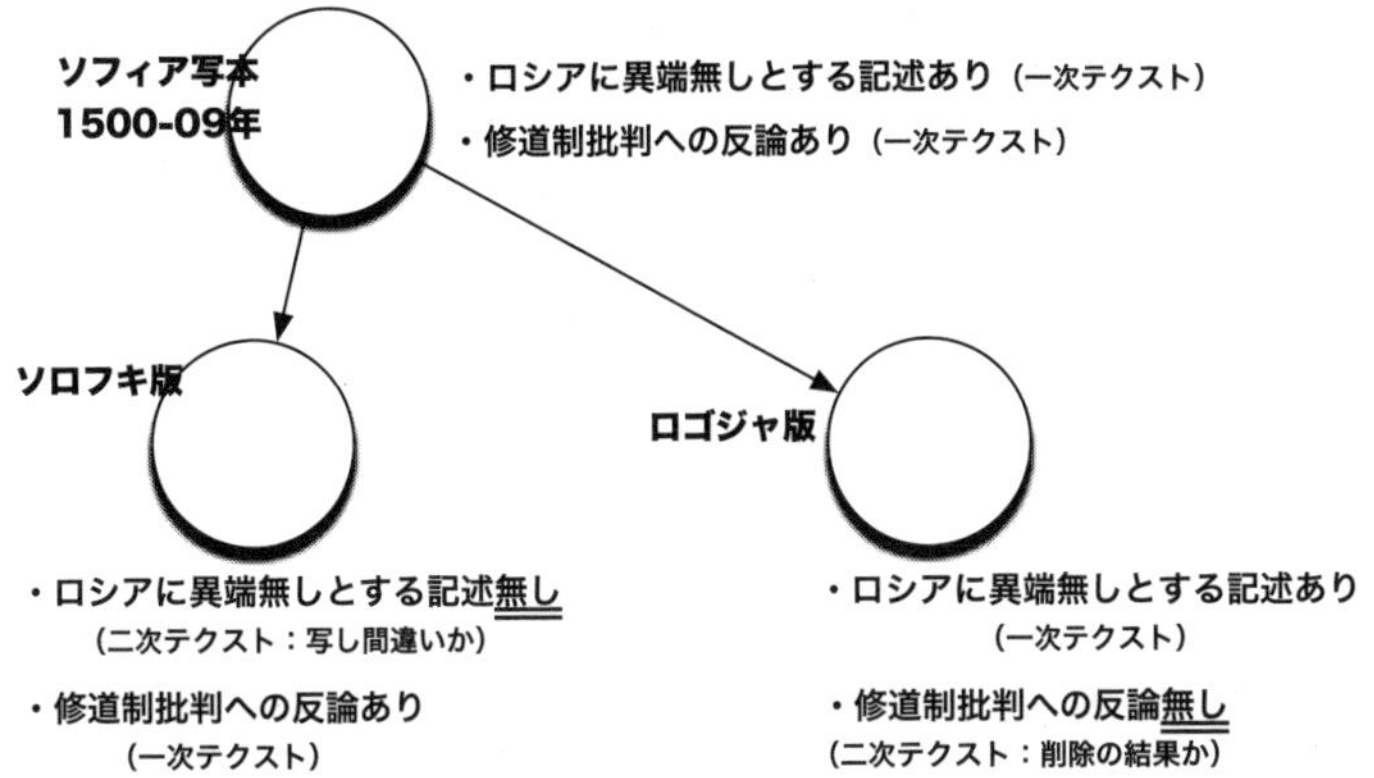
ソフィア写本
1500-09年
・ロシアに異端無しとする記述あり（一次テクスト）
・修道制批判への反論あり（一次テクスト）
ソロフキ版
ロゴジャ版
・ロシアに異端無しとする記述無し
（二次テクスト：写し間違いか）
・修道制批判への反論あり
（一次テクスト）
・ロシアに異端無しとする記述あり
（一次テクスト）
・修道制批判への反論無し
（二次テクスト：削除の結果か）

ある。

このように、「ソロフキ写本」にも、最古の写本である「ソフィア写本」と共通でかつ「ロゴジャ写本」と異なるテクストが含まれており、しかもこのテクストは「ロゴジャ写本」のそれに対しては一次性を有していると考えられる（結論2）。

従って、「ソフィア写本」には、一方で「ロゴジャ写本」と共通の、「ソロフキ写本」に対する一次テクストが含まれており（結論1）、他方で「ソロフキ写本」と共通の、「ロゴジャ写本」に対する一次テクストも含まれている（結論2）。二つの結論は一見矛盾している。これを解消可能にする一応の図が、図6（作業仮説）である。すなわち、「ソフィア写本」は「ソロフキ版」、また「ロゴジャ版」のどちらにも属さない写本であり、両方の版が遡る先行古型版を代表していると考えられるのである。参考までに異文3と11について、図中で記載してある。異文3にせよ、異文11にせよ、両異文に関し、「ソフィア写本」は、一次テクストを有していた。ところが「ソロフキ版」が成立する際に、その編者は、異文11については先行古型版のテクストを忠実に書き写したが、異文3の箇所については誤記してしまった。その一方で、「ロゴジャ版」が成立した際には、その編者は、

「ソロフキ版」の場合とは逆に、異文3の箇所については忠実に書き写したが、異文11の箇所については、恐らくは意識的に削除した。その理由について言えば、明確ではないものの、群を抜いて長すぎる修道制批判への反論を、先行古型写本に忠実に筆写する代わりに、簡略化したと考えられよう。いずれにせよ、図6のような、一応の関係図を提示することができる。「一応の」という但し書きが添えられる理由は、次項で述べられるように、この図には更に訂正が加えられるべきだからである。

(三) ソフィア写本は原初型か?

ここで異文22aに注目する必要がある（次頁表3）。この箇所では、「ソフィア写本」のテクストが、以下に見るように、「ロゴジャ写本」及び「ソロフキ写本」に共通のテクストよりも二次的特徴を有している。すなわち、「ソロフキ写本」と「ロゴジャ写本」では「Зосима прескверныи. Яко же преже речено бысть, посадися злодеиственныи сеи на мѣстѣ святѣм（ゾシマはいとも汚らわしい。以前述べられたように、悪をなすこの者は聖なる座位に就いていた）」という一致したテクストを載せている。その一方で、「ソフィア写本」では別様に「Зосима прескверныи. Яко же преже посадися, речено бысть, злодеиственныи сеи на мѣстѣ святѣм（(無理に訳せば) ゾシマはいとも汚らわしい。悪をなすと言われているこの者は以前、聖なる座位に就いていた如く）」と叙述されている。この場合、「ソフィア写本」のテクストを、「ソロフキ写本」及び「ロゴジャ写本」に共通のテクストに比べ、二次テクストであると考えることが出来る。なぜなら、「ソフィア写本」のテクストでは、慣用表現である「Яко же преже речено бысть（以前述べられたように）」が動詞「посадися（就いていた）」によって不自然に引き裂かれているからである。

表３

№№	ソフィア	ソロフキ（ロゴジャも準じる）
22a-22a	Зосима прескверныи. Яко же преже посадися, **речено бысть**, злодеиственныи сеи на мѣстѣ святѣм	Зосима прескверныи. Яко же преже **речено бысть**, посадися злодеиственныи сеи на мѣстѣ святѣм
24a-24a	их же убо простеиших обретааше, напааше яда жидовскаго, змии пагубныи	их же убо простеиших обретааше, напааше яда жидовскаго, **инех же скверняше содомьскыми сквернами**, змии пагубныи
33a-33a	И скверная дела, он же	И скверная дела **содомьскаа**, он же

それ以外にも、異文24ａと33ａが注目に値する。これらも同じく、「ソロフキ写本」及び「ロゴジャ写本」のテクストと比較して、「ソフィア写本」のテクストを二次テクストと考える根拠になる。

「ソロフキ写本」及び「ロゴジャ写本」では、一致したテクスト「инех же скверняше содомьскыми сквернами〔ソドミーの汚らわしさ〕」と「содомьскаа〔ソドミー〕」が存在する。これは「ソフィア写本」には存在しない。この事例は前二写本における二次的な補足ではなく、逆に「ソフィア写本」の製作者による「ソドミー」に関するテクスト省略の例である。彼は、ゾシマが「ソドミー」をなしているとする告発を信じなかった。これは、第一に、「**их же** убо простеиших обретааше, **напаяше яда жидовьскаго, инех же** скверняше содомьскыми сквернами…」という平行的シンタクス構造が、「ソフィア写本」では壊されていることからわかる。第二に、逆に、「ソロフキ写本」と「ロゴジャ写本」の各編者は自分のテクストを、互いに自立して同じ語句で補足できなかったに違いないことからもわかる。

以上のような写本テクストの状況を考慮する時、先に挙げた作業仮説「ソフィア写本と二つの版との関係」（図６）は修正を迫られる。すなわち「ソフィア写本」は、「ソロフキ版」及び「ロゴジャ版」に先行する写本ではなく、二つの版とは別個の、固有の二次テクストを含む写本なのである。そして三つの写本は、それに先行する共通の、現存しない「古型写本 архетип」を元にしており、そこからそれぞれが固有のテクスト訂正や削除、書き損じ

図7

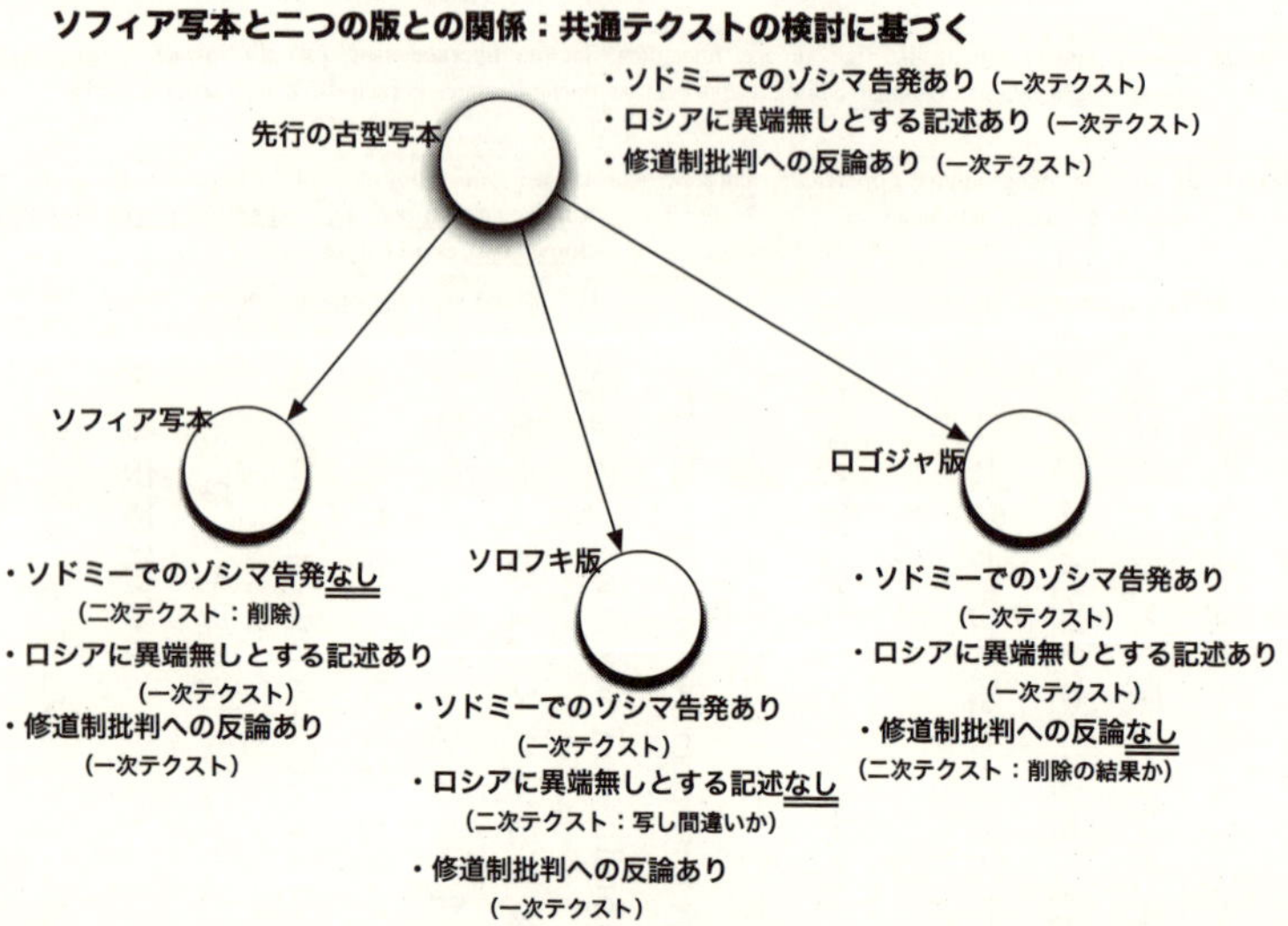
ソフィア写本と二つの版との関係：共通テクストの検討に基づく
先行の古型写本
・ソドミーでのゾシマ告発あり（一次テクスト）
・ロシアに異端無しとする記述あり（一次テクスト）
・修道制批判への反論あり（一次テクスト）
ソフィア写本
・ソドミーでのゾシマ告発なし
（二次テクスト：削除）
・ロシアに異端無しとする記述あり
（一次テクスト）
・修道制批判への反論あり
（一次テクスト）
ソロフキ版
・ソドミーでのゾシマ告発あり
（一次テクスト）
・ロシアに異端無しとする記述なし
（二次テクスト：写し間違いか）
・修道制批判への反論あり
（一次テクスト）
ロゴジャ版
・ソドミーでのゾシマ告発あり
（一次テクスト）
・ロシアに異端無しとする記述あり
（一次テクスト）
・修道制批判への反論なし
（二次テクスト：削除の結果か）

等を伴って出現したと考えることが出来る。従って、以上のような関係図を得ることが出来る（図7）。

（四）古型写本は原初型か？

ここで重要になるのが、三写本における次の異文である（表4）。

ここで、テクストは三つの写本でそれぞれ別様に叙述されている。三写本における異文の場所の違いから判断して、古型写本では「**шлемы берестены**〔白樺製の兜〕」と「**огнем жьгы и**〔火にくべ〕」というテクストは、以下で述べられるように、写本の余白に書かれていたと考えるのが自然である。次いで、「ソフィア写本」と「ソロフキ写本」と「ロゴジャ写本」が作成された時に、この余白のメモが本文テクストに、それぞれ別様に持ち込まれたと考えられる。

最初の事例（異文19）では、古型写本の本文には、明らかに誤りのあるテクスト「**а на главы повеле их възложити остры**〔彼らの頭に（先の）尖ったそれらを載せるよう命じた〕」があり、まさに余白に「**шлемы берестены**〔白樺製の兜〕」

表4

№№	ソフィア	ソロフキ	ロゴジャ
19	а на главы повеле **шлемы берестены** възложити остры, яко бесовскыя	а на главы повеле **их** възложити **шлемы берестены** остры, яко бесовскыя	а на главы **их** повѣлѣ **шлемы берестяны** возложити остры, яко бесовьскыа
26	и святыя иконы болвани нарицая, **огнем жьгы и** еуангельскаа предания	и святыя иконы **огнем жьгы и** болвани нарицая, еуангельскаа предания	и святыя иконы болвани нарецая, еуангельская предаииа

図8

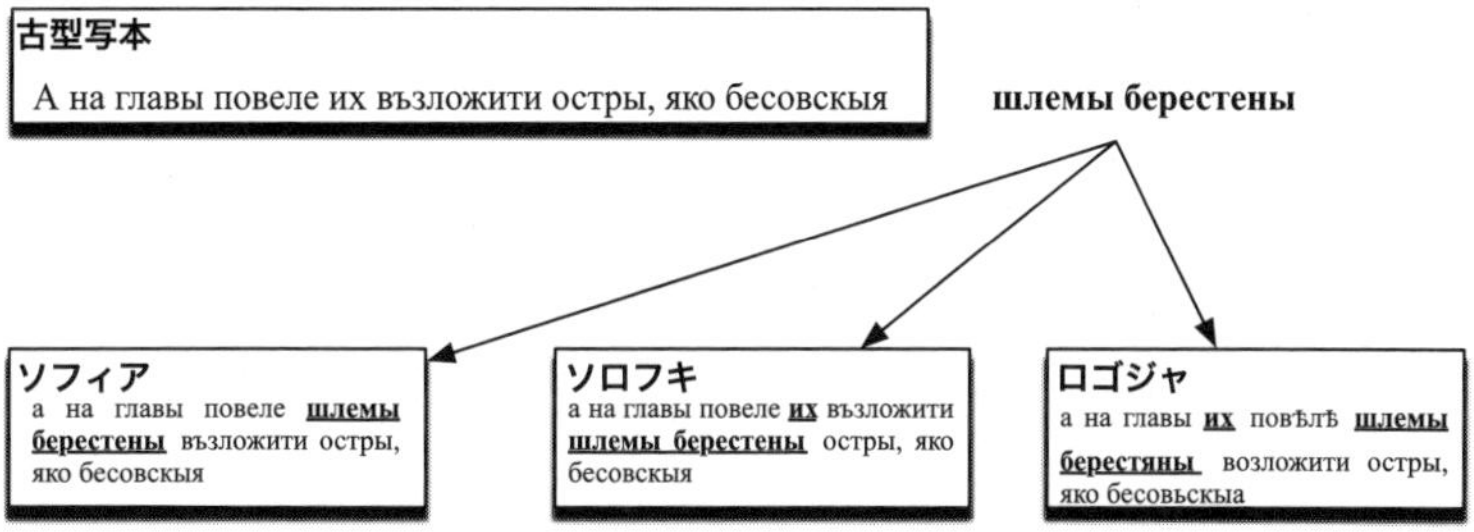

が書き加えられた。「ソフィア写本」ではこのメモ（「шлемы берестены」）は「повеле」と「възложити」の間に（代名詞「их（それら）」の代わりに）挿入された。また「ソロフキ写本」の製作者は、挿入句を、「възложити」と「остры」の間に置いた。「ロゴジャ写本」の製作者は、「ソフィア写本」の製作者と同様に、余白にあったメモを「повеле」と「возложити」の間に入れたが、「ソフィア写本」の場合と異なり、代名詞「их」を除去しなかった（図8）。

次の事例（異文26）では、古型写本の本文には「и святыя иконы болвани нарешая, еуангельскаа предания（聖なるイコンを偶像と呼び、福音書の遺訓を…）」というテクストがあり、余白には「огнем жьгы и（火にくべ）」という挿入句があったと考えられる。「ソフィア写本」では、この挿入句は「нарицая」と「еуангельскаа」の間に置かれ、「ソロフキ写本」では「иконы」と「болвани」の間に置かれ、また「ロゴジャ写本」では無視されたか、或いは注意されなかった（次頁図9）。

先の異文22ａ、24ａ、33ａ等についても、同様に説明する

図9

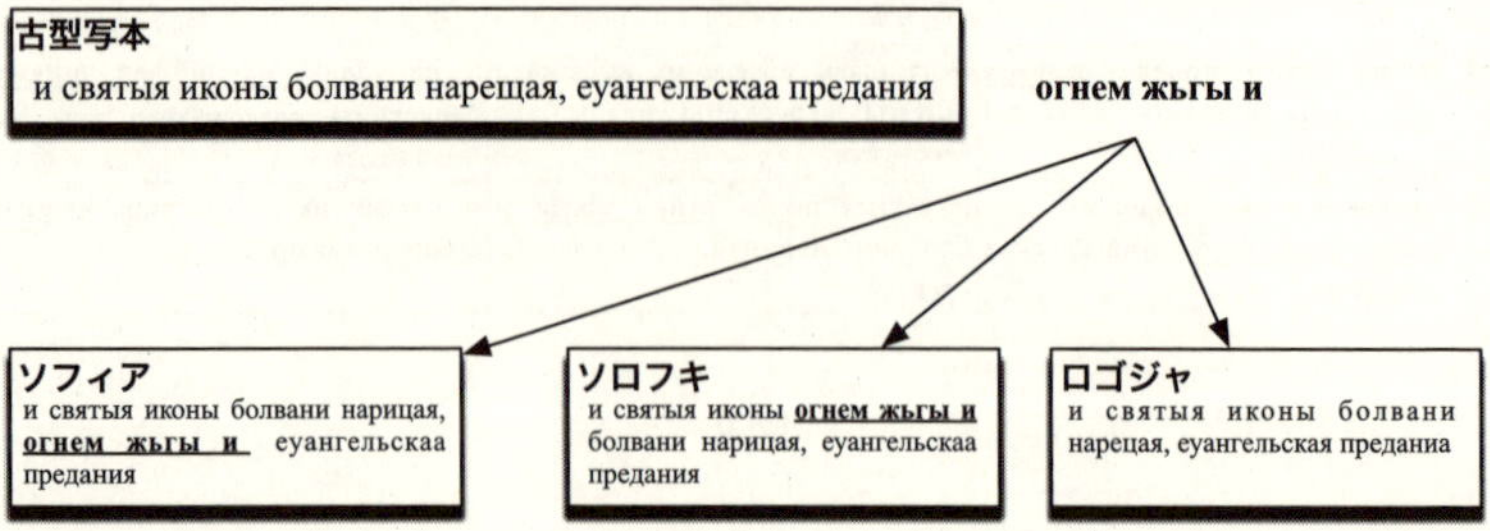
古型写本
и святыя иконы болвани нарещая, еуангельскаа предания
огнем жьгы и
ソフィア
и святыя иконы болвани нарицая, огнем жьгы и еуангельскаа предания
ソロフキ
и святыя иконы огнем жьгы и болвани нарицая, еуангельскаа предания
ロゴジャ
и святыя иконы болвани нарецая, еуангельская предания

図10

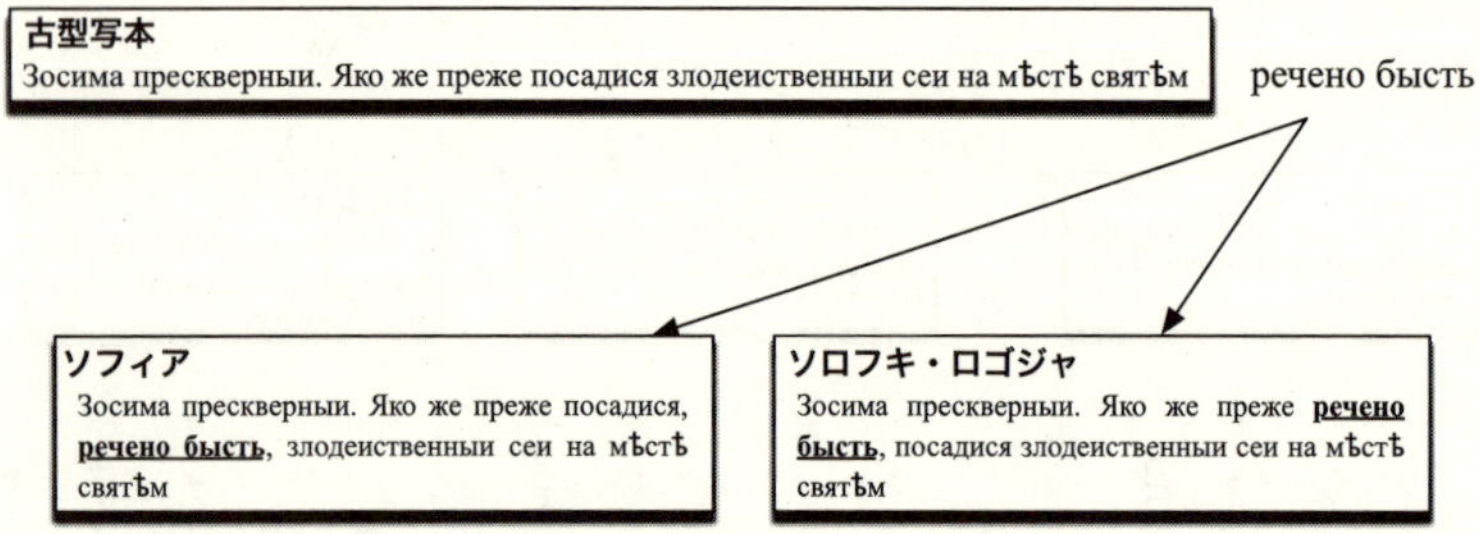
古型写本
Зосима прескверныи. Яко же преже посадися злодеиственныи сеи на мѣстѣ святѣм
речено бысть
ソフィア
Зосима прескверныи. Яко же преже посадися, речено бысть, злодеиственныи сеи на мѣстѣ святѣм
ソロフキ・ロゴジャ
Зосима прескверныи. Яко же преже речено бысть, посадися злодеиственныи сеи на мѣстѣ святѣм

ことが出来る（上掲の表3）。例として、異文22ａの場合を挙げておく。見たところ、古型写本には、「Зосима прескверныи. Яко же преже посадися злодеиственныи сеи на мѣстѣ святѣм」という間違ったテクスト[31]が存在し、他方で、抜け落ちた言葉「речено бысть」は余白に書かれていた。「ソロフキ写本」の製作者、及び「ロゴジャ写本」の製作者はこの挿入句を「Яко же преже」の句の後に正しく配置したが、写本の余白にあった「речено бысть」の語は、「ソフィア写本」のテクスト上で、本来とは異なる場所に持ち込まれたと考えられる（図10）。

（五）まとめ

このように、ルリエーとプリグーゾフの論争においては、全体として、両方の研究者が正しいのである。「ソフィア写本」のテクストには、一方で「ロゴジャ写本」と共通の、「ソロフキ写本」に対

図11　「物語」の諸版の関係

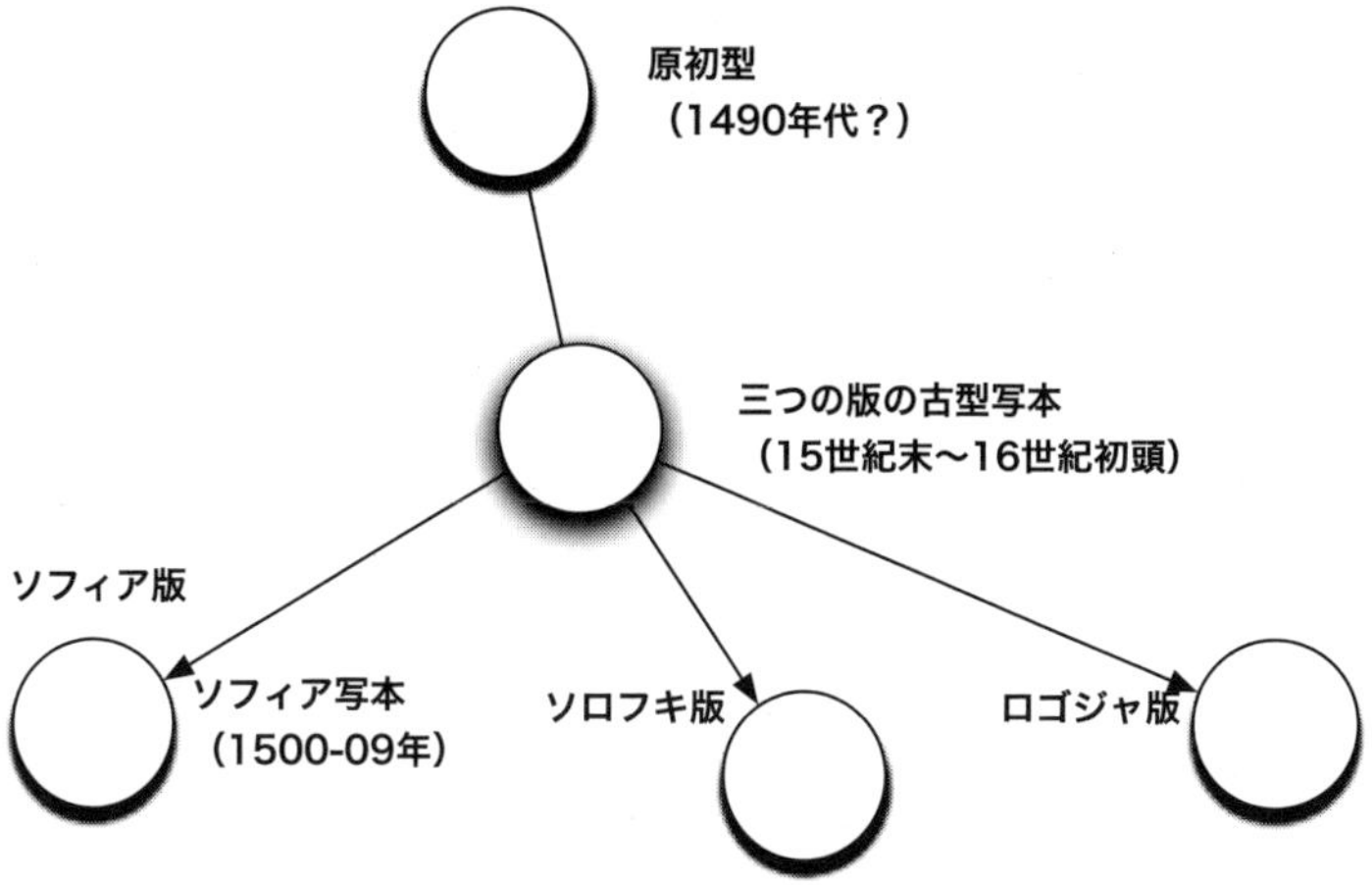

する一次テクストがあり（結論1）、他方で「ソロフキ写本」と共通の、「ロゴジャ写本」に対する一次テクストがある（結論2）。しかし、この「ソフィア写本」のテクストもまた原初型とは認めがたい。なぜならそこには、古型写本の余白にあった補足テクストを文章へ持ち込んで生じた、明らかな二次テクストが存在しているからである（特に表3、図10参照）。

従って、以上の議論は、「ソフィア写本」のテクストが、「ソロフキ版」や「ロゴジャ版」のそれと共通する一次テクストを部分的に含みつつも、独立した系統に属することを明らかにする。言い換えるなら、以上の議論は、「物語」のテクストの第三の版「ソフィア版」が存在したという重要な結論に導く。この版は、「ソロフキ版」や「ロゴジャ版」とは独立して、この著作の古型に遡る。

このとき、「物語」古型には修道制に対する異端者の見方に関する表現（異文11）が含まれていたと考えられる。まさにこのテクストが『啓蒙者』第一一章の略記であることを考慮するならば、この『啓蒙者』の古型は既に第一一章を含んでいたと認めざるを得ない。

「物語」の三つの版の製作者たちが、余白に同一の注記がある古型写本テクストを使っていたという事実は、三つの写本の作成時期より以前に、すなわち一五世紀末から一六世紀初頭に、権威のある、そしてヨシフ本人の手になるかもしれない古型写本が存在していたと見なす重要な根拠になる。(32) 更に、この古型写本のテクストもまた、文法的に誤りのある文、余白への補足的書き込みを含んでいることを考慮するなら、一四九〇年代には更に先行する写本が存在したと十分に考えられるだろう（図11）。このことは、以下で述べられるように、『啓蒙者』の成立年代に関する議論に一石を投じることになる。

第四節　『啓蒙者』の成立年代とその作成目的

さて『啓蒙者』の成立状況を検討する材料が揃った。

ロシア帝政期の研究者たちは、『啓蒙者』が一四九二―九四年に作成されたと考えた。この意見は以下の根拠に基づいていた。第一に、「物語」はゾシマの退位について何も記していない。従って、「物語」及びこれを含む『啓蒙者』は彼の府主教退位前に作成されたと考えられた。第二に、世界開闢歴七千年後（ユリウス暦一四九二年九月一日以降）に生じた「教父批判」を題材とする『啓蒙者』の第一〇章は、当然、七千年が過ぎ去った後に初めて成立した。従って、一四九二年九月一日以降、ゾシマが退位した一四九四年五月までの間に、「物語」を含む『啓蒙者』が成立したと考えられた。(33) これに対してルリエーは、本章第一節で述べられたように、この書の作成を一五〇二―一五〇四年と考え、この書を一五〇四年の教会会議における「異端者」処罰のために準備された告発書と見なした。(34)

その際、ルリエーは旧説を以下のように批判した。すなわちゾシマの府主教退位に「物語」が言及しないのは、単にヨシフがゾシマの退位に関心を持たなかったからであると。しかし、そうは言えまい。「物語」ではその最後の三分の一がゾシマ批判で占められている。そこでは、一四九〇年の会議の後にもゾシマを中心に「異端者」が生き延びていて、彼らに抵抗する罪なき人々を投獄し、財産を没収していたと叙述されている。そして、ゾシマが府主教位にあることが激しく告発され、最後に、ゾシマに立ち向かうべきとするヨシフの主張で「物語」が締めくくられている。こうした内容を考慮するならば、ヨシフがゾシマの退位に無関心であったとは到底言えないだろう。また、アレクセイ、デニス、ザハールといった「異端者」の最期について話すヨシフが、ゾシマの退位にだけは関心がなかったとは考えにくい[35]。当然、ヨシフはゾシマの退位にも関心があっただろう。だがそれにも拘わらずヨシフがそれに言及していないという事実は、『啓蒙者』がゾシマ退位前に作成されたと考える重要な論拠である。

他方で、『啓蒙者』が一五〇二–〇四年に成立したとするルリエーの説には多くの疑問点がある。第一に、『啓蒙者』が一五〇四年会議のために準備されたとは考えにくい点である。これに関してはハウレットがルリエー説の矛盾を指摘した。ルリエーの説に基づけば、「異端者」をモスクワに連れてきたのがまさに大公であったことを記した『啓蒙者』を、ヨシフは、大公が主宰する一五〇四年の異端審問会議のために作成したことになってしまうのである[36]。もし大公が主宰する一五〇四年会議のためにこの書が準備されたのであれば、当然、大公と「異端者」とが無関係であったと記されたであろう。

もっとも、ハウレットが続いて提示した、一五〇四年以降に『啓蒙者』が成立したとする意見は受け容れがたい[37]。なぜなら『啓蒙者』（簡素編集版）では一五〇四年会議について何も記されていないからである[38]。

また第二に、ルリエーは、フョードル・クーリツィンに対する批判を含む『啓蒙者』は、この書記官の庇護者である公妃エレーナの逮捕（一五〇二年）以後でないと存在し得ないと考えた。しかしこの考えも説得的でない。例えば、ヨシフはゾシマ在位中に、彼に対して辛らつな批判を繰り返している[39]。他方で大公イヴァンが「異端者」をモスクワに連れてきたこともヨシフは記している[40]。つまり府主教や大公の在位中に彼らと「異端者」との関係に言及するヨシフが、（一）エレーナが失寵するまでは書記官を批判しなかった、（二）それ故に、書記官を批判する『啓蒙者』もそれ以後にしか成立しなかった、とは考えにくい。彼の失脚と『啓蒙者』の成立年代は無関係なものと考えるべきである。

他方で、仮にこの書が一五〇四年会議の直前に書かれたのだとすれば、火刑に処されることになるイヴァン・ヴォルク・クーリツィンやノヴゴロドの修道院長カシアンたちがこの書のなかで告発されただろう。しかし現実には、彼らについて何も記されていないのである。名前さえも。

既に前節において、著者は文献学的にこの書の諸版の関係を整理し、原初型を探るなかで、権威ある、レファレンス的な古型写本が、一五世紀末から一六世紀初頭に既に存在していた可能性が高いことを示した。このテクストが余白に訂正を含んでいたことを考慮するなら、この古型写本よりも更に以前から『啓蒙者』が存在していたと考えることが出来る。この点から見ても、ルリエーの年代確定は疑問視されるのである。

このように考えるならば、またゾシマに対する批判で「物語」が終わっている事実を再確認するならば、ルリエーが想定したこの書の成立年代は見直されるべきである。そして、旧説を土台にして『啓蒙者』の成立年代を、七千年が過ぎた一四九二年九月以降一四九四年五月のゾシマ退位までの間と考えるべきである。

それでは、全体として「異端者」論駁の形を取るこの書が作成された目的は何であったのか。研究者たちの意見では、『啓蒙者』の作成の主眼は、あくまで、アレクセイ、デニスらに代表される「異端者」全員の告発であった。しかし「物語」がゾシマに対する批判で満ちており、とりわけゾシマへの決起の呼びかけで終わっていることを考慮しよう。[41] つまり、最後の呼びかけであるゾシマの告発、そして府主教の廃位こそがその重要な目的であったと考えられるのである。

とはいえ、『啓蒙者』においてゾシマが告発されているという意見自体は、全く目新しいものではない。これまでの研究者も、『啓蒙者』でヨシフは「異端者」の残党たるゾシマを告発していると述べている。しかし次の点が重要である。すなわちゾシマが実際には「異端者」の残党、或いは仲間ではなかったにも拘わらず、ヨシフはゾシマを「異端者」の残党として告発したと考えられる点である。

こうした意見の特に重要な裏付けになるのが、当時の「異端者」の状況である。既にハウレットが指摘し、また著者も第一章及び次章で述べるように、一四九〇年に裁かれた元々の「異端者」は、この時期、既に存在しなかったと考えられる。[42] 一四九〇年まで彼らを精力的に論駁したゲンナージーは、彼の敵が消滅した後、対「異端者」闘争を終了し、以後、彼らに全く言及しなくなった。加えて、一四九〇年の「異端者」は、一集団であったかのように「判決書」で描かれたものの、実際には個別バラバラな人々の群れであったことについては、今や研究者の意見は一致している。[43] しかしヨシフは確固とした集団として「異端者」について語り、この集団がゾシマを取り込んだと述べているのである。つまり、ヨシフの説は、事件の実態を知らず、一四九〇年の判決書の記述を鵜呑みにして組み立てられた、[44] 言わば荒唐無稽の説と言わざるを得ないのである。このように、既にこの時期「異端者」は実在しなかった。従って、ヨシフによるゾシマの「異端者」としての告発は、現実に基づいた告発ではなく、ゾシマの廃位を目指したヨシフの戦略として理解されるべきである。[45]

但し、ここで述べておかねばならないことがある。「物語」で記されるように、確かにゾシマはヨシフにより告発されているのだが、その真の理由ははっきりとしないのである。研究者たちは様々な意見と論拠を提出しているが、残念なことにどれも決定的とは言い難い。[46]

ところで、『啓蒙者』の表題によれば、その論駁対象は「長司祭アレクセイ、司祭デニス、フョードル・クーリツィン、そしてその他の同様に思考する者ども」であり、そこにゾシマの名前はない。[47] このことは、多くの研究者が、ゾシマを『啓蒙者』の主たる論駁対象とは考えなかった一つの理由である。

だが、著者の考えでは、表題におけるゾシマの名の欠如には理由がある。既に「物語」から明らかなように、ヨシフはゾシマの名を直接挙げることを出来る限り避け、多くの場合、「あの黒い鳥」、「聖なる座位に座り続ける」者等の隠喩によってゾシマを指し示している。これは、まさに「物語」そのもので明らかにされているように、ゾシマに対する直接の批判が、現実に投獄や追放等の処罰を招いていたことに求められるだろう。[48] それ故に、ヨシフは、ゾシマの名を直接表題に記すことを避けたと考えられる。

もちろん『啓蒙者』が総じて「異端者」を相手にしていることは間違いない。この書は表題の通り、「異端者に対する書」なのである。しかしその背後には、ゾシマを「異端者」の歴史に位置付けて告発し、彼の排除を正当化する重大な目的があったと考えられるのである。

第五節　『啓蒙者』における「異端者」観の展開

以上のように『啓蒙者』の原初型（一一章構成）は、一四九二―九四年頃に作成され、現実的にはゾシマを主な攻撃目標とし、彼を「異端者」として告発する狙いを有していたと考えられる。またこの時に、本書第二章、第三章で述べられたように、七千年終末をめぐる主張や修道制批判も「異端の主張」として記されたのである。こうした「仕立て上げ」の狙いについては、第二章、第三章で簡単に言及されたが、今やこの点は、『啓蒙者』の「異端者」観の検討により、更に明確に出来る。

まず確認されるべきは、一四九〇年会議の判決書に記された「異端者の罪状」は、（一）キリストや聖母に対する誹謗から神の子としてのキリストの否定に至るまでの幅広い「反三位一体」的主張、（二）イコンや十字架の冒瀆からなっていた。そこには、『啓蒙者』が記す更に二つの罪状、すなわち（三）第八－一〇章で記される、七千年終末をめぐる主張、（四）第一一章で記される修道制批判は含まれていない。

一四九〇年会議の判決書で記された「罪状」と『啓蒙者』でのそれとの差異を、ルリエーは次のように解釈した。すなわち『啓蒙者』に記される四点全ては実際に「異端者」のものであったが、厳密には、その内の「反三位一体」的主張やイコン冒瀆は、ノヴゴロド在住の「異端者」、或いはノヴゴロドと深い関係を持つ「異端者」の主張であり、また、七千年終末をめぐる主張、修道制批判は、モスクワで活動した「異端者」の主張であった。一四九〇年の会議ではノヴゴロドで活動した「異端者」だけが裁かれたので、従って、前者の主張だけが会議の判決書に記されたという。(49) しかしこの意見は受け容れられない。一四九〇年会議に告発状を送ったゲンナージーは、ノヴゴロドとモスクワの両方の「異端者」を告発していた。従って、ルリエーの言う通り、モスクワの「異端者」だけが七千年終末をめぐって議論し、また修道制を批判していたとする前提を仮に認めるとしても、この二つの「主張」もまたゲンナージーの告発書簡に記されていたはずである。しかし現実には、彼は七千年終末をめぐる主張と修道制批判に言及していない。このことに鑑みれば、後二者が、モスクワの「異端者」の主張であるが故に判決書に記されなかったとするルリエーの考えは認めがたいのである。

前述のように、七千年終末をめぐる主張は、一四九〇年に「異端者」として裁かれた人々のそれではなかったものの、教会内部で一四九〇年に創り上げられた「異端者」観と結び付けられていき、最終的に『啓蒙者』（第八—一〇章）において「異端者」の主張として記された。修道制批判（第一一章）も同様であった。つまり一四九〇年に裁かれた人々とも、また教会内で創られた「異端者」観とも無関係であった主張とその同調者が、『啓蒙者』においては「異端者」の主張とその同調者として記されたのである。従って、『啓蒙者』の構成から考えるならば、この書の第八—一一章で描かれる内容は一四九〇年の「異端者」とはいかなる意味においても無関係であり、後に『啓蒙者』が成立する段階で初めて、「異端者」の言動として書き入れられたのである。

他方で残りの章、すなわち第一—四章（「反三位一体」的主張）および第五—七章（イコン冒瀆）は、以下で見るように、一四九〇年に裁かれ、「異端者」として断罪された人々に付された罪状を念頭においているように見える。

まずはイコンを冒瀆する「異端者」に対して書かれた第五—七章である。各章の表題における「異端者」の主張は、本章第一節で見たように、（一）聖なるイコンに三位一体を描くべきでない（第五章）、（二）人の手が作った物品であるイコンに叩頭すべきでない（第六章）というものであった。第七章には単にイコンを崇敬すべき根拠が記されているだけであり、「異端者」の主張は描かれていない。[50] その一方で、一四九〇年会議の判決書に描かれる「異端者」は、「イコンに書かれたキリストと聖母の姿を誹謗し、他の者はキリストの十字架を誹謗し、他の者は多くの聖なるイコンに悪口を言い、他の者は聖なるイコンを割り、火にくべ、また他の者は十字架を歯で強く噛み、またある者は聖なるイコンと十字架を大地に叩きつけ、それにゴミを投げつけ、またある者は聖なるイコンをたらいのなかに投げ込み、そして汝ら〔異端者〕は別の誹謗をイコンに描かれた聖なる御姿に対して数多く行った」とされている。[51] このように、『啓蒙者』の章の表題に記される「異端者」の主張と一四九〇年の判決書のそれとは、具体性において食い違っている。

しかし『啓蒙者』第六章の本文では、「異端者」がイコンに噛みつき、また汚い場所に投げ入れていることが記されており、[52] これは会議判決書の「異端者」観と一致する。また『啓蒙者』の第五―七章そのものではないものの、この三章について予め紹介した、「物語」内の該当部分では、「異端者」が、「神のイコン、清き十字架にひれ伏すことを禁じており、ある者は不浄で汚らわしき場所に〔イコンや十字架を〕投げ入れ、またある者は取り憑かれた子犬のように歯で〔それらを〕噛み、またある者は〔それらを〕破壊し、またある者は〔それらを〕火中に投じて」いると、一四九〇年の判決書に一致する形で記されている。[53] 逆に、判決書でも、『啓蒙者』で記されている如くに、「異端者」によるイコンへの叩頭の拒否について書かれている。[54] 従ってこの三章は、一四九〇年に裁かれた「異端者」のイメージを念頭において書かれたと考えてよかろう。

『啓蒙者』の第一―四章で描かれる「反三位一体」的主張について言えば、その検討材料は少ないものの、やはりヨシフはここで一四九〇年に裁かれた「異端者」観を念頭においているように見える。一四九〇年の判決書では、「異端者」がキリストや聖母を冒瀆し、「キリストを神と呼ばず」、「旧約聖書の律法に従っている」と記されており、この点は『啓蒙者』第二、三章と一致する。またこのテーマが、上のイコン冒瀆のテーマよりも先に（第一―四章で）記されていることを考慮するならば、[55]『啓蒙者』の第一―四章は、後の時代の付け加えではなく、まさに一四九〇年に裁かれた人々に付された罪状を念頭においた論駁であったと考えられよう。

このように、『啓蒙者』の「異端者」観は、（一）一四九〇年会議の判決書で成立した「異端者」観（第一―七章）と、（二）それとは異なる人々の主張の追記（第八―一一章）から成っていると考えることができる。ヨシフは、一四九〇年の「異端者」に対する（厳密には、会議判決書にあるイメージに対する）論駁書を作成し、これに、当時の彼が問題にしていた七千年終末をめぐる主張と修道制批判を、それが「謬説」であることを確定させる目的で、

「異端者」の主張として加えたのである。[56]

だが、『啓蒙者』の「異端者」観の構成要素はこれにとどまらない。一四九〇年の判決書に記されていない多くの点がこの書に書き込まれた。「異端者」の「邪説」をロシアに持ち込んだのが「リトアニアから来たユダヤ人」であったこと、フョードル・クーリツィンが「異端者」であること、彼らが「天文学、数多くの偽の教え、占星学、魔術、魔術に関する書物に携わった」ことなどが付け加えられている。[57] この殆どは、一四八〇年代後半に「異端者」と戦っていたゲンナージーの書簡に記された情報である。以上の点を、サライのプローホルたちに宛てたゲンナージーの五通の書簡からほぼ完全に再構成できる。[58] これが『啓蒙者』の「異端者」観を構成する第三の要素である。尚、この点を記す際に、ヨシフは、ゲンナージーの告発内容を既に事実として描いていることに注意が必要である。

そして最後に、起源が説明できない若干の叙述が付け加えられた。それはスハーリヤら、「異端者」を指導したユダヤ人たちの名前、そしてゾシマが「異端者」であるという記述である。これが第四の要素である。この点は、ヨシフの創作、或いは捏造という意味では上の第二点目に近いものの、第二点目は既存の論争をヨシフが「異端者」と結び付けたものであるのに対し、第四点目はまさに「創作」に近い。

『啓蒙者』の構成をこのように考えるならば、第二の要素と第四の要素、すなわち既存の論争の処理とゾシマ批判のなかにこそ、ヨシフの狙いを見ることが出来る。彼はその各々を「異端者」への論駁の直後に配置した。すなわち「物語」では、「異端者」の歴史を記しながら、話を徐々にゾシマ批判に転換させた。『啓蒙者』の本体では、一四九〇年の「異端者」を論駁した直後に、自分が問題にした既存の論争を「異端者」とのそれに見立てて反駁した。いずれの場合にも、読者は自然とゾシマと七千年論争、修道制批判を「異端者」と結び付けたことだろう。

以上のようにして、一四九二―九四年頃に新たな「異端者」観及び事件観がヨシフにより提出された。但しこの「異端者」事件観が、現実の「異端者」事件を表していると考えてはならない。『啓蒙者』の作成はヨシフによる告発の局面なのであり、そこに含まれる事件観は告発のための虚像に過ぎないのである。ヨシフは告発のために、彼が問題にする対象を、既に存在しない「異端者」のそれとして告発し、またその歴史の延長線上に据えたのである。

結びに代えて

『啓蒙者』（原初型）は一四九二―九四年頃に一一の章を伴って成立したと考えられる。この書の主たる論駁対象は、一四九〇年代前半のゾシマと本書第二、第三章で述べられた二つの主張であり、前者が「異端者」の一員であることの、そして後者が「異端」教説であることの告発が『啓蒙者』作成の目的であったと考えられる。但し注意されるべきは、この書はまさにこうしたヨシフの「告発」の局面を表しているのであって、この告発が教会内でどのように受け止められ、またそれがどの程度の影響を及ぼしたのかについては、書そのものの検討からは明らかにならないという点である。だが告発そのものについては、以下のように、若干のことがわかる。

先ずは告発の狙いである。こうした告発が承認された暁には、ゾシマ解任が正当化され、また二つの議論の「謬説」化が「全教会的に」確定され、同時にそれへの処罰も正当化される。なぜなら、「異端者」は既に一四九〇年に有罪とされていたからである。だからこそヨシフは、こうした伝統的なレッテル張りの手法を用いて、ゾシマと二つの主張を「異端者」事件の歴史の延長線上に据えて書き記したと考えられるのである。その一方でヨシフは、ゲンナージーの告発内容を全て真実と見なし、それに基づいて、「異端」がリトアニアから来たユダヤ人から生じ、クーリツィンらイヴァン三世の宮廷内部の俗人たちが「異端者」であったとする、壮大な「異端者」事件の歴史を書きあげた。

このようにして『啓蒙者』が提示したのが、一四九〇年の「異端者」が教会会議の後にも生き延び、新たなメンバーを加え、新たな主張をし始めたというイメージであった。

この書の成立は、現実にはどのような影響を及ぼしたのだろうか。一四九四年のゾシマ退位に影響したのだろうか。この書の成立が直接、ゾシマの退位を招いたとする論拠はない。しかし、この書が彼の退位を促進したことは十分に想像できるのではなかろうか。

ここで形成された新たな「異端者」観及び事件観は、その後、ヨシフの弟子たちが正教会において要職を占めた時代に、事実上、正教会の公式の「異端者」観及び事件観として広まることになる。大公ヴァシーリー三世（在位一五〇五—三三年）時代に、ヨシフの弟子の府主教ダニール（在位一五二二—三九年）の影響下で編纂された『ニコン年代記』では、「異端者」に関する伝統的な説明に補足が加えられた。この年代記では、それまでの諸年代記と異なり、一四九〇年の教会会議に関する記事が執筆された際に『啓蒙者』が参照されたことが明記されている。そして『啓蒙者』の「異端者」事件観が年代記に反映されることになった。[59] 例えば、一五世紀末の年代記では、一四九〇年に断罪された「異端者」の主張について、何も記されていなかった。ところがニコン年代記では、彼らの主張として、キリストの受肉を否定したり、天文学の知識で人々を当惑させたり、或いはユダヤ人がこの異端を持ち込んだことが記されている。[60] このように、『啓蒙者』において成立した新たな「異端者」観及び事件観は正教会の内部で広まり、広く語り継がれることになったのである。

第二部小括

第二部冒頭で述べたように、一四九〇年会議における「異端者」観（及び事件観）とヨシフの『啓蒙者』のそれとの間には食い違いがある。ルリエーまでの研究は、その差を「異端者」の実際の変化に帰した。すなわち一四九〇年会議の後に「異端者」は、モスクワにて七千年終末をめぐる主張、修道制批判を新たに行い始めたとされたのである。

しかし現実には、一四九〇年以降、「異端者」は存在しなかったと考えられる。ノヴゴロドの下級聖職者を中心としたゲンナージーに対する抗議は、本書第一章で述べたように、当時としては厳しく、そして奇怪に映る処罰を蒙った。彼らは、逆向きで馬に乗せられ、衣服には「この者はサタンの手先である」と記され、また白樺製の兜をかぶされて行進させられ、最後にはその兜に火が放たれた。こうしたイベリアの異端審問制度起源の処罰は、(61) 中世ロシアの異端に対するそれまでの処罰方法と比べ、著しくセンセーショナルなものであった。旧ノヴゴロド教会の「現実」の側からの大主教への反発は、少なくとも目に見える形では消滅したと考えられる。彼らを継ぐ者は殆ど存在しなかっただろう。軌を一にしてゲンナージーが「異端者」に全く言及しなくなったことも、このことを裏付ける。

また、ルリエーは、一四九〇年会議を生き延びたフョードル・クーリツィンらモスクワのグループが七千年終末に関する様々な主張を行い、また修道制を批判したと見なした。しかし、仮にそうであったならば、フョードルらモスクワのグループをも一四九〇年会議に告発したゲンナージーがそうした主張に言及していないのは不自然である。このことも、一四九〇年の人々が上記二つの主張をしていなかったと考える重要な根拠である。上記の如く、ゲンナージーが「異端者」に言及しなくなったことも考慮するなら、クーリツィンらに対する大主教の異端視も一四九〇年で終わりを遂げたと考えられる（本書第五章で詳述される）。

この会議後、早く見積もるならば二年後に、ヨシフが、彼にとって看過できない主張を摘発した。それは、七千年の到来時に生じた様々な論争、また修道院長としての彼が見逃すことのできない問題、つまり修道制批判であった。彼は、この二つの問題を処理するために論駁書を書いた。それが『七千年終末についての物語』であり、また修道制批判に対する反論の書（「反論」）であった。だが彼は次いで、当該対象への処罰を正当化するための、キリスト教教会における伝統的手法を利用する。それは当該対象を、過去に有罪とされた異端と結び付けること、つまり過去に現れた異端として仕立て上げることであった。こうした作業が成功し、当該対象が異端であると正教会内で承認されたなら、彼らに対する処罰もまた正当化されることになる。

ここでヨシフが利用したのが、既に存在しなかった「ノヴゴロドの異端者」であった。彼は、先に作成した『七千年終末についての物語』と修道制批判に対する反論の書を改訂し、ここで批判される人々が「異端者」であったかのように加筆、修正を行った。ここで、一四九〇年の「異端者」は、告発のために利用されたのである。

またヨシフは、当時の府主教ゾシマに敵意を抱いていた。同時期にヨシフが記した書簡では、ゾシマが痛烈に批判されている。[62] 但しその批判の殆どは抽象的であり、先行研究ではゾシマの専制擁護の姿勢、七千年終末に関するゲンナージーとの対立、一四九〇年会議での「異端者」への「寛容的」処罰、復活の否定等諸説が、ヨシフによるゾシマ批判の原因として提示されているものの、未だに定説的見解はない。[63] しかし、いずれにせよ、ヨシフは、ゾシマの府主教在位中にゾシマの廃位を求め、スーズダリ主教ニーフォントらに、主教たちが決起して彼を追放するよう求めた。この姿勢はその後、『啓蒙者』のなかでも繰り返された。この段階において、ゾシマは、既に滅んでいたかつての「異端者」たちの残党の指導者であると明記されるに至った。(64) ゾシマもまたヨシフにより、処罰の正当化のために「異端者」として描かれたと考えることが出来る。

このようにして成立したのが『啓蒙者』(簡素編集版)という異端論駁書であった。この時に、七千年終末をめぐる主張と修道制批判という二つの問題に対する処罰が、加えて府主教ゾシマに対する処罰が正当化されたのである。

もちろんこのことは、正教会内部において、以上の「仕立て上げ」が即、承認されたことを意味しない。『啓蒙者』は、あくまでヨシフによる告発の局面を表したものに過ぎない。しかし、ゾシマが一四九四年五月に退位したことを考慮するならば、またその後、上記二つの問題が論じられなくなったことに鑑みれば、ヨシフの目論見は一応の効果を上げたように見える。

七千年終末をめぐる主張と修道制批判を行い、またゾシマやフョードル・クーリツィンが「異端者」構成員として加えられた新たな「異端者」(及び事件)イメージは、ここにおいて、一四九〇年会議において成立した原初的「異端者」(及び事件)観」に取って代わったと考えられる。ルリエーまでの研究は、「異端者」自体の変化が『啓蒙者』の記述に反映されていると考えたが、これは正しくない。ヨシフ自身でさえ、当初は、七千年終末をめぐる主張や修道制批判を「異端者」に結び付けていなかった。現実は全く逆であった。一四九〇年の「異端者」は、伝統的異端告発の手法において参照されたに過ぎなかったのである。他方でハウレットは、唯一『啓蒙者』を、客観的事実を見る史料としてでなく、ヨシフの「異端者」観を見る史料として位置付けた。しかし、『啓蒙者』は一五〇四年以降に「神学的提要」として成立したとする彼女の特殊な結論は、当時のヨシフの対「異端者」闘争における

『啓蒙者』の正しい位置付けを失敗に終わらせた。彼女によれば、『啓蒙者』は、「異端者」事件の解明に全く寄与しないという。しかしそれは正しくない。この書は、一四九〇年代前半のヨシフの対「異端者」闘争を解明するための重要史料なのである。

以上の結論は、研究者が『啓蒙者』を使って「異端者」事件を描くことの、具体的な危険性を明らかにする。特に、この事件において、ゲンナージーの戦いをヨシフが継承したかのように解釈することの問題性を浮かび上がらせる。

これまでの多くの研究では、一四九〇年以降にヨシフが、ゲンナージーと「異端者」との争いを引き継ぎ、それが一五〇四年の火刑にまで至るという争いの歴史が描かれてきた。しかし、そもそもヨシフが一四九〇年以降一五〇四年に至るまで争いを継続していたことを示すものは何もない。本書第二部において示されたように、一四九〇年代前半のヨシフは、ゾシマや七千年終末をめぐる主張等を、かつての有罪判決を蒙った「異端者」として告発することにより、ゾシマらに対する処罰の正当化を論じ、同じく七千年終末をめぐる主張等が謬説であることを確定させようとした。それだからこそ、彼は『啓蒙者』において、二つの争いをスムーズに「一つの争い」であるが如く描かねばならなかったのである。従って、そうしたヨシフの記述を鵜呑みには出来ない。現実には、ゲンナージーの争いとヨシフの争いは全く異なる対象に向けられ、また異なる状況におかれていたのである。

＊＊＊

ところで、とりわけ第二章、第三章の検討で明らかにされたように、こうした伝統的手法を通じて自分の敵対者を「異端者」として告発したヨシフは、その反面、ゲンナージーと異なり、参照先である「異端者」の教義や活動と敵対者のそれとの同定作業を、「異端カタログ」の参照という伝統的手法によっては行わなかった。代わりに彼が用いた手法は、それが意図的であるか、そうでないのかは判然としないが、両者を、専ら人的関係や根拠を示さない断定で結び付けるというものであった。こうした手法それ自体を、ことさらに特別なものと解さない方がよかろう。というのも数年前まで存在していた「異端者」と当該対象との比定に際し、神学的比定は大袈裟であっただろうからである。しかし注目されるべきは、こうした手法が、当時の状況のなかで事実上容認されたと考えられることである。ゾシマの「異端者」としてのイメージの成立、またゾシマの退位という事実の発生は、ヨシフの手法が、少なくともこの時には問題にされなかったことを推測させる。

つまり、ここでは、参照先との人的関係の指摘（また断定的関係付け）が、当該の問題にされる存在への異端宣告とそれへの処罰の正当化手段として容認されたのである。神学的同定作業を通じた教義等の比較は、少なくとも当時の状況のなかでは必要とされなかったのである。

ゲンナージーが行った如き、大量の証拠に依拠して該当者たちの異端性を論証するという手法ではなく、人的関係の断定による関連づけという手法が一四九〇年代前半のヨシフの闘争の中で認められたことは、著者の考えでは、一六世紀初頭の国家と教会のなかで生じた問題の解決の際に深刻な影響を及ぼした。これについては以下第三部（第五章、第六章）で記される。

【註】

（1）АЕД. С. 461-466.

（2）АЕД. С. 466-475.

（3）АЕД. С. 475-477, 484-486.
（4）Просветитель, С. 55-93, 94-119, 120-138, 139-169.
（5）Просветитель, С. 170-218, 219-253, 254-332. 第七章だけは講話 слово ではなく物語 сказание というタイトルである。
（6）Просветитель, С. 333-356, 357-382, 383-404.
（7）Просветитель, С. 405-435, 435-448, 448-454, 454-464.
（8）Просветитель, С. 465-474.
（9）Просветитель, С. 475-502, 503-509, 510-528, 529-553.
（10）АЕД. С. 443; *Лурье*, Идеологическая, С. 100-105.
（11）Послание Иосифа, С. 265.
（12）*Лурье*, Идеологическая, С. 465-468. ルリエーは、第一二章における「聖職者が異端であった場合……」の聖職者について、ヨシフがセラピオンを念頭においていると見なす。セラピオンはヨシフを破門したが、逆にヨシフから異端であるとして告発を受けていた。
（13）*Лурье*, Идеологическая, С. 449-456.「清廉派」については邦語文献がある。栗生沢猛夫「〈нестяжатель〉研究とその問題点」『史学雑誌』第八三編一号、一九七九年、四一—五九頁、田辺三千広「一五〇三年の教会会議」『史学』第五三巻二・三号、一九八七年、一七—三二頁を参照。
（14）*Лурье*, Идеологическая, С. 463-470.
（15）「拡大編集版」では「物語」の内容についても多くの点で変更が加えられており、従ってこれは、一四九〇年代における「異端者」の研究史料としての価値は低い。変更点については *Лурье*, Идеологическая, С. 458-481.
（16）РГБ. Рогож. 530; РНБ. F. I. 229 等を代表とする七写本が伝わる。詳しくは АЕД. С. 462-465.
（17）АЕД. С. 498-500; *Плигузов*, "Книга на еретиков", С. 96-102. 厳密に言えば、プリグーゾフは「一〇章版」という言い方を避ける。

(18) ジミーンは一五〇三年頃、プリグーゾフは一四九二―九四年に「一〇章版」が成立したとする。

(19) АЕД. С. 498-499.「一〇章版」の「物語」では、内容的には第一一章第二―四節に一致する以下の部分が欠けている。本書付録1を参照。「また他のある者たちは、もし修道士の生活が神意に適うならば……これについては『イスラエルに種を蒔かないあらゆる者は呪詛される』と書かれている」。АЕД. С. 470.

(20) АЕД. С. 499-500.

(21) とはいえ、現実的にいえば、修道院所領没収への反論として、修道制そのものへの反論が書かれることはあり得る。というのも、ヨシフにとって、修道制と所領所有とは切り離すことが出来なかったと考えられるからである。

(22) АЕД. С. 443-447; *Лурье*, Идеологическая, С. 98-100.

(23) АЕД. С. 442. 厳密に言えば、この写本は「一六章構成」で伝わっているのだが、第一三―一六章は一七世紀中頃の補足である。この写本には第一二章が欠けている。*Плигузов*, "Книга на еретиков", С. 114.

(24) 「一〇章版」の「物語」と「一一章版」のそれとの間には、僅かであるがテクストに差がある。「ソフィア写本」には、「不浄なるゾシマ」という文言に代表される、「一〇章版」と共通で「一一章版」とは異なるテクストがある。*Плигузов*, "Книга на еретиков", С. 97.

(25) *Плигузов*, "Книга на еретиков", С. 96-102.

(26) *Плигузов*, "Книга на еретиков", С. 131-134.

(27) *Лурье*, Когда, С. 78-88.

(28) 例えばРГБ, Рог. 530, л. 263-328を参照。

(29) АЕД. С. 466-477. ルリエーにより示された異文箇所に加えて、本書の著者は更に別の異文箇所を加え、それらを文字付きの番号で区別した（例えば22a、24a、33a）。

(30) 「ソフィア写本」と「ロゴジャ写本」に共通の「大公書記官」（フョードル・クーリツィン）の語（異文28にあたる）の「ソロフキ写本」における欠落を、ルリエーは「この活動家が失寵を蒙り、歴史の舞台から消えた後で、後から行われた変更〔削除〕であると簡単に把握できる」と述べ、原初型テクストにはこの言葉は存在したと考えた（*Лурье*, Когда, С. 81)。だがイストマやスヴェルチクの場合、「ソフィア写本」と「ロゴジャ写本」の共通テクストで彼らが大公書記官と呼ばれ、その一方で「ソロフキ写本」ではこの語がない（異文14)。このように考える時、「大公書記官」の語を基にして両テクストの一次性・二次性を測ることは出来ない。

(31) 敢えて訳せば、「ゾシマはいとも汚らわしい。悪をなすと言われているこの者は以前、聖なる座位に就いていた如く」となる。意味が不明瞭な上、「以前 преже」のいかなる時にもゾシマは府主教の位にいなかったので、間違っていると判断出来る。

(32) 「ソフィア版」、「ソロフキ版」、「ロゴジャ版」における二次的なテクスト変更自体の検討は、本研究の課題を越えている。それらの一部は『啓蒙者』の著者ヨシフ自身に属すのかもしれない。

(33) Просветитель, С. 14; *Хрущев*, Исследование, С. 142; *Попов*, Иосифово, С. 173-197.

(34) *Лурье*, Идеологическая, С. 102-104.

(35) АЕД. С. 472-473.

(36) Howlett, *The Heresy*, p. 127.

(37) Howlett, *The Heresy*, pp. 124-127.

(38) *Плигузов*, "Книга на еретиков", С. 131-132. 但し後代（一五一四年以降）になると、改訂時に一五〇四年会議の叙述が加えられた。

(39) この議論に関しては *Кобрин В.Б.* Послание Иосифа Волоцкого архимандриту Евфимию. Записки отдела рукописей ГБЛ., вып. 28. М., 1966, С. 227-239.

(40) АЕД. С. 471.

(41) АЕД. С. 475.

(42) Howlett, *The Heresy*, p. 104.

（43）Howlett, *The Heresy*, pp. 77-78; Hösch, Orthodoxie, S. 86; Pliguzov, Archbishop, pp. 280-281.

（44）Hösch, Orthodoxie, S. 76, 86; Pliguzov, Archbishop, p. 281.

（45）ゾシマ退任（一四九四年）後になるとヨシフは、「異端者」に言及する際にもゾシマに全く言及しなくなる。このことを考慮する時、ゾシマが本当は「異端者」ではなく、単に「異端者」として告発されたに過ぎなかったとするルリエーの結論は妥当に思われる。つまりヨシフはゾシマの解任を目標としており、それが（彼らが直接、手を下さなかったとしても）実現した以上、一四九四年四月の彼の解任以降には「異端者」としてゾシマに言及する必要が無くなったと考えられる。

（46）彼らは、ゾシマを「異端者」とするヨシフの記述を無条件に信じることは出来ないと考え、ゾシマはヨシフにより「異端者」として告発されたに過ぎなかったと述べる。*Лурье*, Идеологическая, С. 150; Howlett, *The Heresy*, p. 104. ヨシフがゾシマを憎んでいた理由については諸説（ゾシマの専制擁護の姿勢、七千年終末に関するゲンナージーとの対立、一四九〇年会議での「異端者」への「寛容的」処罰、復活の否定等）あるものの、未だに定説的見解はない。諸説については、*Дьяконов М*. Власть московских государей. СПб., 1889, С. 65-66; Stremoukhoff D. Moscow the Third Rome. *Speculum*, vol. 28, No. 1, 1953, p. 92-97; *Клибанов*, Реформационные, С. 214-217; *Лурье*, Идеологическая, С. 143-154, 375-383を参照。

（47）Просветитель, С. 27.

（48）АЕД. С. 473-474.

（49）*Лурье*, Идеологическая, С. 154-155.

（50）Просветитель, С. 170, 219, 254.

（51）АЕД. С. 383.

（52）Просветитель, С. 220.

（53）АЕД. С. 470.

（54）АЕД. С. 384.

(55) АЕД. С. 383-384.

(56) 本書第二章、第三章の「結びに代えて」を参照。

(57) АЕД. С. 468, 471-473.

(58) АЕД. С. 309-313, 315-320, 373-382.

(59) ПСРЛ. т. 12, С. 227.

(60) ПСРЛ. т. 12, С. 224, т. 25, С. 331-332; т. 28, С. 155.

(61) АЕД. С. 378. ゲンナージーはゾシマに宛てた書簡（一四九〇年）で、スペイン王（正確にはカスティーリャ及びアラゴン王）がいかにその国土を「ユダヤの異端」の手から浄化したかを神聖ローマ皇帝の使節から聞き出したことを記している。

(62) АЕД. С. 419-435.

(63) 但し、少なくとも早い段階（『啓蒙者』作成以前）においては、ヨシフは、一四九〇年後のゾシマによる、ヨシフの同志に対する投獄処置について、また「キリストの再臨などない。天の国などない。死者の復活とは何か？　そんなものは存在しない。誰かが死んだなら、その者は死んだのであり、その時まで生きていたに過ぎない」とするゾシマの発言を書き記している。АЕД. С. 428, 434-435. 諸説については、*Дьяконов*, Власть, С. 65-66; Stremoukhoff, Moscow, p. 92-97; *Клибанов*, Реформационные, С. 214-217; *Лурье*, Идеологическая, С. 143-154, 375-383.

(64) 長司祭アレクセイや司祭デニスは既にこの世になく、他方でヨシフは、ゾシマをアレクセイらの弟子と見なしていた。フョードル・クーリツィンは、少なくともヨシフの考えではゾシマの弟弟子であり、その意味では重要度においてゾシマに劣る人物であった。*Лурье*, Идеологическая, С. 469-474; АЕД. С. 472-474.

第三部　一五世紀末以降の「ノヴゴロドの異端者」事件

——世俗案件への異端告発の適用

上述のように、「異端者」が一四九〇年以降にも生き延び、七千年終末をめぐる主張を行うと同時に修道制を批判したという『啓蒙者』に描かれる「異端者」イメージは虚構であって、現実を反映したものではない。「異端者」はヨシフの『啓蒙者』のなかで、二つの「謬説」と府主教ゾシマに対する告発を正当化するために利用されたに過ぎなかったのである。

第三部では、一五世紀末以降の「異端者」事件が検討される。この時期の事件に関しては史料が僅少であり、ハウレットが議論の大枠を提示したものの、それはまだ十分に裏付けられていない。従って、その検証が第三部の課題になる。

著者が考えるところ、この時期には、ヨシフが『啓蒙者』において使用した告発の手法が当時の世俗問題の解決時に利用されていく。それを通じて、国家と正教会は密接な関係を堅く取り結ぶことになる。

第五章　一五世紀末から一六世紀初頭における宮廷問題と「異端者」

はじめに

モスクワ大公国は、大公イヴァン三世治下において著しく変貌を遂げた。大公イヴァンは、近隣諸公国を併合して急速に領土を拡大し、その結果、大公国の領土は、彼の死（一五〇五年）の時点で即位時のおよそ六倍に達した。また一四八〇年には「ウグラ河畔の対峙」を経て、大公国は、約二世紀半に渡る「タタールの軛」から一応の離脱を果たした。国内においても、この国家は大きな変化を経験した。大公国初の統一法典が制定（一四九七年）され、また軍事要員を確保するために封地制度が導入された。後者の導入により、この時期の対リトアニア戦争で大きな力を発揮することになる士族軍が整備され、以後士族は、旧来存在した貴族や分領公と並び、いやそれ以上に大公国を支える重要な存在になっていく。更には行政の集権化が志向され、書記官制度が整備され始めた。(1)

まさにこうした時期のモスクワ宮廷で生じたのが、イヴァン三世の後継問題であった。一四九〇年、大公の長男で既に長く共治者であった小イヴァンが病死した。それ以後、その息子ドミトリー（大公から見て孫にあたる）と、大公と後妻ソフィヤとの間に生まれた息子ヴァシーリーの二人が大公の後継候補者と目され、両者及びその支持者たちは激しく争った。一四九七年には親ヴァシーリー派の陰謀が露見した。陰謀者たちは処刑され、ヴァシーリー自身も大公の寵を失った。大公は後継者としてドミトリーを選び、一四九八年二月に、ロシアで初となる戴冠式を挙行し、多くの臣民が見守る中で孫ドミトリーは大公に即位した（以後共治者）。しかし後に大公イヴァンは翻意し、一五〇二年四月にドミトリーは母后エレーナ共々寵を失って投獄された。その一方でヴァシーリーが復権を果たし、後継者の地位を得た。後継問題のこうした推移を一九世紀の研究者は、大公国における前述の大変化に結び付けた。すなわち国家の変化は、従来の体制において重きをなした貴族や分領公の勢力と、新体制のなかで利益を享受する主に士族勢力との宮廷内政治闘争を産みだし、前者の集団がドミトリーと、後者の集団がヴァシーリーと結び付いていたと考えられたのである。しかしその後、逆にドミトリーが士族勢力と、またヴァシーリーが貴族勢力と結び付いていたとする研究も現れている。(2)

また一四九九年には、大公の貴族セミョン・リャポロフスキー公、イヴァン・パトリケーエフ公とその息子ヴァシーリー公（後のヴァシアン・パトリケーエフ）が突如として失寵を蒙り、リャポロフスキー公は斬首され、後二者は流刑に処された。(3) 彼らの失寵もまた、一九世紀の研究者により、この時期の大公国の変化と結び付けられた。(4) というのも、上述の三名は等しく分領公家出身者にして大公の貴族であったからである。つまり彼らの失寵は、全体として貴族や分領公から大公及び新興の軍事士族の手に権力が集中されていくこの時期の状況に適合する、と考えられた。その後二〇世紀に入ると、逆に、この失寵事件は、この三人の公がむしろ集権化を推進したことにより生じたとされた。(5)

更に、この時期のモスクワ宮廷では「ノヴゴロドの異端者」が蔓延しており、彼らもまた、上述の後継問題、失寵事件と結び付いていた、と考えられてきた。先行研究によると、彼らはその「反教会的教説」を理由に一四九〇年のモスクワ教会会議で異端判決を受けた。[6] しかし、「異端者」であった大公書記官フョードル・クーリツィン、また当時のモスクワ府主教ゾシマは「異端者」でありながらも断罪されず、一四九〇年以降も「異端的」活動を継続したという。[7] その後ヨシフは「異端者」を摘発し続け、一四九四年にはゾシマを退位に追い込んだ。[8] 但しそれは「異端者」に決定的ダメージを与えることにはならなかった。その後一六世紀初頭に局面は大きく変化する。それまで大公イヴァンは、封地制度の運用に不可欠な土地フォンドとして、当時広大な面積を誇っていた教会・修道院所領に目をつけその没収を画策しており、「異端者」の修道制批判を自らの没収政策の実現のために追い風として利用し、それ故に彼らを敢えて庇護していた。しかし一五〇三年の教会会議において、大公の政策は教会から大反対にあい、その結果、彼は方針を転換して没収政策を保留に付し、教会と協力関係を結んだ。[9] その反面、「異端者」を庇護する理由が大公から失われ、一五〇四年一二月に彼は、最後まで生き延びていたイヴァン・ヴォルク・クーリツィンら数名の「異端者」を火刑に付したという。[10]

こうした「異端者」事件は、研究者たちにより、大公の後継問題及び貴族の失寵という同時期に生じた先の二つの問題とも関連付けられた。すなわち、上述の大公後継候補ドミトリーの母親エレーナは「異端者」の一員（或いはその庇護者）であり、従って「異端者」グループは、後継問題においてドミトリーを支持し、その一方でヨシフら「正統的」聖職者はヴァシーリーを支持したとする説がある。[11] また「異端者」は、貴族の失寵事件とも結び付けられた。というのも「異端者」は、処刑されたリャポロフスキー公らと多くの場面で活動を共にしていたからである。[12] 加えて、多くの研究者が「異端者」と見なすフョードル・クーリツィンが、一五〇〇年以降史料から姿を消す。ドミトリー支持者、失寵貴族、そして「異端者」が一四九九年から一五〇四年にかけて次々と政治の舞台から去ったという事実は、彼らが一つのグループであったこと、当時の政治問題に「異端者」が深く関与していたことの証左とされたのである。[13]

ところがハウレットがこうした説を批判した。まず彼女は、「異端者」が一四九〇年を以て収束したと考えており、従ってイヴァン・ヴォルクに代表される一五〇四年に処刑された人々は一四九〇年に裁かれた「異端者」と全く無関係であったと述べたのである。以下で詳述されるが、彼女によると、イヴァン・ヴォルクらは、政治的な別の理由により「異端者」として告発・断罪されたに過ぎなかったという。[14]

ハウレットの批判は考慮に値する。異端という存在は、一般的に言えば、少なくともその最初の段階においては、何者かによりそのように見なされて初めて生じる、いわば主観の産物である。従って、複数の集団や人物が特定の人物により同一の異端であると見なされたとしても、このことはそれらの集団間の客観的同一性を保証しない。彼らは同一の存在と**見なされた**に過ぎない。「異端者」の場合、特に重要なのは、イヴァン・ヴォルクらを「異端者」と言明するのがヨシフだけであり、しかもそうした証言が、早く見積もっても「異端者」事件解決後一〇年以上を経て初めて出現したという事実である。[15] 従って一四九〇年の「異端者」と一五〇四年に「異端者」として裁かれたイヴァン・ヴォルクらとを、ヨシフにより同じく「異端者」と呼ばれたという論拠を以て同一集団であると即断できないのである。まさにこの点で、ハウレットは「異端者」研究を確実に前進させた。[16] 従って、以下本章では、両者をアプリオリに同一視することを回避するために、便宜上、一四九〇年に教会会議で裁かれ、異端宣告を受けた人々だけを「異端者」と記す。[17]

一四九〇年以降には「異端者」は存在せず、イヴァン・ヴォルクらの如く、後に「異端者」と見なされることになる人々が存在したに過ぎないと考えるハウレットは、続いて、後継問題や貴族の失寵事件と「異端者」との繋がりも否定した。彼女によれば、エレーナとその息子ドミトリーは、大公イヴァンが後継者として息子ヴァシーリーを選び直したがために投獄されたのであり[18]、その際に大公は、エレーナの投獄（ドミトリーではない！）を正当化するために、彼女やイヴァン・ヴォルクら彼女の支持者が「異端者」であるという話を創作した。そして彼らを「異端者」として教会に告発したという。その結果が一五〇四年の火刑であった[19]。また、イヴァン・ヴォルクらのグループについては、後継問題以外にも別の理由によって大公により問題視されていた。すなわち彼らは一四九四年以来の対リトアニア平和外交を推進したグループであり、一五〇〇年のリトアニアとの戦争再開を契機に失策を問われて処刑されたという。このように、ハウレットによれば、「異端者」が当時の政治問題に関与したというのでなく、逆に、当時の政治問題に関与しそしてそこで敗北した人々が「異端者」として告発され、そして処罰されたというのである。但し、以上の主張は、彼女の研究の結論部で手短に述べられているに過ぎず、論証されていない[20]。

以上のハウレットの主張は、論証を必要とし、また修正されるべき点を多く含むものの、著者はこれを考慮に値すると考える。敵対者を異端として告発する手法は、その対象に対する処罰を正当化する目的で歴史上度々登場するからである。ビザンツ教会では、敵対者に対する処罰を正当化する常套手段として、過去に異端宣告を受けた存在（参照先）と類似する性格や主張の「発見・指摘」がしばしば行われた。マニ教、ボゴミール派がそうした参照先としてよく利用された。一四八〇年代末にはノヴゴロド大主教ゲンナージーが、「異端者」への処罰を正当化するために、彼らと古代のマルキオン派やメッサリア派との類似点を「発見・指摘」した[21]。また本書第二部で述べられたように、一四九〇年代前半にはヨシフが、当時の府主教ゾシマを「異端者」として告発し、結果として、彼を府主教位から引きずりおろした。更にヨシフは、当時の七千年終末をめぐる主張、修道制批判を「異端」教説として告発した。当該対象を過去の異端と関連付ける行為が有する以上の意味とその実用性に鑑みるならば、こうした手法が本章の対象にも用いられた可能性は十分にある。そこで本章ではこうした点を考慮しながら、先行研究にて

「異端者」と考えられてきた人々と、一四九〇年に裁かれた「異端者」との関係の有無や具体的関連性を検討し、一五世紀末―一六世紀初頭の「事件」を再構築する一歩としたい。

第一節　大公書記官フョードル・クーリツィンとそのグループの「異端」性の再検討

フョードル・クーリツィンとその兄弟イヴァン・ヴォルクらについての最も古い見解は、ヨシフに従って、彼らをユダヤ教徒ないしは異端的自由思想家と見なすものである。ヨシフは『啓蒙者』のなかで、このグループが「秘密裏に多くの異端教説を信仰し、十戒によってユダヤ教を教え、サドカイ派やメッサリアの異端を信仰し、多くの放蕩をなした。……〔彼らは人々を〕騙して自分の異端に引きつけ、作り話や天文学を教えている」と述べている。(22) また多くの研究者がフョードル自身の著作と考える「ラオデキヤ人への書簡」が伝来している。この難解な著作の分析を通じて、研究者たちは、以下で詳述するように、一方でフョードルが教会から解放された自由な思想を欲していたという結論を、他方で彼がユダヤ教徒であったという結論を出した。それ以外にも、イヴァン・ヴォルクが通常の形式とは異なる「教会法集成」を書き残したことに基づいて、このグループが異端的自由思想家であったと論じられている。従ってまずは、これらの三つの論拠について見ていこう。

まず『啓蒙者』で描かれる「異端的思想・行動」について言えば、それは、ヨシフ自身の観察に基づくものではなく、殆どが以前に書かれた大主教ゲンナージーの書簡からの引き写しである。秘密裏での異端教説の信仰、十戒によるユダヤ教の教え、メッサリアの異端の信仰に関するヨシフの記述は、司祭デニスに代表される一四九〇年に処罰された下級聖職者たちに関する大主教の描写と一致する。(23) また彼らが天文学を教えているという記述も同様である。[24] 彼らがサドカイ派であるという記述については、ゲンナージーの書簡でないものの、一四九〇年の教会会議の判決書に起源を辿ることができる。[25] このように、ヨシフは自らは何も付け加えることなく、ノヴゴロドの下級聖職者に対するゲンナージーや判決書における記述を、そのままフョードルらに当てはめているのである。以下で述べられるように、ゲンナージーは、フョードルについては、彼の許に修道士や下級聖職者がノヴゴロドから集まっていたことを問題にしていた。つまりヨシフがクーリツィンらの活動として記した情報は、本来は彼らとは別の対象に関するものなのである。従って、以上の情報を根拠にして、クーリツィンの「自由思想家」的性格を論じることは出来ない。

「ラオデキヤ人への書簡」については、特に西欧において研究が進んでいる。この書簡は、詩、導入部、アルファベット一覧、暗号で書かれたフョードル・クーリツィンの署名という大まかに四つの要素からなる。但し、この四要素が必ず一体となって伝わっているわけではない。[26] この書簡の研究は、総じて言えば、冒頭の難解な詩の解釈だけに限定されてきた。[27] 一部の研究者たちはこの詩のなかにユダヤ教の影響を認め、[28] 或いはこの詩が信仰よりも知識を強調する内容を有していると考えた。[29] こうした研究では、著者が見るところ、「異端者」をユダヤ教徒や自由思想家とする古い研究の結論に基づき、この書簡のなかからそうした要素を取り出そうとする目標が予め設定されている。しかし、この書簡の文献学的研究を行ったハウレットは、これまで研究のカギとされた冒頭の詩を作成したのがクーリツィンではないこと、クーリツィンはこの詩を含めた四要素をまとめ上げる役割を果たしたことを明らかにした。従って、この詩はフョードルの思想を直接には表現しないと考えられる。[30] もちろん、彼の関心を引いたという意味で、この詩は彼の思想の一端を含むと理解できないわけではない。しかしこの詩は、誤って、教父ダマスコスのヨアンネス（七世紀）の作とされたこともあり、[31] 加えてこの書簡が四二もの写本で現在まで伝わっているという状況を考慮するならば、この書簡は、教会当局により問題にされていなかったと考えることができる。それ故、この詩と彼の思想との連関を想定することが可能だとしても、この詩のなかに、彼が教会から異端と見なされた理由を求めるべきでない。[32]

フョードルの兄弟イヴァン・ヴォルクの「教会法集成」について言えば、その「異端的」特質を論じたЮ・К・ベグノーフによると、これは通常形式の教会法集成の構成と異なり、「正義の尺度 Мерило Праведное」の最古の版（通常は第二版が利用される）を、しかも冒頭に配している（通常は教会法に続いて記される）。それ以外にも、九世紀のコンスタンティノープル総主教フォティオスの名を冠して伝わる、教会法集成の冒頭を飾る目次の並びが通常と異なっているという。[33] こうした独特の配列を根拠にして、ベグノーフは、（一）この教会法集成が、異端に寛容であるべきとする主張を有していた、（二）「大公政府」と「異端者」とが正しい裁判を求めていた点で一致していた、という結論を出した。[34] しかし、この「教会法集成」だけが以上の特質を持つのではないことが後に明らかにされており、[35] 従ってベグノーフの結論は受け入れがたい。

このように、クーリツィン兄弟を異端と見なす根拠とされてきた上述の三論拠は、実のところ、彼らを異端的自由思想家と見なす根拠を提供しないのである。

では、クーリツィンらはなぜ問題にされたのか。かつてパノーフは、彼らの中に「貴族的・分領的傾向」、「反中央集権化」といった政治的傾向を探り、そのことを以て処罰理由を導こうとした。[36] しかしそうした見方は、クーリツィンがむしろ中央集権化を志向する大公の書記官であったことにより破綻していると言ってよい。[37]

この他には、クーリツィンらのグループの本質を大公イヴァンの後継問題における、孫ドミトリーの支持者とする説がある。[38] しかしその場合、書記官らを、なぜ他でもないヨシフ或いは教会が問題にしたのかという別の問題が生じるのだが、この点については、これまでの研究では十分に論じられていない。クーリツィンは少なくともドミトリーに反対するような立場ではなかったと考えられるものの、それとは別になぜ、後継者争いの当事者であるヴァシーリーのグループからではなく、ヨシフ或いは教会から問題にされ、異端と見なされたのかを問う必要がある。

こうした問いに、つじつまの合う回答を与えてくれるのが、一方でクーリツィンらを異端的自由思想家と見なす既述の旧来的な見方であり、また他方で彼らを教会・修道院所領没収推進派とする説である。しかし前者については前述の通り認めがたい。後者の説を採る論者によれば、大公は新興の軍事勤務人層への土地給付の目的で、国内において当時広大な面積を占めていた教会・修道院所領の没収を目論んでおり、それを推進或いは支持したのが書記官フョードルのグループであったという(39)。つまり彼らには、まさにヨシフや正教会から問題にされる相応の理由があったことになる。だがこの説は、大局的には当時の歴史状況に適合するものの、その弱点が指摘されるべきである。すなわち第一に、ヘッシュが正しく指摘するように、フョードルとそのグループが没収を推進或いは支持していたとする、この説全体の核になる主張が残念なことに史料的に全く論証されていない(40)。もちろん、単にそうした史料が現在まで伝来しなかっただけであるとする反論も可能かもしれない。しかし、第二に、フョードルを修道院領の没収派とする説は、イヴァン三世が行った一五〇〇年の大規模な教会領の没収に際し、当時の教会の最高指導者であった府主教シモン（在位一四九六－一五一一年）がこれに祝福を与えたという事実と整合性を取りにくい(41)。教会内部、しかもその長が没収を容認していたのであり、クーリツィンのグループが仮に没収を推進していたとしても、そのことでなぜ彼らだけが問題にされたのかが改めて検討されねばならない。ただ、こうした意見に対しても、ヨシフがシモン、或いは世俗化計画の頂点に立つ大公イヴァンではなく、与しやすいクーリツィンを相手に据えたのだろうとする再反論が可能かもしれない。

だが、それにも拘わらず、筆者の考えでは、クーリツィンを没収派とする見方は弱いように思われる。第一に、クーリツィンらが没収政策を進めていたならば、没収反対という具体的な批判が彼らに向けられても不思議でないが、ヨシフはクーリツィンらを単に宗教的異端として抽象的に非難するのみである。しかも上に見たように、ヨシフはフョードルについて簡潔に記し、加えて後述されるように彼自身の言葉では何も付け加えていないのである。後に「清廉派」が修道院による所領の保有を批判した際にヨシフは彼らを異端と呼び、修道院所領の必要性を自ら説いた。そうしたヨシフの態度と今回の態度は全く異なっている。従って、この説を妥当とするための論拠は未だ不十分であると言わざるを得ない。(42)

このように、以上の説はそれぞれが問題点を抱えており、決定的でない。こうした状況を打開するために、著者はまずここで、以下の点を確認しておきたい。第一に、フョードル・クーリツィンらを批判しているのは、現存史料から判断する限りにおいては、教会全体ではなく、ゲンナージーとヨシフだけである点である。そして第二に、ヨシフは、とりわけゾシマへの態度と比較することで明らかになるのだが、クーリツィンには殆ど関心を示していない点である。ヨシフによれば、クーリツィンはゾシマの弟子の一人に過ぎなかった。そうした無関心さも手伝ってか、第三に、ヨシフの提示するクーリツィン観はゲンナージーのそれ（及び一四九〇年の判決書）からの完全な引き写しである。(43) 従って、意識的にクーリツィンを異端として記しているのはゲンナージーだけと考えられるのであり、一四九〇年以降の時期に、意識してフョードルを「異端者」として記す者は皆無なのである。(44)

他方で、ゲンナージーが告発した対象が、一四九〇年頃の、フョードルとその取り巻きであった点は再確認されるべきであろう。従って、イヴァン・ヴォルクら一五〇四年に処刑された人々は、一四九〇年以前の事件の検討の際にはその検討対象から除外される。多くの研究者は、イヴァン・ヴォルクを無前提に兄フョードルと同一グループに所属したと考えてきた。だが、ゲンナージーはイヴァン・ヴォルクに全く言及しない。その一方で、確かにヨシフはイヴァン・ヴォルクには言及するものの、しかしそれはずっと後代に、早く見積もっても一五一四年のことなのである。[45]そのため、フョードルに対するゲンナージーの見方を、イヴァン・ヴォルクに対するヨシフのそれと区別し、両者を別個に考察すべきであり、それ故に後者は本書第六章で扱われる。フョードルとその取り巻きが「異端者」であったかどうかを探る本節では、作業は、彼らに対するゲンナージーの異端告発の検討に限定される。[46]

ゲンナージーはかつて、「異端者」がノヴゴロドからモスクワに逃亡し、書記官フョードルのところに集まったと記した。[47]このことを根拠にして、多くの研究者はクーリツィンが「異端者」或いは少なくともその庇護者であると考えたが、ゲンナージーの証言からすぐにそうした結論が導かれるわけではない。まず確認されるべきは、ゲンナージーは確かにフョードルをその書簡において告発しているのだが、それにも拘わらず、彼は一度たりともクーリツィンを直接的に「異端者」であると（それどころか一般的に異端とさえ）呼んでいないという事実である。

次にゲンナージーは、フョードルのいかなる点を問題にしたのか。既に本書第一章で簡単に述べられたように、ゲンナージーの書簡によれば、彼はフョードルの主体的な何らかの活動を問題にしているのではなく、彼のもとに「異端者」が集まっているという一点に基づいて彼を告発していることがわかる。以下で具体的に見ておこう。

ゲンナージーは、一四九〇年会議の開催中にこれに参加している主教たちに書簡をしたため、既に一四八八年に異端宣告を受けた雑役サムソンコがフョードル・クーリツィンの屋敷に出入りしていたことを記し、その際にサムソンコの証言を次のように引用した。「サムソンコは言った。『……我々は皆で大公書記官フョードル・クーリツィンのところに行ったのであり、彼のところには長司祭アレクセイも、イストマも、スヴェルチェクも、……イヴァシカ・チョルヌィも来ていた……』」と。[48]

しかし、本書第一章で述べられたように、ゲンナージーが提出したこの証言は捏造ではないか、或いは拷問で無理に引き出されたのではないか、との疑惑が彼にかけられていた。それ故に、彼はそれへの弁明に多くを割いている。「私がサムソンコを拷問したとでも言うのか。彼を拷問したのは大公の小貴族であり、私は護衛の者と共に脇にいただけである。賄賂を取る者がいないようにと」。「彼〔サムソンコ〕自身がやったことでなかったとすれば、そのように証言することが出来ただろうか」と。[49]そして弁明の最後に結論付けられるのは再度クーリツィンへの言及であり、それは一層強い形で記されている。「仮にこのスメルド〔サムソンコ〕がそのような行動を取らなかったというのなら、また彼がクーリツィンのところに行かなかったと言うのなら、彼〔サムソンコ〕は、クーリツィンのところで何が行われているか、また誰が彼〔クーリツィン〕のところにやってきているのかを何故知っているのだろうか。『フョードル・クーリツィンとともに、ハンガリーの地から、マルティンコと呼ばれるハンガリー人がやってきた』と〔サムソンコは言っている〕。彼がクーリツィンの屋敷に行かなかったというのなら、彼は、何故このマルティンコを知っているのだろうか。それ故、クーリツィンがこれら全ての悪の指導者なのである」[50]。クーリツィンの屋敷にはサムソンコを含め数々の「異端者」が集まっており、それ故にクーリツィンが「これら全ての悪の指導者」とされているのである。

その一方で、直後に引用される聖使徒規則の四条項が重要である。それは**破門された者と祈ること**、**聖職を剥奪された者と祈ること**、また聖職者が**異端者やユダヤ人と共に祈り**、〔ユダヤの〕祭日を祝うことを禁じ、これを守らぬ者を破門、追放することを正当化する条項である[51]（一〇、一一、四五、七〇条）。つまりフョードルは、サムソンコ等の**「異端者」と関係を有すること**で問題にされているのである。まさにヘッシュが述べたように、ゲンナージーは「異端者」と関係を持つあらゆる人々を告発しようとしたのである。[52]また、同時期に大主教がゾシマに宛てた、言わば告発状では、もはやサムソンコの証言は直接引用されずに、多くの「異端者」がクーリツィンのもとに参集していた点が強調されている。[53]

このように、フョードル・クーリツィンは、ゲンナージーから「異端者」と呼ばれてはいないものの、その主犯格（「全ての悪の指導者」）の如く考えられていることは疑いない。但し、その理由は、彼の主張にあったのではなく、彼のもとに「異端者」が参集していることにあった。彼自身が何らかの主張をしていたかどうかについては、告発者であるゲンナージーにも判然とせず、告発状に記すことは出来なかった。フョードルは、ゲンナージーのノヴゴロド着任後にハンガリーからモスクワに帰国し、加えてゲンナージーは大主教着任以降、任地から一度も離れていないのであるから、ゲンナージーが有する情報の僅少さは理解できなくはない。

最後に、なぜ「異端者」がフョードルのところに集まっていたのか、という問題が残っている。

一四八〇年代末のノヴゴロドの下級聖職者たちは、ゲンナージーからの迫害を受け、その窮状をモスクワに訴えていた。例えば、本書第一章で述べられたように、ゲンナージーと対立した修道士ザハールは、窮状を訴えてモスクワの大公の許に行った。また先のサムソンコもモスクワに行ったという事実がある。[54]更に、モスクワにはそれ以外にも訴えが届いていた。[55]その際に、彼らが直接大公の面前で窮状を訴えたとは考えにくく、従って大公の側近であり、彼から最も信頼されていたフョードル・クーリツィンを通じて、[56]彼らが自分たちの窮状を大公に訴えるという方法は十分にあり得たように思われる。この点は仮説に過ぎず、今後の検討課題であるのだが、フョードルの当時の状況、そして彼のもとに参じた「異端者」が、第一章で述べられたように、実は一つのグループではなく、大主教により別々の理由で問題にされていた個別の人々からなっていたこと、それらの多くがグループの違いを超えて大公の書記官のもとに集まっていたという状況を考慮するならば、彼が窓口であったとする説は一応の妥当性を有するのではなかろうか。

第二節　公妃エレーナのグループの「異端」性の再検討

公妃エレーナを「異端者」、或いはその庇護者と見なす決定的な論拠とされてきたのが、一五〇三年のヨシフと大公イヴァンとの対談における、エレーナを「異端者」とする**大公イヴァンの**告発である。これについては、アンドロニコフ修道院院長ミトロファンに宛てたヨシフの書簡に記されている。「大公が私〔ヨシフ〕を呼び寄せ……話し始めた。『……余は、彼らの異端教説を知っていた』と。そして彼は、長司祭アレクセイの異端教説とフョードル・クーリツィンの異端教説に関連して、私に次のように述べた。『余のところで、イヴァン・マクシモフが息子の嫁〔エレーナ〕をユダヤ教に引き込んだのである』」と。(57)

これ以外には、エレーナと「異端者」との関係についての状況証拠が提示されている。第一に、やや古い見解であるが、エレーナやドミトリーの派閥は、ビザンツ的な集権化を目指すソフィヤやヴァシーリーの派閥とは異なり、旧来の貴族や分領公に依拠した政治体制を維持しようとしていたとする説がある。(58)パノーフによれば、「異端者」もまたノヴゴロドから広まったが故に分領制を支持し、集権化に反対しており、「異端者」がエレーナの派閥にあったのは当然の帰結であったと考えた。(59)

第二に、ジミーンによれば、フョードル・クーリツィンはかつて大公の長男、小イヴァンの下で勤務していた。従って明らかに（一）クーリツィンは小イヴァンの子ドミトリーを支持しており、また（二）小イヴァンの妃エレーナは「異端者」であった、という。[60]

そして最後に、セミョン・リャポロフスキー公らの一四九九年の失寵事件、一五〇二年のエレーナとドミトリーの逮捕、一五〇四年の「異端者」の火刑、翌年二月のエレーナの獄死という「連続した」出来事である。数年の間に集中した出来事は、これらの人々が同一の「異端者」グループに属していたと考える論拠になった。[61]

しかし、ヨシフの書簡に引用された大公の証言は別にして、それ以外の状況証拠は説得力に欠ける。ルリエーが述べるように、ソフィヤを集権化のイデオローグと見ることは不可能である。また、フョードル・クーリツィンは大公の側近であり、少なくとも彼が分領制を支持していたとは考えにくい。[62]

ヨシフの書簡で描かれた大公イヴァンの証言は、エレーナらが「異端者」と現実に接点を持っていた証拠と見なされてきた。[63]しかし、こうした見方の問題点は、クーリツィンの場合と同じく、イヴァン三世の発言内容がそのまま事実として受け取られていることである。ハウレットは、エレーナがその後も教会会議で異端宣告を受けた痕跡がないことを考慮して、現実には、エレーナと本来の「異端者」との接点はなかったと考えた。彼女によれば、大公イヴァンは、貴族への処罰やエレーナの逮捕の後である一五〇三年にヨシフと対談した際に、既に投獄されていたエレーナの処置を正当化するために、彼女を「異端者」として告発したという。[64]ハウレットの意見に大まかに同調しながら、Р・Г・スクルィンニコフは更に議論を進め、大公イヴァンがドミトリーの母親のエレーナを「異端者」であると宣告させたのは、「異端者」、つまり正教キリスト教徒ではない者の息子には当然、正教の守護者である大公位の継承権は認められないが故にであると述べた。[65]

こうした意見には、直接の史料的論拠はなく、加えてハウレットもスクルィンニコフもその意見を十分に根拠付けていない。しかしそれにも拘わらず、著者の考えでは、これらの意見、とりわけスクルィンニコフのそれには十分に首肯できる。その根拠を述べておこう。第一に、「異端者」を熱心に告発してきたゲンナージー、ヨシフ、そして年代記さえもが、一五〇五年のエレーナの、一五〇九年のドミトリーの獄死の後にさえ、エレーナやドミトリーを「異端者」と関連付ける記述を残していない。それだけではない。そもそもエレーナやドミトリーに全く言及していないのである。つまり、エレーナは、恐らく教会聖職者の側から「異端者」と見なされていたわけではなかったと考えられるのである。

第二に、大公の寵愛を受けていたフョードル・クーリツィンさえ、ヨシフらの告発を免れなかった。また大公が「異端者」をノヴゴロドからモスクワに引き連れてきたという事実もヨシフにより暴露された。それにも拘わらず、エレーナの「異端」性については教会聖職者は何も述べていないのである。この事実は、逆に言えば、やはり彼らがエレーナを「異端者」とは考えていなかったことを裏付けているように思われる。

このように、ヨシフら教会聖職者がエレーナを異端と見なしていたとは考えにくいのである。この結論は、先述のように、エレーナを「異端者」として告発しているのが唯一、大公だけである事実を際立たせる。

この場合、大公による彼女の告発の原因として妥当であるのは、何であろうか。リトアニア政策における大公の方針転換とそれに関してのエレーナとの衝突をこの原因と考えることはできない。確かにエレーナを対リトアニア和平派と考えることは出来るかも知れない。[66] しかし、この考えは、ドミトリーも同時に逮捕、投獄されたという重大な事実を説明できない。

むしろ、後継問題に関連して、大公はエレーナを告発したと考えるべきであろう。母后と同時に行われたドミトリーの逮捕を考慮するならば、とりわけスクルィンニコフが考えるように、彼らの逮捕は、ドミトリーを後継者から排除することを目的としていたと考えられよう。

しかし、なぜ大公にはドミトリーの廃位を正当化する必要があったのか。ここでは、ハウレットが挙げた「前例」がまずは重要である。大公イヴァンは、一四九三年に弟の大アンドレイ公を獄死させた際、正教会により「無実の者の殺害」の廉で非難された。そして彼は、一四九八年に、府主教や主教たちの前で罪の許しを請うことを余儀なくされた。確かにこの経験は、大公イヴァンをして、エレーナ（及びドミトリー）を逮捕および廃位した後にその正当化に駆り立てた一因と考えられる。[67]

但し、より重要なのは、その際に大公がエレーナを単なる失寵でなく、宗教的「異端者」として処罰した事実である。この理由を問わねばならない。著者はこの点について、この時期に、後継者の排除という国家的案件にとっては宗教的正当化が不可欠になっていたのではないかと考える。すなわちこの時期のモスクワ大公のいわば「神格化」は、ヨシフ派による理論においてだけでなく、[68] 孫ドミトリーの戴冠式に見られるように、臣民の前で神との関係を表象する荘厳な儀式のなかにも表現された。[69] だからこそまさに、臣民の前でそうした手続きを経て、神的な性質を帯びた後継者の排除は、相応の宗教的な排除理由の公表を必要としたように思われるのである。ここに、エレーナが後継問題との関連で「異端者」として告発、逮捕されたと考える論拠がある。[70]

最後に、ドミトリー派と書記官フョードル・クーリツィンの関係について述べておく。一四九〇年の小イヴァンの死後、フョードルが大公の官房で勤務していたことは恐らく間違いない。それ以降の彼とドミトリー派との関係は明らかでないが、かつての勤務関係に鑑みれば、クーリツィンがドミトリー派よりに位置していた可能性は認められる。但し、この状況が一四九〇年以降に変わった可能性もあり得る。

その一方で、フョードルがドミトリーを支持していたと考えることが出来たとしても、このことは即座に、彼がグループを形成してドミトリーに積極的な支援を行い、ヨシフら正教会と、或いはヨシフ個人と対立したことを意味しない。ましてやフョードルとドミトリー派との関係を、「異端的自由思想」を共通の媒介とするものと考えるべきではない。むしろ、以前の勤務関係によりフョードルはドミトリーの陣営にいたと考えるべきである。

第三節　貴族リャポロフスキーらのグループの「異端」性の再検討

リャポロフスキー公ら一部の貴族と「異端者」との関係についても確認する必要がある。セミョン・リャポロフスキー公は、一四九九年一月に突如イヴァン三世の寵を失い、二月五日にモスクワ川の橋の下で斬首された。またイヴァン・パトリケーエフ公とその息子ヴァシーリー（後のヴァシアン）・パトリケーエフ公は、剃髪を受けた後、前者はトロイツェ・セルギエフ修道院に、後者は、キリロ・ベロオーゼロ修道院に送られた。[71]彼らの失寵、一五〇二年のドミトリーとエレーナの逮捕、そして一五〇四年の「異端者」の火刑が同時期に連続した事実を、一部の研究者は、（一）リャポロフスキーら、ドミトリー派、そして書記官フョードル・クーリツィンに代表される「異端者」グループが一体であった証左と見なした。更に研究者たちは（二）大公の後継問題におけるドミトリー派の敗北が残りの二つのグループ、すなわち貴族らと「異端者」の没落を招いた原因と考えた。[72]従って、一体視されている三つのグループの結び付きを検討する必要がある。但し、ドミトリー派と「異端者」との関係は前節で既に言及されたので、本節での議論はこの各々とリャポロフスキーらとの関係に限定される。

失寵貴族らとドミトリー派との関係については、前者の失寵とイヴァン三世の後継問題との因果関係に関する議論において、既に長い間論じられている。

リャポロフスキーらの失寵の原因については、一六世紀半ばの『階梯書』が初めて、大公イヴァンの後継問題と絡めて叙述した。一四九九年三月二一日にイヴァン三世が息子ヴァシーリーを「ノヴゴロドとプスコフの大公に任じた」という記述の後、その理由が次のように記されている。「この少し前、およそ二年前に、ある人々の謀反のせいで、〔大公イヴァンは〕妻〔ソフィヤ〕と息子〔ヴァシーリー〕に対し、〔当時〕怒り心頭に達したのだった。……〔しかし今日〕大公は、以前に生じたこの謀反を詳細に調べ上げ、それ故に、〔二ヶ月前の一四九九年一月に〕シメオン〔セミョン〕・リャポロフスキー公を死の切断〔すなわち斬首〕で処刑するよう命じた。しかし、イヴァン・ユーリエヴィチ〔・パトリケーエフ〕公と彼の息子のヴァシーリー・コソイ〔パトリケーエフ〕については、府主教、主教たちの願い出により恩赦を与えた」と。(73) 一四九七年に大公の子ヴァシーリーが失寵を蒙り、一四九八年に孫ドミトリーが「モスクワ大公」として戴冠した。それ以降、孫ドミトリーがイヴァン三世の後継者として認められていた。このことを考慮するならば、大公の子ヴァシーリーの「大公」就任は、彼の「復帰」であり、それは、『階梯書』によれば、二ヶ月前の貴族らの処罰と関係があった。

『階梯書』のこうした記述に基づいて、一九世紀の歴史家は、リャポロフスキー公らをイヴァン三世の後継問題におけるドミトリーの支持者と見なした。(74) 彼らの失寵直後の、ヴァシーリーの「大公」への登位はまさにその証左であった。こうした意見を受けて、パノーフは、貴族らとフョードル・クーリツィンら「異端者」が同じグループを形成していたと考えた。なぜなら当時の研究では、エレーナとフョードルは共に宗教的「異端者」として同一グループを形成していたと考えられていたからである。つまり貴族らとエレーナとの関係は、貴族と「異端者」との関係をも証明すると考えられたのである。もっともパノーフは、三者の関係を認めつつも、リャポロフスキーらが「異端者」であったとまでは述べていない。(75)

以後の研究者は、（一）リャポロフスキーらが「異端者」であるかどうかという問題には言及せず、専ら（二）

リャポロフスキーらとドミトリー派の関係に関する研究だけを進めた。簡単に述べておくならば、失寵貴族らとドミトリー派を同じグループとして捉えつつ前者への処罰を後者の没落と結び付ける一九世紀以来の伝統的見解に対し、初めてその関連を否定したルリエーも、また彼の意見に概ね従いつつモスクワ大公国の外交路線をめぐる対立を失寵の主原因とするK・B・バジレヴィチ、『階梯書』の記述を完全には否定しないものの、当時の国際関係の変化を失寵の遠因として重視するЛ・B・チェレプニンも同様であった。[76]彼ら三人に対し、伝統的見解に立ち戻って後継者問題と貴族らの失寵とを直に結び付けたИ・スミルノーフも、リャポロフスキーらが「異端者」かどうかという問いに言及しない点では同じであった。[77]

こうした状況のなかで、カザコーヴァが、貴族らと「異端者」との関係について、パノーフよりも一歩踏み込んだ意見を述べた（一九六〇年）。

まず、彼女は、リャポロフスキーらの失寵と後継問題との因果関係について、両者の時期的な一致と『階梯書』の証言に基づき、これを肯定した。彼女は、外交路線の違いがリャポロフスキーらの失寵の原因になったと考えるバジレヴィチらの議論を否定しているわけではない。しかし、失寵の第一の原因をこの後継問題に求める点では、彼女は古典的な見解そしてスミルノーフに一致する。[78]

加えて彼女は、貴族たちのグループとフョードル・クーリツィンら「異端者」のグループが近いことに、新たな論拠を挙げて言及した。リャポロフスキーらとフョードルには、共にリトアニア使節としてヴィリニュス入りをした経験があり、また両者は共に一四九七年にはイヴァン三世の土地をヴォロク公へ分与する際の法文書作成に関与していた。他方で、本書にとってより重要な点であるが、彼女によれば、エレーナもフョードルも「異端者」であり、更に、剃髪後のヴァシーリー（ヴァシアン）・パトリケーエフの著作そのものにも「異端的傾向」を見て取れるという。[79] このように、彼女は、大公の後継問題におけるドミトリー派、失寵貴族たち、そしてフョードルたちを一体視し、その上、彼らをおおよそ一つの宗教的な「異端者」グループという枠組みでも捉えた。貴族らは、厳密には「異端者」ではないが極めてそれに近い位置付けをされた。この点でカザコーヴァの研究は、それまでの研究よりも一歩踏み込んでいる。そして彼女は、王朝の後継問題におけるドミトリー派の敗北が、このグループ全体の没落を、つまり貴族らの失寵、そして書記官のグループの崩壊、総じて「異端者」の崩壊を招いたと考えたのである。[80]

しかし、カザコーヴァが提出した、ヴァシアンと「異端者」との関係を示す物的証拠は受け容れがたい。彼女は、ヴァシアンの発言に使徒の引用が多く含まれることを理由にして彼を「異端的」であると考えたが、その根拠として彼女が挙げるのは、使徒の引用は伝統的に異端的であるという一般的な意見である。[81] 加えて、ヴァシアンの著述には使徒の引用が多いとするカザコーヴァが挙げた論拠は一五三一年のヴァシアンの裁判における彼の発言記録に基づいており、時代錯誤の感が否めない。またカザコーヴァは、ヴァシアン・パトリケーエフの手になる「ヴァシアンの教会法集成」と上述の「イヴァン・ヴォルクの教会法集成」との類似を指摘するベグノーフの研究に完全に依拠し、ヴァシアンの「異端」性を主張した。[82] しかし、後にプリグーゾフが明らかにしたように、両方の教会法集成の類似は断片的であり、加えてこの類似点さえも、この二つの教会法集成に固有のものではなく、両者とは全く無縁である一四世紀の別の教会法集成のなかでも観察されるのである。[83] このように、ヴァシアンの著作を「異端」的と見なすことはできない。

リャポロフスキーらの「異端」性については、カザコーヴァ以降、誰も言及していない。[84] 彼女の研究の後にも継続されたのは専ら、貴族たちの失寵と後継問題との関係についての研究である。詳しく触れないが、現在の研究水準では、決定的ではないものの、どちらかと言えばこの関係は否定的に考えられている。[85]

結びに代えて

このように、フョードル・クーリツィン、エレーナ、リャポロフスキーたちそれぞれの結び付きとその各々の一四九〇年に裁かれた「異端者」との関係性についての検討を行った結果、彼らを「異端者」とする見方に著者は慎重にならざるを得ない。とりわけ失寵貴族らについて言えば、彼らを「異端者」であるとする見方は、既に研究者の間でも否定されている。一四九〇年に正教会により公式に異端宣告を受けた、司祭デニスらノヴゴロド地方の下級聖職者たちを元来の「ノヴゴロドの異端者」とするならば、フョードルやエレーナのグループは「異端者」ではなかった。これまでの研究は両グループを「異端」であるとする証言を利用してきたが、この「証言」は、事実を述べたものではなく、特定個人が行った両グループに対する「異端者」としての告発に過ぎなかったと考えるべきである。「異端者」が一四九〇年に公式に有罪判決を受けていたので、特定の集団、人物を「異端者」として告発することは、当該対象を有罪とし、排除するための有効な手段であった。

但し、誤解のないように述べておくならば、だからといって著者は、上の三つのグループの相互の関係を完全に否定しようとは考えない。失寵貴族らとフョードル・クーリツィンとの勤務上の、とりわけ外交活動上の繋がりは十分に確認される。またフョードルのエレーナ支持については、確実ではないものの、それを否定する材料はない。彼が一時的に小イヴァンに仕えていたことは、もちろん彼が積極的にエレーナを支持していたとまでは言えないもののの、彼のエレーナ支持を否定しにくい論拠になろう。[86] 彼らは一つのグループとして、エレーナに近くないとまでは言えない状況にあったことは確認できる。

問題なのは、フョードル・クーリツィン、ドミトリー派、そして失寵貴族らを何か一つの目的を有した、或いは「異端的自由思想」で結び付いた一体性のある集団の如く見なすことである。失寵等の一連の事件は、彼らの一体性を表すものではない。とりわけ失寵事件とドミトリー派を結び付ける直接の証言は、『階梯書』の情報以外には存在しないことは重要である。(87) 従ってドミトリー派の敗北は、フョードルの立場を弱めたかもしれないが、その原因をヨシフらによる対「異端者」闘争に見るための根拠はない。

最後に、大公の子ヴァシーリーのグループにも簡単に言及しておきたい。古い研究では、彼らは古参貴族或いは分領公の支配の排除を、すなわち中央集権化を目論んでいたと考えられた。この考えは、ソヴィエト時代にも受け入れられた。(88) こうした議論は、この時期の大公国の政策に関する議論との関連で進められたことは間違いない。モスクワ大公国がいわゆる中央集権国家として一六世紀に繁栄を見るとすれば、その基礎を創り出したヴァシーリー三世とその取り巻きもまた、集権化を進めたと考えることが望ましかった。しかし、既にカザコーヴァの批判にあるように、そうした諸研究はグループ構成員の活動実態よりも出自を重視しており、その主張は説得力に欠ける。(89) 加えて著者の考えでは、そもそもこのグループを「中央集権化志向」といった、単純なイデオロギーで表現することは出来ない。

他方で、当時の正教会とヴァシーリー派の関係にも言及しておく。これまでの研究では、正教会（少なくとも主流派）が後継問題においてヴァシーリーを支持し、一五〇四年のイヴァン・ヴォルクらの火刑が執行されたと考えられている。(90) しかし、この場合、正教会がヴァシーリー派を支持した理由、或いは逆にドミトリー派になぜ敵対したのかという理由が説明されなければならない。というのも、後継問題（孫ドミトリーとヴァシーリー）、外交路線の対立（リトアニア和平論者と強硬論者）、政治権力の形態（集権化志向と分領制志向）といった問題は直接、どちらか一方への正教会の自明の支持に結び付かないからである。

この問題への伝統的な答えは、革命前史学以来、自由思想家のクーリツィン兄弟がドミトリー派に含まれていたが故に、反対に正教会はヴァシーリーについたことに求められてきた[91]。そしてこのことは、ヴァシーリーらが宗教的に「正統的」立場であったかのように見なさせた。

しかし、ここで述べられるべきは、このような、正教会全体とドミトリーのグループを対立させ、逆に正教会全体がヴァシーリーを支持したというイメージからの脱却の必要である。そのような事実は、現存史料からは確認できない。かつては府主教シモンがヴァシーリーを支持していたと考えられていたが[92]、この説は、ジミーンが述べるように極めて疑わしい[93]。シモンは一貫した態度をとっていたとは考えにくい人物である。従って、問題にするのであれば、ヨシフがなぜヴァシーリーを支持したのか、という点である。

だが現実には、特にヴァシーリーを熱心に支持する理由をヨシフは持たなかったように見える。というのも、先述のように、ヨシフはエレーナやドミトリーに全く関心を示していないからである。彼らを問題にしたのはまさに大公イヴァンであった。エレーナは、一五〇四年火刑の一ヶ月後に獄死する（一五〇五年一月）。その結果はもちろん、ヴァシーリーにとって有利に働いたであろう。しかしそれは結果論であり、従って教会がヴァシーリーを支持したか否かという問いも、ヴァシーリーが宗教的に「正統」か否かという問いも立てる必要はない。少なくとも、彼らを「正統」であるとする見方は、彼らの勝利の結果として生じたことは確認されるべきである。

＊　＊　＊

以上の結論を踏まえ、一五〇四年の教会会議までの時期に「異端者」（と見なされた人々）について、まとめておく。

フョードル・クーリツィン、エレーナを、一四九〇年に裁かれた「異端者」の同志であったとする伝統的見解は、極めて軟弱な史料的土台に基づいている。敵対者を異端であると呼び、告発することの意味を考慮するならば、『啓蒙者』やヨシフの書簡等における異端告発等を以て、この人々を一四九〇年に裁かれた「異端者」の仲間と考えることの問題性が浮かび上がる。こうした告発は、事実を表していない。それは、当該対象を「異端者」に結び付けることによってそれを排除しようとする意図の反映である。上の告発をこのように解釈する十分な根拠がある(94)。

一五〇二年以降に問題となったのは、専ら大公の側から、ドミトリーの更迭を正当化する目的のために、母親エレーナに対してなされた「異端」告発であったと考えられる。つまりこの告発は、表面上は「異端者」の告発であるものの、一四九〇年に裁かれた下級聖職者たちとは直接の関係を持たない。ここでは「異端者」が参照先として採用されているだけなのである。

以上の状況は一五〇三年の教会会議後に大公イヴァンが病に伏せ、その死（一五〇五年）が近づくにつれ、興味深い形で決着を迎えることになる。これについては次章で記したい。

【註】

（1）*Зимин*, Россия, С. 55-262. 近年の研究にはアレクセーエフの一連の著作がある。*Алексеев Ю.Г.* Освобождение руси от ордынского ига. Л., 1989; *Он же.* Государь всея Руси. Новосибирск, 1991; *Он же.* У кормила Российского государства.

СПб., 1998; *Он же.* Судебник Ивана III. Традиция и Реформа. СПб., 2001.

（2）*Карамзин,* История, т. 6, С. 44-45; *Соловьев С.М.* Сочинения. кн. 3, М., 1989, С. 56-62, 185. その後の研究としては、*Черепнин Л.В.* Русские феодальные архивы XVI-XV вв. ч. 2, М., 1951, С. 314-317; Fennell, *Ivan the Great*, pp. 333-352; *Зимин,* Россия, С. 66-67, 138-177 を参照。しかし現在では貴族と士族とを原理的に対立関係で捉えることがそもそも問題であるとされる。*Кобрин В.Б.* Власть и собственность в средневековой России. М., 1985, С. 199-218.

（3）ПСРЛ. т. 4. СПб., 1834, С. 331.

（4）*Карамзин,* История, т. 6, примечание 451; *Соловьев,* Сочинения. кн. 3, С. 61.

（5）*Лурье Я.С.* Первые идеологи московского самодержавия. Ученые записки ленинградского педагогического института. т. 78（1948）, С. 81-106; Fennell, *Ivan the Great*, pp. 333-352. その後の研究の趨勢は、国制上の変化という抽象的なものと失寵との関係ではなく、リトアニア外交等の具体的な問題と失寵との関係を問うものである。*Базилевич К.В.* Внешняя политика русского централизованного государства. Вторая половина XV века. М., 1952, С. 370-374; *Зимин,* Россия, С. 170-177; *Каштанов С.М.* Социально-политическая история России конца XV- первой половины XVI века. М., 1967, С. 105; *Хорошкевич А.Л.* Об одном из эпизодов династической борьбы в России в конце XV века. История СССР. 1974-5, С. 129-139; *Черепнин,* Русские, С. 314-317.

（6）*Лурье,* Идеологическая, С. 127-143 を参照。

（7）АЕД. С. 472-474. 但し以下で述べられるように、本書の著者は彼らを「異端者」とは考えない。

（8）*Лурье,* Идеологическая, С. 153.

（9）*Лурье,* Идеологическая, С. 411-426; 田辺「一五〇三年」、一七―三二頁。

（10）一五〇四年まで『異端者』と正教会とが争い続けたとする帝政ロシア史家の基本構図は、ソヴィエト時代の研究においても基本的に受け継がれた。そこでは、唯物史観的図式に則り、「反封建的」な「異端者」と「封建的」正教会との争いという図式で「異端者」事件が描かれている。しかし諸事件の経過については、帝政期史学とさほど変わらない。*Зимин,*

Россия, С. 212-232; АЕД. С. 147-220; *Клибанов*, Реформационные, С. 205-227; *Лурье*, Идеологическая, С. 142-154, 420-426; *Скрынников Р.Г.* Крест и корона. СПб., 2000, С. 145-189; Fennell, *Ivan the Great*, pp. 326-353.

(11) *Сервицкий*, Опыт, С. 300-308; *Панов*, Ересь, С. 26; *Никитский*, Очерк С. 56; *Клибанов*, Реформационные, С. 215. ルリエーは、エレーナと「異端者」との関係を認めるものの、ヴァシーリー・ソフィヤ派とゲンナージーら一部聖職者（教会全体ではなく）については、間接的友好関係にのみ言及する。*Лурье*, Идеологическая, С. 408.

(12) *Панов*, Ересь, С. 253-287; *Казакова Н.А.* Вассиан Патрикеев и его сочинения. М.-Л., 1960, С. 43-48.

(13) *Панов*, Ересь, С. 453-454; Vernadsky, The Heresy, pp. 268-277. 但し、ルリエーとクリバーノフは、貴族らの失寵を異端問題と絡めない。АЕД. С. 204-206; *Клибанов*, Реформационные, С. 220-224; *Лурье*, Идеологическая, С. 407-409.

(14) Howlett, *The Heresy*, pp. 144-145.

(15) *Плигузов*, "Книга на еретиков", С. 135.

(16) この点に関してはスクルィンニコフも同様に考えており、両者が同じグループであることを前提としない。彼は、一五〇四年に裁かれたイヴァン・ヴォルクらを一四九〇年の「異端者」と見なすものの、ノヴゴロドで処刑された修道院長カシアンらを別グループ（大公の世俗化政策の推進者）であるとして区別する。*Скрынников*, Крест, С. 170.

(17) 本来ならば、一五〇四年に裁かれた人々もまた「異端者」と見なされていたという状況に基づいて、彼らを「異端者」と呼ぶことも出来るが、しかしそれは行論上、錯綜を招く恐れがある。

(18) 彼らの投獄処置は、大公イヴァンが自分の兄弟たちを投獄したことを考慮するならば、それほど突飛ではない。

(19) Howlett, *The Heresy*, pp. 116-118.

(20) Howlett, *The Heresy*, pp. 200-201.

(21) АЕД. С. 310.

(22) АЕД. С. 473-474.

(23) АЕД. С. 310.

(24) 但し「天文学」を教えているという記述は、やはりゲンナージーの書簡からの引き写しであるものの、司祭デニスらノヴゴロドの下級聖職者たちの特徴として記されていたものではない。АЕД. С. 310-313, 380.

(25) 一四九〇年の判決書には、「異端者」が死後の復活を否定したことが記されている。この否定は、一五世紀の府主教フォーチーによれば、サドカイ派のメルクマールであった。ゲンナージーもパスハーリヤに関する書簡のなかで、死後を否定した人々をサドカイ派と記している。АЕД. С. 251.

(26) Howlett, *The Heresy*, pp. 202-212. 一例を挙げるならば、一六世紀初頭の最古の写本では、専ら冒頭の詩だけが伝わっている。つまりそこにはフョードル・クーリツィンの署名はない。АЕД. С. 257.

(27) かつてルリエーは、この書簡をひとまとまりの史料として検討すべきことを主張したが、この意見は西欧の研究・ソヴィエトの研究ともに受け入れられていない。Luria J. Zum Zusammensetzung des Laodicenischen Sendschreibens. JbfGO. Neue Folge. Band. 17. 1969, S. 161-169.

ここで、冒頭の難解な詩を以下に試訳しておく。テクストは一六世紀初頭の最古の写本（БАН.4.3.1番）による。АЕД. С. 256.「霊は自由奔放であり、それを守るのが信仰である。信仰は定められたものであり、預言者は手引きである。預言者は手引きであり、奇蹟により指針を与えられる。奇蹟を起こす能力は知恵により強められる。知恵は力であり、生活はパリサイに与えられる。預言者はそれ〔パリサイ〕を学ぶことである。学ぶことは祝福される。学ぶことで我々は神を畏れるようになる。神への畏れは有徳者であることの始まりである。そのことにより霊は武装されるのである」。*Лурье*, Идеологическая, С. 172-178. を参考にした。

(28) Fine, Fedor, pp. 500-504; Lilienfeld F. von. Das Laodikijskoe poslanie des grossfürstlichen D'jaken Fedor Kuricyn. JbfGO. Neue Folge. Band. 24. 1976. S. 1-22; Maier J. Zum judischen Hintergrund des sogenannten Laodicenischen Sendschreibens. JbfGO. Neue Folge. Band. 17. 1969, S. 1-12. ケンプファーは、ユダヤ的要素と同時にルネサンス的要素を見る。Kämpfer F. Zur Interpretation des Laodicenischen Sendschreibens. Jahrbucher für Geschichte Osteuropas（JbfGO.）. Neue Folge. Band. 16. 1969. S. 53-69.

(29) *Клибанов*, Реформационные, С. 63-82. フライダンクは、これを自由思想ともクーリツィンとも結び付けることに慎重である。Freydank D. Der Laodicenerbrief（Laodikijskoe poslanie）, Zeitschrift für Slawistik. Bd 6. Berlin, 1966, S. 369-370.

(30) Howlett, *The Heresy*, pp. 192-194.

(31) Howlett, *The Heresy*, pp. 185-190.

(32) この詩がフョードルの署名と共に伝来するようになる過程は極めて興味深いものの、本書でこれは扱わない。

(33) フォティオスの名を冠した教会法の目次は通常は年代順に並んでいるが、イヴァン・ヴォルクの教会法集成ではテーマ別に並んでいるという。*Бегунов*, Кормчая, С. 143-145.

(34) *Бегунов*, Кормчая, С. 141-159.

(35) *Плигузов А.И.* Полемика в русской церкви первой трети XVI столетия. М., 2002, С. 142. ベグノーフがこの集成の特質をこの写本の写字生に求めることなく、無批判にイヴァン・ヴォルク本人と結び付けている点も問題である。*Бегунов*, Кормчая, С. 148.

(36) *Панов*, Ересь, С. 43.

(37) *Никитский*, Очерк, С. 55-56; *Лурье*, Первые идеологи, С. 96-97; *Зимин*, Россия, С. 140-159.

(38) АЕД. С. 164-165; *Клибанов*, Реформационные, С. 215; *Сервицкий*, Опыт, С. 300-308. 但し、ルリエーもクリバーノフも、クーリツィンとエレーナとの直接の関係を示していない。彼らは、エレーナが「異端者」であったことを認めることで、間接的に書記官とエレーナとの関係を認めているだけである。またクーリツィンはドミトリーの父であった小イヴァンと勤務関係があった。Акты социально-экономической истории Северо-Восточной Руси（АСЭИ）. т. 1. М., 1952, С. 399-400.

(39) Vernadsky, The Heresy, pp. 443-446; *Рыбаков*, Воинствующие, С. 23-24. これらの論者は、一四九〇年に裁かれたノヴゴロド出身の修道士や司祭たちもまた修道院の土地所有に反対していたと論じている。しかしクリバーノフは、この説を以てヨシフを闘いに駆り立てた主要な理由とすることに批判的である。*Клибанов*, Реформационные, С. 215.

(40) Hösch, Orthodoxie, S. 70.
(41) ПСРЛ. т. 4, С. 271.
(42) 著者の見るところ、修道院所領の問題は別の回路を通じてこの「異端者」事件と繋がっていた。これについては本書第六章を参照されたい。
(43) ゲンナージーの史料のみが偶然に伝わった可能性がある中で、「ゲンナージーだけ」が書記官を問題視していたと述べるための根拠を記す必要があろう。筆者は上記の第三の点、ヨシフの書記官観は大主教のそれからの引き写しであるという点に注目する。というのも、ヨシフが数年後にフョードルの「悪業」について改めて記そうとした際に、彼は情報を収集し、利用できる情報はおよそ手にしたと予想できるが、それにも拘わらず彼が利用できたのはゲンナージーの告発書と会議判決書だけだったと考えられるからである。その意味では逆に、一四九〇年までの段階でフョードルを問題にしていたのがゲンナージーだけであったと考えることも特別ではなかろう。
(44)『啓蒙者』各章の表題において、「異端者」の代表的三人のなかにフョードルが含まれている事実を以て、ヨシフがフョードルを重視していたと考えるべきではない。第四章で述べられたように、ヨシフの第一の打倒対象であった府主教ゾシマについて、その名を明記することは彼の身の危険を伴った。ゾシマを批判した彼の弟ヴァシアン以下の聖職者たちが投獄された事実を想起されたい。そこで彼は、表題においては彼の一番弟子であるクーリツィンの名を挙げたと考えられるのではないか。
(45) *Плигузов*, "Книга на еретиков", С. 135.
(46)『啓蒙者』には一四九〇年会議の判決書からも「異端者」イメージが流入している。しかし、この会議にフョードル・クーリツィンは引き出されなかったのであり、従ってフョードルに対する「異端者」観は専らゲンナージーから引き継がれたと考えるべきであろう。
(47) АЕД. С. 377.
(48) АЕД. С. 380.

(49) АЕД. С. 380.
(50) АЕД. С. 380-381.
(51) АЕД. С. 381.
(52) Hösch, Orthodoxie, S. 74; Howlett, *The Heresy*, pp. 198-199.
(53) АЕД. С. 377.
(54) АЕД. С. 380-381.
(55) АЕД. С. 380-383.
(56) *Алексеев*, У кормила, С. 203-222.
(57) АЕД. С. 436. この書簡では二度の会談について記されている。上記の引用は、二度目のものである。АЕД. С. 205; *Скрынников*, Крест, С. 185.
(58) *Карамзин*, История, т. 6, С. 44-45, 175-179; *Соловьев*, Сочинения. кн. 3, С. 56-62, 185.
(59) *Панов*, Ересь, С. 261; *Карамзин*, История, т. 4, С. 175-179; *Соловьев*, Сочинения. кн. 5, С. 79-87.
(60) ジミーンによれば、両者はトヴェリ宮廷を通じて結びついていた。エレーナの夫の小イヴァンは、トヴェリ大公ボリス（在位一四二五－六一年）の孫であり、前者が裁いた案件には、ハンガリーから帰国後のフョードル・クーリツィンが関与していた。*Зимин*, Россия, С. 145-146.
(61) *Соловьев*, Сочинения. кн. 3, С. 185-186.
(62) *Лурье*, Идеологическая, С. 182-184.
(63) カラムジン以来、殆どの研究者はこれを即座にエレーナが「異端者」（或いはその庇護者）であることの証拠とした。*Карамзин*, История, т. 6, С. 122, 註 320; *Клибанов*, Реформационные, С. 215; *Лурье*, Идеологическая, С. 181.
(64) Howlett, *The Heresy*, p. 200; *Скрынников*, Крест, С. 184-186.
(65) *Скрынников*, Крест, С. 184-186.

(66) チェレプニンは、エレーナの父親にあたるモルダヴィアのステファンがリトアニアとの戦争を歓迎しなかったことを指摘する。*Черепнин*, Русские, С. 316-317.
(67) Howlett, *The Heresy*, p. 117; ПСРЛ. т. 24, С. 213-214.
(68) 栗生沢「ヨシフ・ヴォロツキー」一六／一七号、一九七二／一九七三年、九一－一二四／二〇三－二三九頁。
(69) 田辺三千広「モノマフの王冠」『名古屋明徳短期大学紀要』一八号、二〇〇三年、一〇五－一一三頁。
(70) なぜドミトリー本人が「異端者」として告発されなかったのか。これは推測の域を出ないが、血縁関係にあった孫を異端として告発し処罰するほど、大公は冷徹になれなかったのかも知れない。死の直前における、孫ドミトリーへの大公イヴァンの謝罪はこうした点を裏付けるように思われる。「かわいい孫よ。汝を投獄し、汝から正当なる王位を奪った余は、神と汝の前で罪を悔いた。それ故に余は汝に許しを乞う……。解放され、諸権利を享受せよ」と。*Герберштейн С.* Записки о Московии. М., 1988, С. 66.
(71) ПСРЛ. т. 28, С. 331.
(72) *Карамзин*, История, т. 6. С. 174, Примечание к VI тому, С. 61, примеч. 451; *Соловьев*, Сочинения. кн. 3, С. 61, 184-185.
(73) ПСРЛ. т. 21. ч. 1. СПб., 1908, С. 572.
(74) *Карамзин*, История, т. 4. прим. 451; *Соловьев*, Сочинения. кн. 3, С. 61.
(75) パノーフはパトリケーエフ公らが「貴族・分領公」身分であったことを根拠にして、彼らを「異端者」に近いと考えた。*Панов*, Ересь, С. 260-261.
(76) ルリエーは、『階梯書』の記事を後代の捏造と考えた（例えばニコン年代記では、ヴァシーリーの「大公」への登位と分領公らの逮捕とは関連付けられていない）。彼によると、大公になったヴァシーリー（三世）が後代に、ヴァシーリー（ヴァシアン）・パトリケーエフが以前から自分に敵対的であったことを示すために、ヴァシアンの配流と大公ヴァシーリーの「復帰」が関係あるかのように結び付けたという。*Лурье*, Первые идеологи, С. 81-106. バジレヴィチは、リトアニア政策に関わった者がこの時期に次々と失寵を蒙ったこと、また一五〇三年にリトアニアに使節が送られた際に大公イヴァンが、「汝ら（使節）は、かつてセミョン・リャポロフスキー公がヴァシーリー・イヴァノヴィチ・パトリケーエフ公と共に高慢に振る舞った如くには、振る舞ってはならない」と述べたことを根拠にして、三人の貴族への処刑が基本的にはリトアニア外交における転換と関係していたと考えた。Сборник императорского русского исторического общества. т. 35., С. 428; *Базилевич*, Внешняя, С. 370-374. チェレプニンもまた、彼らの失寵を、モスクワ大公国の外交路線に関するものと考えた。すなわちリトアニアとの和平路線をとる貴族らは、イヴァン三世のリトアニアとの戦争の決定に反対して失寵を蒙ったと。但し、彼は、エレーナの父親であるモルダヴィアのステファンが、リトアニアとモルダヴィアとの分裂を望まず、そのことがエレーナをして対リトアニア戦争に反対させたことを指摘した。その意味で、リャポロフスキーらはエレーナ派に属したという。*Черепнин*, Русские, С. 314-317.

(77) И・スミルノーフは、大前提として、封建貴族の代表格であったリャポロフスキーらと大公とを対立関係においた。前者の封建的分領主義的傾向と後者の集権化志向とは相容れないものであった。ここにおいて前者は権力の把握のためにドミトリーに接近したという。しかし本書の著者には、対立関係を先に設定する彼の方法は受け入れがたい。*Смирнов И.И.* Рецензия на книгу К.В. Базилевича "Внешняя политика русского централизованного государства". Вопросы истории, 1952, No. 11. С. 142-145.

(78) 彼女は、『階梯書』の記事は信頼できると考えた。この書はイヴァン四世（在位一五三三―八四年）時代に、つまり既にヴァシアンの二度目の失寵後に作成された。それ故に、彼女によれば、ヴァシアンに気を遣うことなくこの書の編者は史実を記した。つまり、一四九九年の失寵が後継問題と関係していたことを隠さずに記したという。*Казакова*, Вассиан, С. 46. しかしこの意見は、失寵と後継問題とが現実に結び付いていたことを前提としており、妥当とは言えない。

(79) *Казакова*, Вассиан, С. 46-47, 95-104.

(80) *Казакова*, Вассиан, С. 43-48.

(81) *Казакова*, Вассиан, С. 93-94.

(82) *Казакова*, Вассиан, С. 94-96.

(83) *Плигузов*, Полемика, С. 142.

(84) ルリエーは、リャポロフスキーらを除いた上で、「異端者」グループの一体性を認め、更にドミトリーの後継問題における敗北に発するこのグループ全体の没落を認めている。*Лурье*, Идеологическая, С. 407-409.

(85) この議論は、カザコーヴァの研究の後にも更に継続された。Fennell, *Ivan the Great*, pp. 333-352; *Каштанов*, Социально-политическая, С. 105; *Хорошкевич*, Об одном, С. 129-139; *Зимин*, Россия, С. 170-177. 但し、それらは「異端者」の問題とは完全に切り離されており、従ってここでは触れない。

(86) АСЭИ. т. 1. М., 1952, С. 399-401.

(87) ジミーンは、一方でВ・ロモダノフスキー公や「トヴェリ人」アンドレイ・コロボフとリャポロフスキーらとの政策上の近さに基づき、他方で前二者とドミトリーの出身地の近さに基づいて、リャポロフスキーらとドミトリーの派閥の結び付きを主張したが、直接の関係を指摘できていない。*Зимин*, Россия, С. 169.

(88) *Соловьев*, Сочинения. кн. 3, С. 58-61; *Смирнов*, Рецензия, С. 142-145; *Зимин А.А.* Рецензия на книгу Л.В. Черепнина "Русские феодальные архивы". Советская книга. 1952-4.

(89) この点についていえば、明記はされないものの、既にカシターノフ以降の研究は「中央集権化対分領制」という図式から脱却している。*Казакова*, Вассиан, С. 43.

(90) *Лурье*, Идеологическая, С. 407-426.

(91) *Сервицкий*, Опыт, С. 300-308; *Панов*, С. 253-287.

(92) *Черепнин*, Русские, С. 297; Fennell, *Ivan the Great*, p. 350.

(93) *Зимин*, Россия, С. 168.

(94) 一四九四年のゾシマの退位により、ヨシフの当面の課題は達成された（本書第四章第五節を参照）。その後、ヨシフは、フョードル・クーリツィンについて沈黙している。ゲンナージーも同様であった。

第六章　一五〇四年の教会会議と「異端者」の処罰

はじめに

モスクワ大公イヴァン三世とその息子ヴァシーリー〔後の三世〕、そして多くの聖職者が参加して異端を裁いた一五〇四年の教会会議に関する画一的な叙述がロシアの年代記で伝わっている。「同じ冬、全ルーシの大公イヴァン・ヴァシリエヴィチとその息子の大公ヴァシーリー・イヴァノヴィチは、自分の父である府主教シモン、主教たち、会議全てと共に異端者を審問し、死刑を以て悪しき彼らを罰することを命じた。そして書記官の〔イヴァン・〕ヴォルク・クーリツィン、ミーチャ・コノプリョフ、イヴァシカ・マクシモフを一二月二七日に檻のなかで焼いた。また、ネクラス・ルカヴォフに対しては舌を抜くよう命じ、そして彼を大ノヴゴロドで焼いた。同じ冬、〔ノヴゴロドの〕ユーリエフ〔修道院〕の院長カシアンが焼かれ、その兄弟、その他の異端者たちが焼かれた。他の者どもは投獄され、また修道院に送られた」と記されている。(1) 一部の年代記においてのみ、カシアンの兄弟がイヴァシカ・サモチョルヌィという名であることが明らかにされ、更にグリージャ・クヴァシニャ、ミーチャ・プストセロフという二人の異端者もカシアンと共に焼かれたと補記されている。(2)

これまで長い間、この会議で断罪されて火刑に処された人々は、「ノヴゴロドの異端者」であったと考えられてきた。なぜなら、上記の記事を補足する史料が殆ど伝来しない中で、火刑に処された異端についてはヨシフ・ヴォロツキー[3]が『啓蒙者』新版（いわゆる拡大編集版）にてその正体を「異端者」と記していたからである。従って、一五〇四年の会議と火刑は、「異端者」が国家と教会の協力の下で弾圧された場と見なされてきた。[4]

しかしその後、ハウレットが、それまでの研究者と全く異なる意見を述べた。彼女はこの会議を、政治裁判の場の如く位置付けた。会議で処刑された人々は、確かに「異端者」として裁かれたが、現実には「異端者」ではなかった。彼らには裁かれる理由が別に存在していたのだが、当時の政治状況において、敢えて「異端者」として断罪されたというのである。彼女の考えでは、「異端者」として裁かれたこの人々は二つの集団からなっていた。すなわち、イヴァン・ヴォルクらモスクワで処罰された人々と修道院長カシアンらノヴゴロドのそれが別個の集団であったというのである。彼女は、イヴァン・ヴォルク、そしてその兄フョードル[5]も含めた第一の集団について、次の二つの観点から考える必要があるとする。第一に、彼らは、以下で詳述されるように、イヴァン三世の後継者争いに敗北したドミトリー（大公イヴァンの孫）支持者の中心にいた母后エレーナ・ステファノヴナに対する処罰を正当化する目的で、大公によって「異端者」として仕立て上げられた人々であったという。ハウレットによると、エレーナの出身国モルダヴィアは当時モスクワの外交戦略における地位を低下させていた。その一方で大公宮廷においては、大公の後妻ソフィヤが、一度は後継者に指名されたドミトリーの大公位継承を阻み、自分の息子ヴァシーリーを後継者にするために陰謀を画策しており、その結果、エレーナは一五〇二年に息子ドミトリーと共に逮捕、投獄され、その三日後にはソフィヤの息子ヴァシーリーが大公の後継者に指名された。この時、大公イヴァンには、エレーナの投獄措置を正当化する必要があった。そこで彼は、書記官ヴォルク・クーリツィンに代表されるエレーナの取り巻きがかつて有罪判決を受けた「異端者」の一員であったことを「証明」し、更に、彼らを通じてエレーナも「異端者」であったことを「明らかにした」という。(6) 第二に、彼らは同時に、モスクワ大公国の対リトアニア政策における、いわゆる「一四九四年体制派」であった。彼らは外交努力により、長きにわたる両国間の戦争状態を終結させようとし、一四九四年にリトアニアとの和平を達成した。この時に、大公イヴァンはその娘エレーナ・イヴァノヴナを、リトアニア大公アレクサンドラス（在位一四九二―一五〇六年）に嫁がせた。しかし、一五〇〇年になると和平は崩壊し、リトアニアとモスクワは戦争を再開した。そのために、イヴァン・ヴォルクらはその失策の責任を負い、処罰されたという。このように、ハウレットによれば、一五〇四年の会議というのは、（一）エレーナ（ドミトリーではなく）に対する処罰を正当化するためのいわば「人身御供」を処罰する場であった。またこの会議は、（二）一五〇〇年の対リトアニア戦争再開に関連して、それまでの、一四九四年以来の和平状況を造りあげた外交官たちを処罰しようとする大公イヴァンの目論見を反映していたという。他方で、カシアンら、処刑された第二の集団は、一四七八年に終焉を迎えた独立時代のノヴゴロドの「遺制」を代表した人々であり、それ故に彼らは、死期の迫った大公イヴァンにより、予防策として、火刑に処されたという。このように、二つの集団は、宗教的な理由からではなく、当時の政治問題との関連で、大公イヴァンの主導によって、教会による異端宣告という手段を通じて処罰されたというのである。(7)

このように、ハウレットは、一五〇四年に処罰された人々が全員、一四九〇年に処罰された「異端者」の構成員であったとする従来の説を批判した。「異端者」は一四九〇年の教会会議を最後に収束しており、従って彼らは一五〇四年には裁かれようがなかった。また一五〇四年に火刑に処された人々を「異端者」と証言しているのがヨシフだけであり、加えてその証言は後代に作られた『啓蒙者』「拡大編集版」（成立は早く見積もっても一五一四年）のものであった。(8) それ故に、ハウレットは、ヨシフの証言を鵜呑みに出来ないと考えたのである。(9)

著者は、一五〇四年に処罰された集団を二分した上で、これら双方を更に一四九〇年の「異端者」とも区別するハウレットの考えそのものは妥当と考える。なぜなら本書第一、第二部で論じられたように、本来の「異端者」は、一四九〇年に教会会議後には存在しなかったと考えられるからである。その後「異端者」は、専ら正教会内部において、告発正当化のための参照先としてのみ生き残り続けた。九〇年代前半には、ヨシフがこの手法を利用し、七千年終末をめぐる主張、修道制批判、府主教ゾシマといった己が敵視する存在を「異端者」及びその教説として仕立て上げて告発し、それへの処罰を正当化した。この告発こそ、ヨシフが『啓蒙者』「簡素編集版」(原初版)を作成した目的であった。[10]こうした手法を駆使したヨシフのみが、一五〇四年の異端者を一四九〇年の「異端者」であると記しているのである。つまり一五〇四年の異端者に関するヨシフの証言を、「現実の関係」について述べたものではなく、当該の敵対者を「異端者」として仕立て上げて告発するという以前の手法が採用された結果と考える根拠があるのである。従って、当時の状況を再検証する必要がある。また、この考えが正しいとすれば、その場合には、一五〇四年に裁かれた人々が最終的に宗教的異端者として裁かれたにせよ、それとは別に、ハウレットが提起した如く、彼らが何者であり、なぜ裁かれたのかという問題が生じることになる。これにも答える必要がある。

ハウレットは、以上の意見を、実は彼女の研究の結論部で見通しとして述べているに過ぎず、史料的に根拠づけなかった。[11]これはある程度は仕方のないことであった。というのも、この会議については上記年代記に加えて僅かな史料しか残っていないからである。だが著者の考えでは、そうした僅かな史料にさえまだ読み込みの余地がある。それ故に、本章では彼女の説を検証しながら、一五〇四年の会議とそこで行われた火刑についての考察を進めたい。

著者の考えでは、本章における検討は、当時のロシアにおける国家と教会との新たな関係の構築を明らかにする。

この事件を仲立ちとして、両者はその後のロシア国家に特徴的な国家と教会との密な関係を築き上げていくことになる。

第一節　裁かれた人々の経歴——考察の前提として

まずは一五〇四年に裁かれた人々の経歴を見ておきたい。これは、火刑事件の考察のための重要な示唆を与えてくれる。

①モスクワで火刑に処された大公書記官イヴァン・ヴォルク・クーリツィンは、大公国の外交の場で活躍した人物であった。一四九二年四月にイヴァン三世は、ユーリー・トラハニオテス、ミハイル・クリャピク・エロプキンと共にイヴァン・ヴォルクを、神聖ローマ皇帝への使節として遣わした。彼らは同年七月に帰国している。[12] 一四九七年六月にリヴォニアからの使節団がモスクワに到着した際には、彼はコンスタンチン・ザボロツキーらに従い、この使節との交渉の場にいた。[13] 同年八月には貴族ピョートル・ロバン・ザボロツキーとともに彼はリトアニアのアレクサンドラス大公への使節に名を連ねている。[14] このように、イヴァン・ヴォルクは、兄フョードルほどではないものの、外交において重要な役目を果たしていた。

それ以外にも、彼の名前は、一四九五年に大公イヴァンがノヴゴロドを訪れた際の随員として、他の五人の書記官の名と共に記録されている。[15]

イヴァン・ヴォルクの国内の行政活動に関する唯一の痕跡は、大公位即位前のヴァシーリーが裁いたヤロスラヴリの土地に関する裁判記録（一四九五—九七年）になされた署名である。[16]

ところで、このイヴァン・ヴォルクに関して言えば、彼の署名入りの「教会法令集」の写本が伝わっている。[17]詳しくは本書第五章で述べられたので、ここでは簡単に記しておこう。かつてЮ・К・ベグノーフがこの教会法令集の異端性に注目した。そしてこのことを根拠にして、ベグノーフは、この写本の作成者イヴァン・ヴォルクが「自由思想家」であり、「異端者」であったと論じた。[18]しかしその後の研究者たちはこの意見を否定している。というのも、この教会法令集に固有とされる諸特徴は、決して特別なものではないことが判明したからである。[19]

②モスクワで処刑された第二の人物であるミーチャ・コノプリョフに関する唯一の情報は、彼が一五〇三年五月のリトアニアへの使節に小貴族として名を連ねていることである。この使節は、同年九月にモスクワに戻った。[20]

③イヴァシカ・マクシモフについての情報も少ない。彼が、一四九〇年に異端宣告を受けた司祭マクシムの息子であり、長司祭アレクセイの娘婿でもあったというヨシフの証言、[21]また一五〇三年頃のヨシフの書簡に記される、イヴァシカが公妃エレーナ・ステファノヴナにユダヤ教を教えたという大公イヴァンの証言が、彼に関する僅かな情報である。[22]

モスクワで処刑された以上の三人に接点はあるのだろうか。イヴァン・ヴォルクは大公書記官であり、当然モスクワ宮廷で勤務していた。ミーチャ・コノプリョフについても、彼が外交活動に参与していたことを考慮すれば、宮廷勤務をしていたか、そうでなくとも宮廷に近い距離にあったと考えることができる。またイヴァシカ・マクシモフについて言えば、大公イヴァンの証言の信憑性は明らかでないものの、イヴァシカとエレーナとの間に何らかの接点があったことを否定する根拠はない。逆に彼がエレーナと全く無縁な人物であったなら、大公の証言は説得力を持たなかっただろう。またイヴァシカがアレクセイの娘婿であったとするヨシフの証言は、アレクセイがモスクワ・ウスペンスキー聖堂の長司祭だったことと兼ね合わせるならば、イヴァシカがモスクワ在住であったと考える根拠になる。このように、彼ら三人はモスクワ在住で、宮廷に近かった人々と見なす根拠がある。しかし、この三人を一つの集団としてまとめることは出来るのだろうか。

既述の通り、ハウレットはこの三人をひとまとめにした上で、彼らが（一）公妃エレーナ・ステファノヴナに対する処罰を正当化するための「人身御供」であり、同時に（二）大公国の外交政策における「一四九四年体制派」であったと述べた。この時期にリトアニアとの戦争を再開させた大公は、大公の娘エレーナ・イヴァノヴナとリトアニア大公アレクサンドラスとの婚姻を通じて一四九四年以来の和平体制を築いた外交官を処罰したという。(23)

しかしこの説には以下の問題点がある。すなわち大公の証言通りに、イヴァシカ・マクシモフとエレーナとの間に何らかの接点があるとしても、イヴァン・ヴォルクとミーチャ・コノプリョフの二者にはエレーナとの接点が確認されないことである。上記の土地案件の記録になされたイヴァン・ヴォルクの署名は、逆に、彼が大公の子ヴァシーリー（後の三世）の官房にいたことを、つまり彼とヴァシーリーとの結び付きを示唆する。また一四九七年に彼が使節としてリトアニアへ派遣された際、彼は、リトアニアのアレクサンドラス大公に、ヴァシーリーの母后ソフィヤからの挨拶を伝えている。彼が、「我が主人 **государыня** にして大公妃であられるソフィヤが、娘婿殿であるアレクサンドラス大公陛下にご挨拶申し上げるようお命じになりました」と述べたことが記録されている。(24) ソフィヤの言葉を伝えたのが、使節団長にして貴族のピョートル・ロバン・ザボロツキーではなく書記官イヴァン・ヴォルクであったことも、彼がソフィヤとヴァシーリーに近い人物であったことを窺わせる。

このように、モスクワで処刑された三名をモスクワ在住者と考えることが出来るものの、その活動を見る限り、彼らが単一集団を形成していて、同一の理由で処罰されたとは考えにくいのである。

次に、ノヴゴロドで処刑された人々の経歴を見ておこう。

①ノヴゴロドのユーリエフ修道院のカシアンに関する情報は殆どない。年代記の処刑記事を除けば、彼についての情報は、後代（一五一四年以降）[25]に成立した『啓蒙者』第一五章のなかで初めて登場する。それによれば、カシアンは、一四九〇年会議後のある時点で、フョードル・クーリツィンの推挙を受けて、イヴァン三世により当該修道院の院長に任じられたという。[26]カシアンの就任をハウレットは一四九四年、スクルィンニコフは一四九九年とするが、両人共にその論拠を記していない。[27]また、後述するように、彼の兄弟イヴァンについて、カシアンの院長就任の記事の直後に、「彼〔カシアン〕とともに、彼の兄弟のサモチョルヌィも大ノヴゴロドに来た」とされているので、カシアンはノヴゴロド外部の出身者と考えられる。[28]フョードル・クーリツィンとゾシマが彼を推挙したという『啓蒙者』の記事を信じるならば、カシアンはモスクワ出身と考えられよう。

ここで、ユーリエフ修道院の院長職について言及する必要がある。この院長職は、モスクワに併合される前のノヴゴロドでは、当地の修道院組織の頂点に位置していた。つまり院長職は、ノヴゴロド大主教と並び、ノヴゴロド教会組織の二大頂点であった。ハウレットによると、この地位はモスクワへのノヴゴロド併合後にも保持されており、[29]彼女はまさにそのことを一五〇四年のカシアン処刑の原因と見なす。すなわち死期を悟った大公イヴァンは、ユーリエフ修道院の院長という潜在的な反モスクワ的「遺制」の根絶を企てた、というのである。[30]しかし、当該修道院院長を反モスクワ的と断じる彼女の論拠は記されていない。先述のように、カシアンは、大公イヴァンにより任じられ、ノヴゴロド外から来たとするヨシフの証言がある。著者の考えでは、カシアンの処刑理由を予防策という一般的な理由に求めるべきではない。以下第三節で述べられるように、カシアンには処刑される具体的理由があったと考えられるからである。

スクルィンニコフは、異なる観点からカシアンについて述べている。彼によれば、カシアンは、ヨシフの証言の通り、大公自身が任じた人物であった。大公は、当時の一大事業であった修道院所領没収の実現に向けて、カシアンをノヴゴロドの修道院組織の長に据えたという。[31]

大公がカシアンを任じたというヨシフの証言は、著者の考えでは、信用できる。一四七八年のノヴゴロド併合後、大主教が現地の聖職者団からではなく、モスクワ大公の承認の下で任命されたこと、また一五〇〇年にノヴゴロドの教会領、修道院所領の多くが没収されたことを考慮したい。修道院組織の長であるユーリエフの院長の任免権もモスクワ大公が握っていたと考えられよう。加えて『啓蒙者』では、危険を冒してまで大公こそが「異端者」カシアンを任命したと記されている。これを彼の創作と考えることはできまい。

②カシアンの兄弟イヴァシカ・サモチョルヌィについては、情報は殆どない。ヨシフの証言によれば、彼は、兄弟カシアンと共にノヴゴロドの外から来たという。[32]

③グリージャ・クヴァシニャについて言えば、ハウレットは、彼がノヴゴロドで処刑されたことを考慮し、ノヴゴロドの下級官僚アレクセイ・クヴァシニャの親族であった可能性をグリージャに見る。[33] 年代記によれば、クヴァシニャ家はノヴゴロドの有産家門であった。[34]

④ネクラス・ルカヴォフについては、一五〇〇年の土地台帳に記されている。彼は、ノヴゴロドのヴォツカヤ地方（ピャチーナ）の封地領主であり、この地方及び大公の所領に多くの封地を持っていた。[35] ハウレットは、このネクラス・ルカヴォフが、処刑前に舌を切断されたことに注目した。刑罰としての舌の切断は、一四八八年の小貴族ムント・タチーシチェフの処刑にその典型を見ることが出来る。[36] この者は、大公イヴァンがその弟であるウグリチのアンドレイを逮捕しようとしているという噂を広め、その廉で舌を切られたと年代記が記している。[37] またイヴァン四世時代の一五四五年九月三日には、アファナシー・ブトゥルリンが舌を切られて処刑

されており、これもまた舌禍であった。[38] 一七世紀のA・コトシーヒンも、君主に対する不敬な言葉や中傷が、鞭打ち及び舌の切断で処罰されることを記している。[39] こうした事実を考慮する限り、ネクラスの処刑もまた舌禍であった可能性が高い。

⑤ミーチャ・プストセロフについての情報は全くない。年代記に記された、処刑された人物の経歴については以上である。

⑥ところで、年代記に記された人々とは別に、ヨシフは、大公イヴァンに宛てて書き送った書簡のなかで、異端者セミョン・クレノフの名を挙げる。彼は火刑ではなく、ヨシフが院長を務めるヴォロコラムスク修道院に収監された人物であった。[40] セミョンの「異端」性について、ヨシフは、彼が異端であり、「賢者ぶっていた」と抽象的に記すだけである。

このセミョンについて、ヨシフは、既に一四九〇年代前半に『啓蒙者』のなかで、長司祭アレクセイと司祭デニスが「商人からはセミョン・クレノフを」異端に引き込んだと記していた。[41] しかし、セミョンとイヴァン・ヴォルクら書記官たちとの具体的関係は明らかでない。

このように、現存史料から判断する限り、一五〇四年に裁かれた人々を単一グループとしてまとめる必然は全くない。但し、モスクワで裁かれた人々とノヴゴロドのそれとの間には、大まかに言えば、経歴・身分による差があることは指摘できる。前者はモスクワ在住で宮廷に近い人々であり、後者はノヴゴロドの聖職者、また身分的には低い、在地の封地領主等であった。

第二節　一五〇四年のモスクワ教会会議における異端宣告

ところで、彼らの経歴それ自体は、彼らが異端として処罰された理由を考えるための一材料ではあっても、それを明示するものではない。なぜなら、異端という存在は、そもそも根本的には、**他者により、異端でないかと見なされ、告発されて初めて生じる**からである。そこで、彼らが異端と見なされ処罰された一五〇四年の教会会議の内実を検討し、イヴァン・ヴォルクらに対する異端判決および処罰の理由（表向き及び背後のそれ）を考察したい。

（一）参加者と形態

一五〇四年の教会会議に関する情報は、上述の、無味乾燥な年代記記事を除けば、殆ど伝わらない。この会議の議事録・判決書は伝来していない。これが単に伝わらなかっただけなのか、最初から存在しなかったのかについては若干の議論がある。ベグノーフは、現存するノヴゴロド地方の過去帳の冒頭に記されている、「異端者」に対する呪詛の言葉に幾つかのバリエーションがあることに注目した。彼は、なかでも、いわゆる「第二版」と呼ばれる呪詛のなかに、一四九〇年に裁かれた「異端者」には該当しない、二つの「罪状」（七つの公会議の否定、神への不信心）が含まれていることを指摘し、この二つの「罪状」こそが、現存しない一五〇四年の会議判決書を反映していると考えた(42)。しかしこの二つの「罪状」は、既にルリエーが指摘したように、一四九〇年の判決書に既に記されていると解釈できるのであり(43)、また一五〇四年の判決書の存在をアプリオリに認める議論は建設的ではない。これと逆に、ハウレットは、この会議が判決書を残さなかったと断定し(44)、それ故にこの会議が、規定の審問さえ行わずに異端宣告を行った、いわば「私刑」の場であると考えた。[45] しかし、判決書がなかったと決めつける議論も、またそれ故にこの会議が私刑を執行したと考えることも早急に過ぎる。

さて、年代記の記事を除いて、僅かながらもこの一五〇四年会議の経過について知らせてくれるのが、会議後に書かれた匿名の「一五〇四年会議の判決の遵守に関する書簡」（以下「遵守書簡」と略す）である。その著者については、これを府主教シモンとする説、[46] ヨシフとする説が存在する。[47] この書簡に従って一五〇四年の会議を見てみよう。

書簡の著者は、以前の一四九〇年のモスクワでの審問会議から話を始めている。彼によれば、一四九〇年会議における「異端者」への処罰は軽微なものに止まった。彼らは、会議後にノヴゴロドに移送されると、厳罰から逃れるために悔い改め始めたのである。もちろんそれは上辺だけのものであり、これを信用する必要はなかった。だが大主教ゲンナージーは結局これを信用し、彼らの改悛を受け入れ、その結果、「異端者」は火刑を免れるに至ったという。しかし今回の一五〇四年会議では、「信心深き全ルーシの大公イヴァン・ヴァシリエヴィチ〔イヴァン三世〕と彼の息子で、やはり信心深き全ルーシの大公ヴァシーリー・イヴァノヴィチは、我々卑しきあらゆる聖職者、あらゆる会議と共に、異端者を処罰するようお命じになられた。この時、とりわけ〔二人の大公は〕背教者についてお話しになり、また異端者たちに対して立ち上がって彼らのユダヤ的或いは悪しき行いの廉で彼らを告発した数多くの真の聖職者たちについてもお話しになられた。そして信心深き全ルーシの大公イヴァン・ヴァシリエヴィチと彼の息子で、やはり信心深き全ルーシの大公ヴァシーリー・イヴァノヴィチは、ユダヤ的に思考する者どもを火に投じるよう、或いは舌を切るよう、或いは他の刑を処すようお命じになった。彼らは、自分たちへのそうした災いを知り、その全員が、火で焼かれること、その他の苦しい死による処罰で死ぬことを望まず、悔い改めを始めた。

だが神の書物は、迫られてではなく、自らの意志で改悛する者の懺悔を受け入れることを認めているのである……」とある。これ以降、この書簡では、一五〇四年の火刑が正当な処置であったことの根拠が様々な聖人の著作から引き出されている。このように、「遵守書簡」の眼目は、一五〇四年会議の経過や決定を伝えるというよりもむしろ、読み手に対しその決定を受け入れ、これに不平を漏らさぬよう戒める、正当化のための文書であった。[48]

本章冒頭の年代記記事とこの「遵守書簡」を見ると、異端を裁くこの教会会議で主宰者的な立場にあったのは二人の大公であった。貴族、書記官ら他の俗人の参加については明らかでない。この会議に参加した聖職者について言えば、府主教シモンは確実に参加しており、それ以外には「主教たち」が出席した。[49]ハウレットは、スーズダリ大主教ニーフォントやトヴェリ主教ヴァシアンら、一四九〇年会議の参加者が参加した可能性がある、と指摘するに留まる。[50]もっとも、ノヴゴロドのゲンナージーはこの会議の数ヶ月前に更迭・投獄されており、従って彼は参加できなかった。[51]

またキーパーソンであるヨシフはどうであろうか。ハウレットによると、ヨシフはこの会議に出席していなかったという。彼女はその論拠として、後にヨシフが大公イヴァンに宛てた書簡において、「君主よ、あなたは、我々のいとも清き〔聖母昇天〕修道院に異端者セミョン・クレノフを〔投獄のために〕お送りになりました。そして〔同時に届いた文書には〕彼が賢者ぶっていたことを示す彼の異端的な発言が記されており、そしてあなたは彼を修道院に留め置くようお命じになりました……」と記していることに注目した。[52]ヨシフはこの時点で初めて、異端者セミョンの異端的発言の具体的内容について、また自分の修道院に異端者を留め置く処置について知ったのであり、このことは、ヨシフが会議に出席しておらず、またセミョンの「罪状」を知らなかったことの証拠であるという。[53]ヨシフが『啓蒙者』のなかで、モスクワの会議の出来事について殆ど記していない状況も兼ね合わせるならば、ハウレットのこの意見には説得力がある。

但し、著者の考えでは、モスクワでの会議はさておき、ノヴゴロドにおけるカシアンらの処刑にはヨシフが深く関わっていた。これについては、その後に北ロシアのキリロ・ベロオーゼロ修道院の長老たちが、異端者の処刑に抗議してヨシフに宛てて書いた書簡が示している。「主人〔ヨシフ〕よ、カティーナ〔カターニャ〕の主教レオン〔七世紀〕は、占い師のレオドルを〔袈裟の〕領帯で縛り上げて焼き、ギリシアの皇帝の前で別の占い師のシドルを同じく祈りで焼いた。あなた、主人ヨシフよ、何故自分の聖性を試みず、また院長カシアンを自分の領帯で縛らないのか」と長老たちはヨシフに抗議している。[54] これは、異端者と自らを領帯で縛った上で共に火のなかに入ったが、異端者だけが燃え上がり、自分は無傷で生き残ったというビザンツの主教レオンの故事に倣い、ヨシフもカシアンと共に火中に身を投じる覚悟をすべきであったとするものである。ベロオーゼロの長老たちのこうした批判は、ノヴゴロドでのカシアンらの処刑の場にヨシフがいたことを示す。加えて、こうした批判が、大公や府主教にではなく、まさにヨシフに向けられていることを考慮するならば、ヨシフは、単にノヴゴロドでの火刑の場にいただけでなく、重要な役目を果たしていたと、恐らく主宰者的立場にあったと考えられる。

またヨシフ宛てのこの書簡のなかでは、モスクワで裁かれたイヴァン・ヴォルクらは全く言及されず、専らカシアンだけが言及されている。この事実もまた、彼の処刑とヨシフとの繋がりを、また他方でモスクワでの会議におけるヨシフの不在を裏付けるものと言える。

(二) 異端宣告の状況

さてモスクワでの会議において、二人の大公を筆頭とする出席者は、審問の対象をどのように把握し、異端宣告を下し、火刑へ導いたのか。既述の通り、年代記の記事にはこれに関する情報はない。

先の「遵守書簡」の著者は、会議で裁かれた人々が「キリストを否定している」[55]こと、彼らが「ユダヤ教を教え」、「我々の主であるイエス・キリスト、いとも清きその母親、偉大なる洗礼者ヨハネ、あらゆる聖なる使徒たち、受難者たち、聖人たち、証聖者たちを冒瀆し」、「神の教会に対して汚らわしきことや冒瀆を行い、命を創り出す十字架やいとも清きイコンを火にくべたり、刻んだり、歯でかみついたり、汚らわしい場所に投げ入れたり、地面に叩きつけたり、鳥に結び付けたり、汚い場所に置いてこれを汚した」ことを記している。[56]加えて彼らは「暴食し、酩酊するまで大酒を飲み、聖なる教会でいかがわしい行為に耽って」いたとも記されている。[57]そして書簡の著者は、彼らを総じて「ユダヤ的に思考する異端者」(「ノヴゴロドの」という語はない)と呼ぶ。[58]

ここで注目されるべきは、挙げられている「罪状」が、『啓蒙者』において一四九〇年に裁かれた「異端者」に付された「罪状」と完全に一致していることである。[59]

以上の事実は、「遵守書簡」の著者は「ノヴゴロドの異端者」という呼称を使わないものの、実際には、『啓蒙者』に記された「異端者」観から影響を受けており、一五〇四年に裁かれた人々を「ノヴゴロドの異端者」と見なしていたと考える根拠になる。

但し、以上の検討はあくまで「遵守書簡」についてである。従って、次に考察されるべきは、現実の一五〇四年の会議についてである。この会議でイヴァン・ヴォルクらは、「遵守書簡」で描かれるが如く、「異端者」として処罰されたのか。或いは「ノヴゴロドの異端者」とは異なる異端として裁かれたのだろうか。

幾度も述べるように、一五〇四年の会議を伝える史料が僅かである以上、ここで提起された問題の解明は困難である。しかし著者には、一五〇四年会議においても、イヴァン・ヴォルクらは「ノヴゴロドの異端者」として裁かれたと考えることが出来るように思われる。というのも、まず「異端者」の研究文献で古くから知られている、モスクワのアンドロニコフ修道院院長ミトロファンに宛てたヨシフの書簡（一五〇三年頃）のなかで、ヨシフと大公イヴァンとの二度の対談について記されており、そこでヨシフは、「長司祭アレクセイの異端教説とフョードル・クーリツィンの異端教説に関連して、私〔ヨシフ〕に〔大公は〕次のように述べた。『余のところで、イヴァン〔イヴァシカ〕・マクシモフが息子の嫁〔エレーナ〕をユダヤ教に引き込んだのである』」と述べているからである。[60] つまり既に一五〇三年の時点で、イヴァシカ・マクシモフは、後に一五〇四年に会議を主宰することになる大公イヴァン本人により「ノヴゴロドの異端者」と見なされていたのである。[61] 著者はこのことを重視したい。つまりイヴァシカは、一五〇四年の会議においても、最初から「異端者」として異端宣告を受けたと考えられるのであり、「遵守書簡」は、この点を正確に反映していると考えられるのである。

しかし、イヴァシカと同時に処罰されたイヴァン・ヴォルクとミーチャ・コノプリョフ、またネクラス・ルカヴォフがイヴァシカと同じく「異端者」として裁かれたと言うための直接の材料はない。但し、年代記記事は、イヴァシカとイヴァン・ヴォルク及びミーチャとを異端としてひとまとめにしており、また区別していた痕跡もないので、二名の外交官もまた「異端者」として処罰されたと考えるのが自然だろう。他方でネクラスだけは、処刑の状況に関して区別されている。まず舌を切断され、その後ノヴゴロドで処刑された。しかし、やはり彼がイヴァシカと同時に異端判決を受けたことを考慮すれば、彼も「異端者」として処刑された可能性は十分にある。

このように、直接的な証拠はないものの、一五〇四年のモスクワ会議においてイヴァシカ・マクシモフら四名は「異端者」として裁かれたと考える論拠が存在するのである。

（三）彼らが「異端者」として処罰された理由と状況

以上のように、恐らく会議は彼らを「異端者」として裁いたと考えられる。しかし、そのことを根拠にして、彼らを一四九〇年の「異端者」の一員と考えることは出来ない。第一に、本書第一章で見たように、一四九〇年に「異端者」として処罰されたのはノヴゴロド出身の下級聖職者や雑役、修道士であった。彼らは最終的に「ノヴゴロドの異端者」という一つの宗教的集団として異端宣告を受けたものの、現実には相互関連のない若干の集団或いは個人から構成されていた。例えば、修道士ザハールと司祭デニスたちは、ゲンナージーを批判していた点では一致していたものの、連携していたわけではない。このことは、教会聖職者の史料からさえ読み取ることができる。[62]このように、現実にはバラバラであったはずの「諸集団」がひとまとめに扱われ、その集団と処刑された人々とが結び付けられていること自体が、そもそもヨシフが一四九〇年の「異端者」に関する正確な知識を持ち合わせていなかったことの証左である。第四章で述べられたように、一四九〇年の「異端者」に関する彼の話の殆どは、ゲンナージーの書簡と会議判決書に記された話の繰り返しであったことも考慮しよう。また第二に、仮に一五〇四年に裁かれた人々が宗教的異端として問題にされていたのなら、ハウレットが述べるように、もっと早い時期から、例えば一五〇三年の教会会議等の場でこの問題が議論されたことだろう。[63]しかし現実にはそうならなかった。つまり一五〇四年の火刑の問題は一五〇三年会議以後の状況と深く関わっているのである。また第三に、敵対者を異端として告発することで処罰を正当化するという伝統的手法が、一四九〇年にノヴゴロドの司祭たちに適用されたことを考慮しよう。それにより彼らとゲンナージーとの闘争は終わった。以後、「異端者」は、専ら正教会内部において、「異端の参照先」としてのみ生き残り続けた。一四九〇年代前半には、ヨシフが、この手法を利用し、己が敵視する存在、すなわち七千年終末をめぐる主張、修道制批判、府主教ゾシマを「異端者」及びその教説として仕立てて告発し、それへの処罰を正当化した。従って、一五〇四年に処罰された人々についても、名目上「異端者」として裁かれたが、本来は別の理由があったと、つまり彼らは処罰の正当化のために、かつて有罪とされた「異端者」というレッテル張りを受けたのだと考えることは、根拠のないことではない[64]。こうした問題点が数多くあるにも拘わらず、革命前及びソヴィエト時代の研究者は総じて「ヨシフ史料」の記述を鵜呑みにし、イヴァン・ヴォルクらが現実に「異端者」の一員と考えたのである。しかし既に述べた多くの問題点は、むしろ現実が通説と全く逆であったと考える根拠を提供する[65]。従って、彼らが「異端者」として裁かれた「真の」理由・状況を、改めて探る必要が生じるのである。

まずはイヴァシカ・マクシモフについてである。彼を「異端者」とする唯一の証言はヨシフのそれである。既に一四九〇年代前半にヨシフは、『啓蒙者』の最初の版のなかで、イヴァシカを長司祭アレクセイの弟子にして娘婿であり、「異端者」と記していた。この証言が事実を反映しているのか否かについては、残念ながら判断できない。この証言を否定する根拠もない。

但し、一五〇四年会議の席上、少なくとも大公にとっては、イヴァシカが「異端者」であることは事実であらねばならなかった。このことが重要である。第五章で述べられたように、当時の大公は、孫のドミトリーの廃位の正当化を迫られており、その達成のために、ドミトリーが大公位継承に不適格であることを宗教的観点から証明する必要があった[66]。この証明作業のためには、ドミトリーの母親であるエレーナが「異端者」であり、また彼女に「異端」を伝えたのがイヴァシカであった「事実」が必要であった。従って「本当に」イヴァシカに「異端者」との結び付きがあったのかは依然として証明されないものの、彼が「異端者」であることは、会議において、純然たる事実として扱われたと考えられる。つまりイヴァシカは、会議の場で突如としてレッテル張りを受けた結果として、

「異端者」と呼ばれたわけではないと考えられる。

しかし、同時に処刑されたイヴァン・ヴォルクとミーチャ・コノプリョフを、同じく大公の後継者争いに関連して処刑されたと考える理由も必要もない。先述のように、とりわけイヴァン・ヴォルクは、後継者争いではむしろヴァシーリーに近かったと見るための材料がある。それ以外に注目されるべきは、彼ら二人がリトアニアを担当した外交官であった経歴である。

ハウレットは、これに関連して、興味深い事実に言及している。それは一四九三年の大公の臣下の処刑である。「この冬、一月に、大公がイヴァン・ルコムスキー公とラテン語通訳のマティアス・リャフを処刑し、彼らをモスクワ川〔氷上〕の檻のなかで焼いた。……（中略）……彼らは、文書と情報を持たせて自分の手下のヴォロンツォフをリトアニア大公アレクサンドラスに送っていたのである」と。(67)

この先例は、イヴァン・ヴォルクとミーチャ・コノプリョフの処刑の原因の解明のためのヒントとなるだろう。彼らが同じくモスクワ川の氷上で「檻のなかで」焼かれたことを考慮したい。異端宣告の伝統的文言の分厚いベールの向こう側に、リトアニア外交における二人の外交官の何らかの「失態」、或いは「裏切り」を見ることが出来るのかもしれない。この時期、モスクワとリトアニアは再度の戦争状態に入っていた。既に一四九九年に、それまでリトアニア外交に携わってきたリャポロフスキー公たちが失寵を蒙っていた。(68)彼らが失寵を受けた原因については、本書第五章で述べられたように、諸説あるが、ここで言及されるべきは、一五〇三年にリトアニアに派遣される直前の使節に対し大公が述べた言葉「汝ら〔使節〕は、かつてセミョン・リャポロフスキー公がヴァシーリー・イヴァノヴィチ・パトリケーエフ公と共に高慢に振る舞った如くには、振る舞ってはならない」である。一つ間違えば失寵に付されるような緊張状態のなかで、リトアニア外交に携わる者に向けられたある種の疑念、疑惑が二人の外交官の処刑に結び付いたと考えられないだろうか。

他方で、ネクラス・ルカヴォフについては、上述のように、君主に対する誹謗中傷に基づく舌禍であったと考える根拠がある。単なる宗教的な異端者であったなら、舌までも抜かれただろうか。少なくともそうした前例はない。

モスクワ会議とそれに続く火刑についての以上の仮説は、十分な裏付けを得ているわけではない。彼らが別のことで罰せられた可能性も考慮しつつ、今後もこの議論を深める必要がある。但し確認されるのは、彼らは個別の案件で、恐らくは別個に問題にされた可能性が高いこと、しかし最終的には、「異端者」としてひとまとめにされて処罰されたと考えられることである。その意味で、この会議は「政治事件」の場としての色彩が濃いと言えよう。

第三節　ノヴゴロドにおける火刑執行

ノヴゴロドで裁かれた人々については、その処罰を描いた年代記の短い記事があるだけなので、彼らがいかなる点で問題にされたのかを考えることは、モスクワで裁かれた人々にもまして困難である。もっとも、彼らは、当時の教会によって、モスクワで処罰された人々とは異なる集団として扱われたように見える。

（一）異なる集団

既に述べてきたように、ハウレットは、モスクワで先に裁かれた人々とユーリエフの院長カシアンらノヴゴロドで火刑に処された人々とを別個の集団と考えた。彼女によれば、大公イヴァンには存命中に、潜在的敵対者であるノヴゴロド共和制的伝統を根絶しておく必要があり、それ故にノヴゴロドの修道制組織の頂点であるユーリエフの修道院長カシアンが火刑に処されたという。(69) しかし、この議論に伴って彼女はいかなる根拠も提示しなかった。ノヴゴロドのカシアンらを、大公特命の修道院所領の没収推進グループと考えるスクルィンニコフは、おおまかには伝統的見解に従って、カシアンらとイヴァン・ヴォルクらとを同一の「異端者」集団と認めつつ、専らカシアンのグループだけが当時の大公の世俗化計画と関係があったことを主張している。この議論は興味深いのだが、彼は、その論拠として若干の状況証拠を出すに留まっている。(70)

著者は、モスクワとノヴゴロドで処刑された人々を基本的に別個のものとするハウレットたちの議論は十分に展開されておらず、また裏付けされていないと考えつつも、この結論自体は妥当と考える。その論拠は、第一には、先述の通り、二つの火刑が異なる人間の主導で、異なる場所で、そして身分的に異なる人々を対象として行われたと考えられることにある。そして第二の、より重要な論拠が、先に挙げた一五〇四年会議の後に書かれた「遵守書簡」のなかに示されていると思われる。

この書簡の記述に従えば、「大公イヴァン・ヴァシリエヴィチと……ヴァシーリー・イヴァノヴィチは、ユダヤ的に思考する者どもを火に投じるよう、或いは舌を切るよう、或いは他の刑を処すようお命じになった」(71) という。モスクワでの会議に関するこの記述において注目されるべきは、二人の大公が異端嫌疑者を「火に投じるよう、或いは舌を切るよう、或いは他の刑を処すようお命じになった」という最後の箇所である。大公のこの命令は、年代記に記されている、モスクワにおけるイヴァン・ヴォルク、ミーチャ・コノプリョフ、イヴァシカ・マクシモフの火刑、ネクラス・ルカヴォフの舌の切断に一致している。ところが、著者の考えでは、ノヴゴロドで裁かれた院長カシアンらには、以上の大公の命令は無関係であったと考えられるのである。以下、これについて説明しよう。

まず重要なのは、ノヴゴロドで裁かれることになったカシアンらは、モスクワでの会議に引き出されていなかったと考えられることである。仮に彼らもこの会議に存在したとするならば、専らネクラス・ルカヴォフについてだけ、会議後にノヴゴロドに送致されて処刑されたとする年代記記事が伝来している状況は理解しがたい。カシアンらも同じ状況であったとすれば、彼らについても、「ノヴゴロドに送られて」処刑されたと記されたことだろう。

カシアンらがモスクワの会議にいなかったと考えられることは、極めて重要である。少なくとも反証的事例は存在しない。ロシア中世の異端事件の数例を見る限り、欠席裁判において異端宣告を受けた例はこれまでに存在しない。その後も、一五二五、三一年のマクシム・グレクやヴァシアン・パトリケーエフらに対する異端裁判がモスクワで行われた際にも、異端嫌疑者本人に対する審問が行われている。[72]というのも教会法に示されるように、二～三名からなる第三者の証言が、異端宣告のための重要な要件であったからである。[73]また異端者に付されるべき処罰の方法も、自白や証言等で導き出された「罪状」を教会法或いは過去の判例に照らし合わせた上で定められるものであった。更に、自白や証言は、現実的にも、下された異端宣告の正当性を主張するために不可欠の条件であった。

このように、少なくともロシア教会史における伝統を顧みるならば、カシアンらがモスクワの会議に引き出されていなかったことは、カシアンらに対する異端宣告を行ったのがモスクワの会議ではなかったと考える重要な論拠になる。加えて、一五〇四年のモスクワにおける裁判を記した「遵守書簡」の著者が、イヴァン・ヴォルクにのみ言及しているという事実も重要である。この書簡では、イヴァン・ヴォルクと「ノヴゴロドの異端者」との結び付きが示される一方で、カシアンについては、「罪状」どころかカシアンの名前さえ記されていないのである。こうした状況もまた、モスクワでの会議で異端宣告を受けて裁かれたのが、年代記で最初に記されたイヴァン・ヴォルクらだけであったことを示唆する。

ところで、この議論は別の方向からもまた進めることが出来る。前述のように、キリーロフの長老たちがヨシフに宛てて、火刑の執行に対し異議を唱えた。[74] この書簡が何故、ヨシフに宛てられたのか。ヨシフは一五〇四年会議に出ていなかったと考えられるので、仮に通説の通りカシアンらもモスクワで裁かれたとするなら、抗議は、会議を進めた大公イヴァン、或いは府主教シモンに向けられてしかるべきであった。しかし、キリーロフの長老たちの抗議の書簡は、興味深いことに、イヴァン・ヴォルクを含む一五〇四年に火刑に処された全員についてではなく、専らカシアンの処刑を問題にしていることがわかる。

こうした事実は、スクルィンニコフが示唆するように、ノヴゴロドにおける処刑こそが、ヨシフの指導下で行われたものと考える根拠になる。[75] 既に引用した如く、長老たちが「主人ヨシフよ、何故自分の聖性を試みずに、またカシアンを自分の領帯で縛らないのか」と、まさにヨシフに対して書いていたことを想起されたい。[76] 年代記において、イヴァン・ヴォルクらの処刑とカシアンらの処刑が、区別されて記されていることも注目される。二つの集団の処刑記事は、別の記事を続ける伝統的接続語「同じ冬に……」で結ばれている。加えて、ノヴゴロドで焼かれた人々と異なり、モスクワで焼かれた人々は「檻のなかで」焼かれたと記されている。[77] このように、イヴァン・ヴォルクらとカシアンらは、異なる集団として扱われたと考えられるのである。

(二) 彼らが異端と見なされ、告発された原因

次に、ノヴゴロドのグループがいかなる点で問題にされ、火刑に処されたのかという問題に進もう。

まず検討されるべきは、少なくとも表面上、彼らは「ノヴゴロドの異端者」として裁かれたのかどうか、という点である。この点に関して、ハウレットは明瞭ではないものの肯定的に答える一方で、スクルィンニコフは言及し

ていない。[78] 著者の考えでは、彼らがどのような名目で処罰されたのかについては判然としない。火刑の場にいたと考えられるヨシフが、後に『啓蒙者』第一五章においてカシアンを「異端者」として記しているが、このことは、一五〇四年のノヴゴロドにおける火刑の際に、カシアンらが「異端者」として裁かれたと考えるための十全な根拠にはならない。なぜなら『啓蒙者』の追補（第一五章もこの時成立）は早く見積もっても一五一四年に行われたと考えられるからである。[79] 従って、この間のある時点でカシアンらが「異端者」と呼ばれ始めた可能性があり、それ故に、一五〇四年の時点で、彼らが「異端者」として裁かれていたのかどうかは明らかでない。

他方で、彼らが、名目上ではなく、いかなる理由で一五〇四年に処罰されたのかという問題もまた解明困難であるが、仮説が出されているので、以下でそれを検討したい。

一九世紀以来、カシアンが処罰された理由は、彼が「自由思想家」であったこと、つまり「ノヴゴロドの異端者」であったことに求められた。但しこの説では、カシアン処罰の理由は、彼固有のものと言うよりも、むしろ彼が属したグループ全体が「異端者」であったことに求められた。[80]

これと異なり、専らカシアンに絞ってその「自由思想」の内実を論じたのがスクルィンニコフである。彼は、修道院所領を没収しそれを当時の新興軍事勤務人層（士族）への封地給付に転用したい大公権力と、宗教的観点から修道院の土地所有を批判する「異端者」との一時的協力の産物として、「異端者」カシアンがユーリエフ修道院院長に任命されたという状況を推定した。[81] だがこの推定で問題なのは、第一に、ヨシフやゲンナージーを含む「異端者（或いはその被疑者も含め）」の告発者、そして年代記作者も含めた誰もが、「異端者」が修道院領没収を主張していた、或いは支持していたと述べていないことである。[82] また第二に、論理的な欠陥がある。仮にカシアンが「異端者」であったとしよう。その場合、カシアンは修道制を批判しつつ、自らは修道士（修道院長）であったという矛盾した状況が前提とされていることになるのである。従って、スクルィンニコフの説をそのまま受け入れることはできない。その一方で、ユーリエフ修道院の院長職を共和制ノヴゴロドの「遺制」と見なし、それ故にこの職が大公イヴァンによる廃絶目標にされたとするハウレットの説も不十分であることは既に述べた。

著者の考えでは、上のスクルィンニコフ説の欠陥を補うことで、論理的整合性を持つ仮説を提示できる。つまりカシアンが「異端者」の一員であったという「大前提」を取り除き、教会・修道院所領の没収問題とカシアンの処刑を直接結び付ける説が、つまりカシアンは「異端者」ではなく、修道院領没収政策をノヴゴロドで進めるための大公のエージェントであり、これに失敗した結果、呪われし異端者としてヨシフにより処刑されたと考える説が最も説得力に優れているように思われる。以下詳細に述べる。

（一）ヨシフの証言にあるとおり、大公こそがカシアンをノヴゴロドの修道院のなかで頂点に位置していたユーリエフ修道院の院長に任じた。[83] 既に述べた通り、この証言は信用できる。またノヴゴロド大主教の場合がそうであったように、大公が、現地の修道院の頂点にあったユーリエフの院長に、現地出身者ではなく、モスクワのエージェントを送り込んだというのは自然な流れである。この点でもヨシフの証言は信用できるのである。任命の目的は、封地制度の拡大を最終的目的とした旧ノヴゴロド領における教会・修道院所領の没収政策の推進にあったと考えられる。カシアンを任命した大公が一五〇三年までは教会・修道院領没収を推進していたこと、また現に大公は一五〇〇年（論者によっては一四九九年）に旧ノヴゴロド領において大規模な教会・修道院所領没収を行ったことを考慮するならば、[84] スクルィンニコフが述べるように、カシアンの任命と大公の没収計画の実施とは表裏一体の関係にあったと十分に考えられる。[85] この地域の修道院を統括するユーリエフ修道院の院長にエージェントを任じることで、大公は没収計画を首尾良く実行できたのだろう。カシアンは没収計画に反対する立場ではなかった。この時期の大公が反対派を現地に任命するとは考えられない。

（二）次いで大公は、旧ノヴゴロド領に限定されない、全国的な修道院所領の没収を計画し、一五〇三年の教会会議に提案した。しかし計画は頓挫した。なぜなら教会会議において、没収計画が教会から大反対を受けたからである。(86)

（三）しかし、これまで没収計画を進め、現に実績を上げてきたカシアンは、一五〇三年会議後にも解任されず、ユーリエフの院長であり続けた。このことは、とりわけヨシフにとって心配の種であった。なぜなら、ヨシフは、優れた人物を輩出するための経済的基盤として、修道院の大土地所有を正当化するイデオローグであったからである。(87)カシアンを「異端者」と記しているのがヨシフだけである点、また前述のように、ヨシフの関心がまさにノヴゴロドでの火刑にあったという点は、問題がヨシフとカシアンの間で生じていたこと、また彼の懸案が、特に修道院所領の問題に関係したものであったことを示唆する。またカシアンに対するヨシフの敵意の原因は、ヨシフが開基したヴォロコラムスク修道院が、教会行政上ノヴゴロド大主教区にあったことにも求められるのかもしれない。つまりヴォロコラムスク修道院の運命は、間接的には大公、直接的にはユーリエフ修道院の院長カシアンの手の内にあったのである。従って、所領を没収される危険がヨシフの修道院にも残っていた。

（四）いずれにせよ、一五〇〇年にノヴゴロド地方において大規模な修道院所領没収が行われた後に、ヨシフは行動を開始している。彼は、一五〇二年三月二七日（復活祭）に行われた大公イヴァンとの対談において、異端者を弾圧するために「**ノヴゴロド**と他の都市に」人を派遣するよう要請する。(88)前述のように、モスクワで裁かれたイヴァン・ヴォルクやイヴァシカ・マクシモフらはモスクワ在住であった。このことを考慮するならば、ここでの異端者とはカシアンらを意味すると考えて良いだろう。他方で、教会の専属事項である異端問題の解決に際し、ヨシフが俗権の代表者たる大公にその対処を求めている点も重要である。大公がカシアンを任じたのであるから、カシアンに対する対応の際に、当然、ヨシフは大公の了承を必要とした。

(五) 大公はヨシフの要望を聞いたものの、それに着手しなかった。ヨシフはこの件で催促を重ねたと証言しているが、大公は動かなかった[89]。ところが、一五〇三年の会議後に大公は病に倒れる[90]。恐らくはこれが原因となり、大公は、それまでの懸案の処理に急ぎ始める。その最大のものが、後継者問題の処理、すなわち更迭・投獄した孫ドミトリー及びその母親エレーナの処置であった。既に論じたように、荘厳なキリスト教的儀式により臣民の前で戴冠したドミトリーの廃位に際しては、相応の「宗教的理由」が必要であったと考えられる[91]。ここで丁度、ヨシフとの二度目の対談が行われている[92]。大公はここで初めて、エレーナが「異端者」であるとヨシフに告発した。かねてからヨシフが「異端者」として告発していたイヴァシカ・マクシモフを通じて、「異端」がエレーナに入り込んだと述べたのである[93]。この証言により、ドミトリーが「異端者」の子であることが「確認」され、当時神格化が進んでいたモスクワ君主としてのドミトリーの不適格性が確定された。時宜を得て、エレーナは一五〇四年の会議の一ヶ月後に獄死した[94]。

(六) エレーナが「異端者」であるという証言に際し、ヨシフの『啓蒙者』の証言が利用された。このことに鑑みるならば、ドミトリー廃位の正当化手段を大公が選択する際にはヨシフが相談に乗り、助言したと考えられる。そして注目されるのは、この二度目の対談の際に、ヨシフは、着手されないままであった「異端者」の処罰の許可を大公から得ていることである。「〔汝は〕そうするがよい」と大公が述べている[95]。ノヴゴロドにおける異端者の火刑は、まさにこの許可を得た直後に行われているのである。

大公自身がこの異端者の処分に関心が低く〔約束を実行せずにいた〕、また自ら手を下しておらず、ヨシフに処罰を了承・委任している点は、前述のノヴゴロドの火刑の状況に完全に一致する。このようにしてカシアン、そして恐らくその兄弟のイヴァシカ・サモチョルヌィも、教会・修道院財産を奪おうとする呪われるべき異端者という宗教的レッテルを付されて処刑された。このように、一五〇三年会議後の病床の大公とヨシフとの会談が重要である。後継者問題の解決に際してヨシフの協力を得た大公は、ヨシフの望みを叶え、カシアンに対する処罰の認可を与えたと考えられるのである。以上が本書がとる説である。

このように、カシアンらは「異端者」であったが故に処刑されたのではない。彼は、修道院所領の没収を推進するために派遣された大公のエージェントであり、それ故に、没収計画が暗礁に乗り上げた一五〇三年会議の後の時期に、異端者として処刑されたと考えられるのである。

但し、同時に処刑されたグリージャ・クヴァシニャとミーチャ・プストセロフが裁かれた理由が、カシアンと同じであったと考える根拠はない。グリージャについて言えば、ハウレットが述べる如く、彼がノヴゴロドの名門であったならば、一定程度の土地所有を見ることが出来るかもしれない。但しその場合でも、彼が裁かれた理由は明らかでない。ミーチャについての情報は全くなく、彼の処刑の原因は完全に闇の中である。

最後に改めて述べておくならば、たとえ彼ら各々が異なる理由により処罰されたという状況であったとしても、このことは、彼ら全員が同じく異端、或いは「異端者」として処罰されたこととは何ら矛盾しない。異端宣告を、彼らの処罰を正当化する方便と考えるならば、本来の処罰理由は問題にならないのである。

結びに代えて

これまでの研究者は、一五〇四年の年代記事に記される二つの集団を、後代に記されたヨシフの『啓蒙者』第一五章等の記述に基づき、（一）単一のグループと見なし、また（二）一四九〇年に裁かれた司祭デニスら「異端者」と同定していた。こうした意見によれば、一四九〇年の後にも「異端者」は勢力を拡大し、イヴァン・ヴォルクや修道院長カシアンらをそのメンバーに加えたという。それ故に、国家と教会は協力して彼らを「異端者」として処罰した、と考えられた。

しかし、本章における検討の結果、現実は、これまでの見方によるそれと全く異なっていたと考えられる。一五〇四年のモスクワ会議において、大公と府主教ら教会は、表面的には「反三位一体」的主張、イコン冒瀆といった理由により、イヴァン・ヴォルクらを「ノヴゴロドの異端者」として処罰した。しかしその内実、この会議は大公による、政治犯や敵対的人物の処罰、それに対するレッテル張りの場であったという説には相応の根拠がある。ここで裁かれたのは雑多な人々であったが、彼らは「異端者」としてまとめあげられて処罰されたと考えられる。

他方で、ノヴゴロドにおける火刑はモスクワ会議と関係がなく、恐らくはヨシフにより主宰された。その主な標的はカシアンらであった。彼らは修道院所領没収政策を進めていたと考えられ、従って彼らはヨシフにとって、理論的にも現実的にも容認しがたい人々であった。

こうした状況を生じさせた遠因は、いくつか考えられるものの、その一つは恐らく、一五〇三年の会議後に、大公イヴァンが懸案の解決を急いでいたという状況にある。特に後継者問題は長引かせるわけにはいかなかった。これには、イヴァンが病により、文字通り「伏せた」ことが勘案されなければなるまい。

大公イヴァンは、過去の自身の経験などに鑑み、孫のドミトリーの廃位の正当化を、宗教的理由を以て行う必要に迫られていた。こうした正当化の作業の際に注目された手法が、過去の「異端者」として対象を告発して裁くという方法であったと考えられる。しかし、こうした手法には教会の協力が欠かせない。それ故、前述の方法は、恐らくは、一五〇三年会議後に行われた、ヨシフとの対談のなかで選択、決定された。その際には彼の『啓蒙者』の情報が利用されることになった。そしてまさにこの時に、大公はヨシフに対し、ノヴゴロドにいた異端者の処罰を了承したのである。大公自身はさほど乗り気でなかったものの、後継者問題の解決での協力の見返りとして、ヨシフが求めた、カシアンに対する処罰を容認したと考えられる。既に一五〇三年会議において、修道院所領没収策の当面の保留を余儀なくされていた大公にとって、カシアンの引き渡しに反対する理由はなかっただろう。

ところで、以上のような一五〇四年の会議を検討するなかで、「異端者」の処分と当時の政治問題とが密に結び付いていたことを垣間見ることができた。また、国家と教会が協力して「異端者」を処罰したという定説を見直す必要が生じた。言うまでもなく、大公とヨシフはそれぞれ異なる利害関係におかれており、まさにそれ故に、両者の異端告発の対象は全く異なっていた。だが大公にせよヨシフにせよ、単独でその見方の正当化作業を行うことは出来なかった。カシアンらの火刑を目論んでいたヨシフは、大公が任命したカシアンらを大公の認可なく処罰できなかったし、また教会法で禁じられた火刑執行を単独では行うことが出来なかった。また国家案件の速やかな解決をもくろんだ大公も同様に、ドミトリー更迭の正当化作業を単独で行うことが出来なかった。こうした両者の弱点を補完しつつ、各々の目的を達成したのが一五〇四年のモスクワとノヴゴロドにおける火刑執行であった。従って、両者は確かに協力関係にあったとは言えるかもしれないが、これは同じ対象に対する処罰を行うための協力関係ではなく、むしろ交換取引きに近い、各々が必要な部分で相手を補完的に利用したものであったと考えられる。

　こうした国家と教会との補完関係は、これまでの両者の関係に比べて、一歩踏み込んだものになっている。著者の考えでは、ここで生じた関係こそが、その後、半世紀ほどのロシア国家における両者の関係の理念型になったと言うことができるのだが、この点については本書の結論部で詳述する。

【註】

（1）ПСРЛ. т. 28, С. 337; т. 12, С. 258.

（2）ПСРЛ. т. 6, ч. 2. С. 371-372; т. 20. М., 2005, С. 375.

（3）『啓蒙者』の拡大版の編者については、これをヨシフとしない見方がある。註七九を参照のこと。

（4）『啓蒙者』では、処刑されたイヴァシカ・マクシモフや修道院長カシアンらが「異端者」と呼ばれている。例えば、この書の序文「新出の異端に関する物語」では、当時既に死去していた「異端者」アレクセイが、かつてイヴァシカ・マクシモフにユダヤ教を教えたとされている。АЕД. С. 469. また、この書の第一五章では、大公書記官フョードル・クーリツィンとその兄弟イヴァン・ヴォルクが「君主に接近し、大ノヴゴロドのユーリエフ修道院に〔院長として〕カシアンという名の異端者を送るよう誓願した」と記されている。更に「このカシアンは、フョードル自身とイヴァン・ヴォルクが異端教説とユダヤ教を保持するよう、またキリストを否定するよう教え与えた人物であった……。彼〔カシアン〕とともに、彼の兄弟のサモチョルヌイも大ノヴゴロドに来た」とも記されている。Просветитель, С. 518. こうしたヨシフの「証言」に基づき、一五〇四年に裁かれたイヴァン・ヴォルクらも一四九〇年に裁かれた「異端者」グループの構成員と考えられてきた。*Карамзин*, История, т. 6, СПб., 1842, С. 203-204; *Панов*, Ересь, С. 283-285; *Никитский*, Очерк, С. 70-74; *Клибанов*, Реформационные, С. 190-193, 226-227; *Лурье*, Идеологическая, С. 154-185, 407-426. 但し、А・И・クリバーノフやЯ・C・ルリエーは、ノヴゴロド出身の「異端者」急進派（一四九〇年に裁かれた）とモスクワ出身の穏健派（一五〇四年の人々）とを一応区別している。

（5）ハウレットは、フョードルが一五〇三―〇四年に自然死したと考える。Howlett, *The Heresy*, pp. 128-130; 200-201.

（6）Howlett, *The Heresy*, p. 117. ハウレットの議論では、当時ソフィヤの派閥や大公から問題にされていたのは、ドミトリーではなく、あくまでエレーナと考えられている。それ故に、ハウレットは、エレーナの逮捕を「後継者争い」と明記しない。ドミトリーの逮捕とヴァシーリーの後継者指名は、エレーナの逮捕に付随して、結果として生じたかの如く記されている。しかし、両派閥の基本的対立点は、大公国後継者の選択であることは明らかである。本書第五章で述べられたように、他に付随的要因はあれ、後継者問題を考えずには、エレーナと同時に行われた息子ドミトリーの逮捕が理解できないだろう。

（7）Howlett, *The Heresy*, pp. 145-146; 200-201.

（8）一四八〇年代末に「異端者」と戦ったゲンナージーは、一五〇四年の異端者と一四九〇年の「異端者」との関係について沈黙している。他方で、後述する一五〇四年会議の決定に関する「遵守書簡」は両集団を同一視している。しかしその内容は、明らかに『啓蒙者』から影響を受けている。従って結局のところ、ヨシフだけが両者を結び付けていることになる。

（9）Р・Г・スクルィンニコフもまた、教会聖職者の史料に描かれる「異端者」観をそのまま受け入れることに警鐘を鳴らし、一五〇四年の人々についてもその特徴を一四九〇年の「異端者」とは別個に描こうと試みている。*Скрынников Р.Г.* Государство и церковь на Руси XIV-XVI вв. Новосибирск, 1991, С. 149; *Скрынников*, Крест, С. 156, 163.

（10）『啓蒙者』の作成時期と目的については、本書第四章を参照せよ。この書の証言の「傾向性」については、*Лурье*, Идеологическая, С. 105-106 及び本書第四章参照。ヨシフの「ミトロファン宛て書簡」の証言が事実を示すものではないことについては、Howlett, *The Heresy*, p. 117; *Скрынников*, Крест, С. 185-186 及び本書第五章を参照。

（11）Howlett, *The Heresy*, pp. 200-201.

(12) ПСРЛ. т. 25, С. 333; т. 28, С, 157, 159.
(13) Разрядная книга 1475-1589. М., 1966. С. 28.
(14) Сборник русского исторического общества（以下 РИО. と略）. т. 35, СПб., 1892, No. 18. С. 237.
(15) Разрядная, С. 25.
(16) АСЭИ. т. 3. М., 1964. No. 209, С. 223.
(17) РГБ. Собрание Московской Духовной Академии, фунд. No. 187.
(18) *Бегунов*, Кормчая, С. 14*f*1-159.
(19) *Лурье*, Идеологическая, С. 93-96; Howlett, *The Heresy*, p. 168; *Плигузов*, Полемика, С. 145.
(20) РИО. т. 35, No. 76. С. 413.
(21) РИО. т. 35, No. 18. С. 237.
(22) АЕД. С. 436.
(23) Howlett, *The Heresy*, pp.200-201.
(24) РИО. т. 35, С. 237.
(25) *Плигузов*, "Книга на еретиков", С. 135.
(26) Просветитель, С. 518.
(27) Howlett, *The Heresy*, p. 131; *Скрынников*, Крест, С. 170. 但し、フョードル・クーリツィンとカシアンとの現実の接点を否定するハウレットは、フョードルによるカシアン推挙の情報をヨシフの捏造と見なす。しかし、その論拠は示されない。
(28) Просветитель, С. 518.
Howlett, *The Heresy*, p. 130.
(29) Howlett, *The Heresy*, pp. 130-131.
(30) Howlett, *The Heresy*, p. 146.

(31) *Скрынников Р.Г.* Трагедия Новгорода. СПб., 1994, С. 39; *Он же*, Крест, С. 170.

(32) Просветитель, С. 518.

(33) Howlett, *The Heresy*, p. 131.

(34) ПСРЛ. т. 25, С. 304-305.

(35) Новгородские писцовые книги. т. 3. СПб., 1868, С. 300, 317, 334-336, 344-345; *Веселовский С.Б.* Ономастикон. М., 1974, С. 272.

(36) Howlett, *The Heresy*, p. 128.

(37) ПСРЛ. т. 28, С. 319.

(38) ПСРЛ. т. 13. М., 1965, С. 147.

(39) 『ピョートル前夜のロシア』（松木栄三編訳）彩流社、二〇〇三年、二〇一―二〇三頁、第七章三四節。

(40) Послания Иосифа, С. 179.

(41) АЕД. С. 471, 473.

(42) *Бегунов Ю.К.* Соборные приговоры как источник по истории новгородско-московской ереси. ТОДРЛ., т. 13, Л., 1957, С. 214-224.

(43) АЕД. С. 383-385; Лурье, Идеологическая, С. 220.

(44) Howlett, *The Heresy*, p. 123.

(45) Howlett, *The Heresy*, p. 145.

(46) ААЭ. т. I. СПб., 1836, No. 384; АЕД. С. 503.

(47) АЕД. С. 504-505.

(48) АЕД. С. 508.

(49) ПСРЛ. т. 28, С. 337; АЕД. С. 508.

(50) Howlett, *The Heresy*, p. 122.
(51) ПСРЛ. т. 12, С. 258.
(52) Послания Иосифа, С. 178-179.
(53) Howlett, *The Heresy*, pp. 131-132.
(54) АЕД. С. 511; *Казакова*, Вассиан, С. 259.
(55) 例えば АЕД. С. 506.
(56) АЕД. С. 507. ここまでの描写には、かつてのゲンナージーの書簡及び「会議判決書」の「異端者」観が反映されている。
(57) АЕД. С. 507.
(58) АЕД. С. 508.
(59) АЕД. С. 470. ここでの描写はまさしく『啓蒙者』のそれに基づいており、その一方で一四九〇年の判決書のそれとは若干異なっている。第四章第五節で指摘したように、『啓蒙者』における「異端者」観には、会議判決に加えて、上の「暴食と酩酊」(「〔彼らは大酒を〕飲み、大食らいし、聖なる大斎戒の日にも、あらゆる聖なる日にも、水曜日にも、金曜日にも肉を食らい、放蕩にふけり」)に関する非難が加わっている。つまり「遵守書簡」における「異端者」観は、一四九〇年の会議判決書それ自体に記される「異端者」観ではなく、それを元にゲンナージーの書簡の情報を加味した上でヨシフによりまとめられた『啓蒙者』の「異端者」観に基づいているのである。本書第四章第六節の第三点目に当たる。
(60) АЕД. С. 436.
(61) 既に一四九〇年代前半にヨシフは、『啓蒙者』の最初の版のなかで、イヴァシカ・マクシモフを長司祭アレクセイの弟子であると、つまり「異端者」であると記していた。従って、ヨシフと大公との対談において大公がイヴァシカを「異端者」であると証言したことを、単なる思いつきと考えることは出来ない。
(62) 本書第一章第三節を参照。この点については Howlett, *The Heresy*, p. 201 も参照。スクルィンニコフは、「異端者」が全体として「自由思想」を保持していたことを認めつつも、その内実は、ゲンナージーやヨシフの「異端者」表象（キリストやイコン冒瀆等）に見られるような統一されたものでなく、様々な意見のまとまりであったと述べる。*Скрынников,* Крест, С. 163.

(63) Howlett, *The Heresy*, p. 118.

(64) Howlett, *The Heresy*, pp. 145-146.

(65) 彼らが一四九〇年に裁かれた本来の「異端者」ではなかったと考えるための材料はまだある。マクシム・グレクを庇護していたトロイツキー修道院の前院長アルチェミーは、「異端者」の火刑の適用に反対した過去を一五五四年に問われ、次のように答えた。「私は異端が何であるのか知らない。〔イヴァン・ヴォルク・〕クーリツィンと〔ネクラス・〕ルカヴォフが焼かれたが、今日、彼らが何故、焼かれたのかは知られていない」と。彼には一五〇四年に火刑に付された人々が何故、火刑に処されたのかは謎であり、理解できなかったと言うことが出来る。アルチェミーには、イヴァン・ヴォルクらが額面通り「キリストやイコン冒瀆」で火刑に処されたとは思えなかったのである。ААЭ. т. 1. No. 239. С. 252-253.

(66) エレーナを「異端者」とする大公イヴァンの告発は、前章で述べたとおり、エレーナとその息子ドミトリー（大公の孫）の逮捕と後者の廃位（一五〇三年）を正当化する目的を持っていたと考えられる。一四九八年に、キリスト教色の強い荘厳な儀式を以て「ウラジーミルとモスクワと全ルーシの大公」に戴冠された孫ドミトリーを廃位するためには、大公イヴァンは、単なる世俗的な失寵でこれを済ませるだけでは十分ではなく、ドミトリーが自分の後継者として統治することは「宗教的に」問題があることを示す必要があったと考えられる。そのために大公は、イヴァシカ・マクシモフが、かつて断罪された「異端者」の指導者アレクセイやデニスの弟子であったとするヨシフの話を、その真偽は定かではないものの、いずれにせよ受け入れた上で、そのような「異端者」イヴァシカを通じてエレーナが「異端者」と結び付きを持ったことを証言したと考えられるのである。（一）大公のイニシアチヴにより、また（二）宗教的に、エレーナが問題視された理由は、ドミトリーの更迭・廃位の正当化以外にはありえない。このエレーナは、一五〇四年会議終了後すぐに獄死した。前章第二節を参照。またハウレットが述べるように、かつて大公イヴァンは弟のアンドレイ公を殺害した際に、正教会により「無実の者の殺害」の廉で強く非難された。その時には、大公は、正教会に赦免を請うことを余儀なくされた。この経験により、大公イヴァンは、エレーナの逮捕の正当化を必要としたというハウレットの説は、これがドミトリーを念頭においていないという欠陥を抱えているにも拘わらず、全体として説得力がある。Howlett, *The Heresy*, p. 117; ПСРЛ. т. 24, С. 213.

(67) ПСРЛ. т. 28, С. 323-324; Howlett, *The Heresy*, p. 128.

(68) *Каштанов*, Социально-политическая, С. 105; *Хорошкевич*, Об одном, С. 129-130.

(69) Howlett, *The Heresy*, pp. 145-146.

(70) *Скрынников*, Крест, С. 170.

(71) АЕД. С. 508.

(72) *Синицина Н.В.* Максим Грек в России. М., 1977. С. 130-145; *Плигузов*, Полемика, С. 207-252. マクシム・グレク裁判については邦語文献がある。伊藤幸男「マクシム・グレク裁判とゼムスキー・サボール」『山梨大学教育学部研究報告』二四号、一九七三年、九三―一〇四頁。

(73) 聖使徒規則七五条。

(74) АЕД. С. 510-513.

(75) *Скрынников*, Крест, С. 170.

(76) АЕД. С. 511.

(77) 例えば ПСРЛ. т. 28, С. 337.

(78) Howlett, *The Heresy*, pp. 133-139, 145.

(79) この第一五章の成立について、近年の研究では、かなり遅い時期が策定されている。それがヨシフの死後であった可能性もある。*Плигузов*, "Книга на еретиков", С. 135.

(80) Vernadsky, The Heresy, pp. 445-446; *Лурье*, Идеологическая, С. 180-181

(81) *Скрынников*, Крест, С. 170.
(82) 前章第一節を参照。
(83) Просветитель, С. 518.
(84) ПСРЛ. т. 4, С. 271.
(85) *Скрынников*, Крест, С. 170.
(86) *Скрынников*, Крест, С. 172-184. 邦文では、田辺「一五〇三年」、一七―三二頁を参照。
(87) Послания Иосифа, С. 367.
(88) АЕД. С. 205, 436; *Скрынников*, Крест, С. 185.
(89) АЕД. С. 436; *Клибанов*, Реформационные, С. 221.
(90) ПСРЛ. т. 39, С. 176.
(91) 前章第二節を参照。
(92) АЕД. С. 436.
(93) АЕД. С. 436.
(94) ПСРЛ. т. 28, С. 337.
(95) АЕД. С. 436.

結論　統一国家形成期ロシアにおける「ノヴゴロドの異端者」事件

本書において著者は、先行研究が残した課題に取り組み、「異端者」事件研究を前進させることができた。その結果は、統一国家形成期ロシアの政治史に関する新たな見方の獲得にも繋がった。本書の結論として、こうした点についてまとめてみたい。

これまでの、殆ど全ての「異端者」事件の研究は、大きな問題点を孕んでいた。諸研究は、「異端者」と見なされた人々が、その出現以来一五〇四年に到るまで連綿と存在し、その間恒常的に教会と争い続けたと考えてきた。著者の考えでは、そうした研究は、一言で言えば、『啓蒙者』の「異端者」事件観から、加えて「異端者」と教会や国家とは本質的に対立関係にあったとする見方から過度に影響を受けていた。この点では、帝政期ロシアの研究もソヴィエト時代の研究も殆ど変わらなかった。しかし、彼らが一五〇四年まで連綿と存在したこと、また彼らと教会全体とが恒常的に対立関係にあったことを前提にして考察を進めることは避けられねばならない。近年の『啓蒙者』研究の成果に基づき、そこに描かれる事件の図式を再検討する必要があったのである。

他方で、そうした研究状況を招いた史料的要因についても言及しなければならない。それは、多くの異端事件に共通する状況、すなわち教会聖職者の史料ばかりが現在にまで伝来するという史料状況である。そうした史料においては無論、教会の正統性やその勝利が強調される一方で、彼らの敵対者たる「異端者」の異端性とその敗北についても語られる。ゲンナージーやヨシフの著述では、まさに自分たちが正統であり、「異端者」が異端であることが強調されている。その結果、教会が勝利し、「異端者」が敗北したとする事件の図式が自然に力を持つことになる。また後代に作成され、教会の勝利と「異端者」の敗北を更に強調して描いた『啓蒙者』拡大編集版が、現存するだけでも六〇本程の写本を通じてこうした図式を広めた。その結果、この図式は、研究者たちが描く「異端者」事件観に強く反映されることになったのである。

「異端者」事件の研究においては、ハウレットが取り組んだように、個々の教会聖職者の「異端者」観と異端告発を具体的な歴史状況の中に位置付けることが重要である。誰が、誰を、何故、どのような状況のなかで、どういった点で告発したのか。当時の文脈の中に異端（事件）に関する言説を位置づけ、それぞれの局面で何が問題になっていたのかを解きほぐす必要がある。次いで、その告発が現実のなかでどのように、そしてどの程度認められていくのか、その経緯の検討である。イヴァン三世時代の後半における国家と教会との関係、当時の国内外の政治状況、ゲンナージーやヨシフの立場等を考慮しながら、個々の、様々な「異端者」観や異端告発をこの時期の具体的状況のなかに位置付けること、これが本書の課題であった。

本書では、以上の点をふまえて一五－一六世紀ロシアの「異端者」事件が論じられた。ゲンナージーの書簡類とヨシフの『啓蒙者』や書簡類、また会議判決書も含め、そこに記されるあらゆる「異端者」観と異端告発が再検討されるべき状況に置かれた。かつての研究者たちは、帝政期にせよソヴィエト時代にせよ、特にゲンナージーとヨシフの史料に描かれた「異端者」に関する記述を基本的に、現実の「異端者」の実像と考える傾向にあった。このようにして、「異端者」に関する彼らの記述を十把一絡げにまとめ上げて研究者たちが出した結論は、非常に数多くの、そして極めて雑多な主張を持ち、あまりに多様な構成員からなる「異端者」イメージであった。この、捉えようのない、曖昧模糊としたイメージは、既に一九世紀前半にルードネフが指摘したように、それ自体が既に多くの内容的矛盾を抱えていた。だがその後の研究者たちはこうした問題点に目をつむり、ゲンナージーやヨシフの描く「異端者」観や異端告発の内容を客観的現実として受け入れ続けたのである。ゲンナージーの書簡にせよヨシフの『啓蒙者』にせよ、それらが記された時期や状況はそれぞれ異なっており、従ってそこには様々な時点の彼らの「異端者」観が混在し、また告発のための虚像が含まれているにも拘わらず、である。従って、具体的な課題になるのは、当時のあらゆる「異端者」観と異端告発の一つ一つを当時の歴史的文脈に位置付けて解釈することである。この作業は、全体として、「異端者」事件の解明に結び付く。

こうして本書の第一部の課題になったのが、年代で言えば一四九〇年までの「異端者」事件の再検討、なかでもゲンナージーの「異端者」観と異端告発の再検討であった。著者は、これをそれが記された状況のなかに位置付け、様々な時点での、虚像も含めた彼の「異端者」観を再構成した。この時期の問題は複合的ではあったものの、まずその中心は「モスクワ的キリスト教」と「ノヴゴロドにおけるキリスト教の現実」との争いであった。かつてハウレットは、この時期の問題の本質を、ノヴゴロドの雑多な下級聖職者による様々な逸脱行為に対する、大主教による問題視に求めた。その意見は誤りではないものの、しかし不十分である。彼女の結論は、「正統と異端」の相対的関係を十分に考慮しておらず、大主教の「正統的」立ち位置を基本的に前提としており、従って「大主教による問題視」ばかりが論じられているのである。しかし自らを正統と考え、ゲンナージーを異端として告発した修道士ザハールを始め、多くの告発がノヴゴロドから大公にあがっており、加えてその大公や府主教もゲンナージーに「疑い」の目を向け始めていた。そうした状況に起因して、ゲンナージーと彼に対する各種プロテストとの争いが事件の基軸になっていく。この争いにおいてゲンナージーは最終的に勝利し、彼の「異端者」観が、少なくとも基本的な点において、正教会のなかでのコンセンサスを得た「全教会的異端者観」に昇華していった。

次の課題になったのは、ハウレットが簡単にしか言及しなかった、一四九〇年代前半の「異端者」事件の検討である。これまでの殆どの研究によれば、この時期、ヨシフ・ヴォロツキーがゲンナージーから対「異端者」闘争を引き継いだとされてきた。これに対し、ハウレットは、それを客観的事実と見なすための十分な論拠がないことを指摘した。この時期に生じていたのは、基本的には、政敵である府主教ゾシマに対するヨシフの闘いであり、ヨシフはそれを優位に進めるために、ゾシマを「異端者」として告発したという。但し、このことを彼女は、『啓蒙者』を利用せずに導き出した。この史料は、彼女によれば、事件全体が解決された後に成立した書だからである。

本書におけるこの時期の「異端者」事件の検討は、大きく分けて二つのことを明らかにした。第一に、『啓蒙者』の位置の問題である。ハウレットはこの書を、一六世紀初頭に、ヨシフが「異端者」の歴史を後から振り返って記したものと見なしたが、これは正しくない。『啓蒙者』は一四九二―九四年に成立した、ヨシフによる告発の書であった。彼はこの書の執筆により、彼と同時代の、彼が問題にする案件を解決しようとしていた。従ってこの書は、一四九〇年代初頭の「異端者」事件の検討には欠かせないのである。また第二に明らかになったのは、『啓蒙者』で利用された敵対者の処罰を正当化する手法である。かつてゲンナージーは、一四八〇年代末から自らの敵対者をメッサリア異端等の過去の異端者たちに比定し、告発した。この方法は、キリスト教教会に伝統的なものであり、ヨシフもまた一四九〇年代前半にこのやり方を踏襲した。すなわち彼は、政敵ゾシマを、一四九〇年に正教会内部に出来上がった「異端者」として告発することで、彼らに対する処罰の執行を正当化したのである。恐らくはこれが功を奏し、ゾシマは一四九四年に「廃位」された。同時に、一四九〇年会議以降に問題になっていた、七千年終末をめぐる様々な議論と修道制批判もまた、既に有罪とされていた一四九〇年の「異端者」に結び付けられ、処置を施す対象と見なされることになる。

このような意味で、「ゲンナージーの闘い」と「ヨシフの闘い」は、表面的には同じ対象を相手にした同一の闘いに見えるものの、現実には、状況の全く異なる二つの闘いであった。そして『啓蒙者』は第二の闘いを検討するための重要史料なのである。以上のことが第二部で述べられた。

だが、「異端者」の利用は、これに留まらなかった。このことが本書の第三部で論じられた。一六世紀初頭の政治問題の解決の際に、「異端者」が再利用された。この点で重要なのが、一五〇二年から一五〇三年の、ヨシフと大公イヴァン三世との二度の対談であった。とりわけ一五〇三年会議後に行われた二度目の対談において、死病を患っていた大公は、特に重要であった自らの後継者問題の解決を急ぎ、恐らくはそのために、ヨシフと協議の上、問題解決の手段として「異端者」の利用を選択した。孫ドミトリーの廃位の正当化が第一の適用事例である。第二の適用事例として挙げられるのが、イヴァン・ヴォルクらへの火刑の正当化である。恐らく、彼らは、対リトアニア外交における「失策」の責を、「異端者」としての火刑により負わなければならなかった。更に、ノヴゴロドで修道院領の没収政策を進めていたカシアンらは、大公の消極的認可を受け、ヨシフによって火刑に処されたと考えられる。カシアンの火刑は、国家による処罰ではなかったが、やはり異端者が再利用されたケースであったと考えるのが妥当だろう。ハウレットはこの時期について、史料不足を理由にして仮説的な意見を若干述べたに過ぎなかったが、著者は以上のことを、一定の根拠に基づき、一歩踏み込んで述べることが出来たと考える。

「異端者」事件について、本書は以上の結論を得ることが出来た。この事件は、これまで考えられてきたような、当初から最後まで一貫して「教会」と「異端者」との間で行われた宗教的な争いでは全くなかった。これは、簡単に言えば、本書の三つの部で述べられた、それぞれの三つの事件からなる複合的事件なのである。

それらはそれぞれが、まさに一五世紀末から一六世紀初頭のロシア国家の状況と結び付いており、とりわけ第一部、第三部で論じられた問題は、イヴァン三世時代後半の統一国家形成期ロシアの政治史を飾る重要なトピックに直結していた。まずはこのことが、本書が明らかにした重要な点であろう。一四七八年のノヴゴロドの併合とその後の統合プロセスを考慮すること無しには、当初の段階の「異端者」事件は理解できない。ノヴゴロド併合問題は、一四七八年で終わったのではなく、それ以降にも続いていた。とりわけ教会の統合問題について言えば、それが一応の落ち着きを見せるまでには、更に一〇余年を必要としたのである。ゲンナージーは、彼を悩ます人々や問題を最終的に、古代の異端の流れを汲む「ノヴゴロドの異端者」として処理し、この問題に一応の決着をつけた（一四九〇年）。その一方で、第三部で扱われた「異端者」事件もまた、ロシア国家の政治史と切り離すことは出来ない。大公の後継者争い、対リトアニア外交および戦争、そして「新しい」ロシア国家の基盤をなした封地制度の維持を目的とした修道院所領の没収といった、この時期の重要なトピックは「異端者」事件と絡み合っていた。但しそれは、これまでの研究者が示した在り方では全くなかった。総じて言えば、「異端者」がこうした重要案件に介入してこれを混乱に導いたのではない。現実は全く逆であった。すなわち、こうした重要案件に関係して敗北した人々が、「異端者」というレッテルを貼られて処罰されたのである。最終的に敗北した孫ドミトリーの母親とその取り巻き、そして修道院領没収政策における大公のエージェントたちへの処分は、このように下されたのである。

さて最後に、この事件がロシアにおける国家と教会との関係に及ぼした歴史的な意味についても、述べておきたい。著者の考えでは、大雑把に言えば、「異端者」事件は、「新しい」ロシア国家の一基盤になった、新たな国家と教会との関係がこの時期に構築されるのに際して、幾つかの点で大きな役割を果たした。

第一に、先行研究においても述べられていることであるが、事件がこの時期における大公権の神格化のきっかけになったという点である。イヴァン三世時代、とりわけ一五世紀末以降に、国家と教会の関係が深まったことがよく知られる。既に幾度か述べたように、ビザンツの滅亡後、教会はそれまで依拠してきた基盤（ビザンツ教会）を喪失し、一五世紀後半において次第に、モスクワ大公権に擦り寄ることを余儀なくされた。その一つの具体的な現れであったのが、この時期に行われた、ヨシフ・ヴォロツキーによる大公の神格化である。彼は大公を、それまでの正教の庇護者から神の如き存在にまで格上げしていったのだが、その理論化は他でもない『啓蒙者』のなかで行われた。つまり、ヨシフは「異端者」の論駁を目的とした書において、瀆神的な「異端者」への厳格な対処を大公の重要な責務と定めるなかで、大公の権力が神に由来すること、神に準えられることを言明しているのである。[1] その意味で、本事件は、大公の神格化における、理論化のきっかけになったのである。著者はこの点をまず確認したい。同時に国家の側もまた、教会のイデオロギー的装置としての機能の有用性を強く認識し始める。ここにおいてロシアにおける国家と教会は、少なくとも理念上においては、ビザンツ的とも言える強力な「補完的」関係を結ぶことになる。類似の関係を、国家と教会は過去に全く取り結んだことがなかったわけではないが（例えば一一世紀のヤロスラフ賢公と府主教イラリオンの時代、また一四世紀のドミトリー・ドンスコイと府主教アレクシーの時代等）、基本的には教会（府主教座）の権力・権威の主たる源泉はビザンツにあり、その意味で教会は独自の足場を有していたのであり、国家と一定の距離を保つことが出来た。また特定の公と府主教との関係が疎遠になり、或いは途絶えた際には、国家と教会とは再び一定の距離を置くことになった。そうした点で、以前の関係は、一五世紀末から一六世紀初頭にかけてに成立したそれとは異なるのである。

また第二に、事件は、理論化作業のきっかけになったばかりか、現実の国家と教会との「補完的」関係が固く結ばれるきっかけにもなった。国家と教会、より正確に言えば、イヴァン三世とヨシフ・ヴォロツキーは協同で「第三の事件」（後継者問題やカシアンらの処遇の問題）を解決することにより、緊密な関係から得られるメリットを互いに知ることになった。先行研究では、国家・教会関係の緊密化は、一五〇四年における大公と正教会との合同での「異端者」裁判の執行により、またその後のヴォロコラムスク修道院の大公庇護下への移動により、前進したことが指摘されている。しかし著者は、後者（修道院の移動）にはそのまま同意できるものの、前者については、的確でないと考える。むしろ、一五〇四年の裁判を含めた、一六世紀初頭の事件全体の過程そのもののなかで、国家・教会の関係は深まったように思われる。

事件を通じてイヴァン三世とヨシフとの間で構築された「補完的」な関係は、続く半世紀程の国家と教会との在り方において、先導的役割を果たしたように見える。今後更に検討が求められるが、類似の関係はヴァシーリー三世と府主教たち、まず、シモンを引き継いだヴァルラーム（在位一五一一―二一年）との関係の中に既に見ることが出来る。彼は、大公の指示を受けて修道院領没収の議論を活性化させ、配流されていたヴァシアン・パトリケーエフを首都に呼び戻した。また大公とヴァルラームはアトス山から修道士マクシム・グレクの招聘に成功し、その力を借りてギリシアの神学文献の翻訳・改訳活動を進めた。国家と教会は単独では不可能に見える問題に協同で対処していく。ヴァルラームの後を襲ったヨシフの弟子ダニールが正教会の頂点にいた時期には、国家と教会の緊密な関係は一層明瞭な形で姿を現したように見える。大公ヴァシーリー三世の再婚問題、マクシム・グレク裁判やヴァシアン・パトリケーエフに対する裁判は、国家と教会の補完関係なしでは解決されなかったように見える。少なくともイヴァン雷帝と、ヨシフ派の府主教マカーリーの時代までは、そうした関係が特に明瞭な形で続いていくように見える。

第三に、このような国家と教会との「補完的」関係構築の一背景として、少なくとも二〇年程度にわたって（つまりヨシフの晩年とその直弟子の時代の最初期。一五二〇年代初頭まで）大公と「ヨシフ派」とのわりあい調和的な関係を支えることになる一つの、しかし重要な要因について、更に踏み込んで言及してみたい。それは事件の中でヨシフが使った異端告発の手法である。

ゲンナージーと異なり、ヨシフは、自らの敵対者と過去に有罪とされた異端とを「異端カタログ」を以て同定する、伝統的ないわば「神学的同定作業」に依らなかった。『啓蒙者』で使用された手法は、敵対者と過去の異端とを断定的に、人的関係を介して同定するというものであった。そうしたヨシフの手法は、当時の現実のなかで拒絶される可能性も十分にあったのだが、現実には受け容れられたのである。

著者の考えでは、この手法が正当性を持つに至った原因は、ハウレットが十分に検討しなかった一四九〇年代前半の「異端者」の処理のなかにある（本書第二部参照）。七千年終末に関する議論、修道制批判、府主教ゾシマに対する批判といった教会内部の懸案に対するヨシフの手法の適用は、まさに教会上層という比較的限定された範囲で、すなわちヨシフがスーズダリのニーフォントら数名の高位聖職者に政敵ゾシマの「異端者」性を説得さえすれば十分であったからこそ、事実上承認されたと考えられる。つまりここで、人的関係を介した「異端者」告発が有効になる前例が作られたと考えられるのである。ここでのヨシフの手法の適用は、後の一六世紀初頭における世俗問題へのその適用にとって、結果としてであれ、「試運転」になった。それ故にこそ、人的関係を通じて当該対象（政敵）を「異端者」として処分する手法自体が一六世紀初頭に殆ど問題にされず、それに基づいた告発がおよそそのまま当該対象への異端判決にまで至るという状況が生じたと考えられるのである。大公の後継者争いにおいては、大公は過去の経験に鑑みて念を入れ、一度は戴冠しつつも争いに敗れたドミトリーの母后エレーナを「異端者」に結び付けた。それはイヴァシカ・マクシモフとの関係を「明らかにする」ことによって行われ、これにより、ドミトリーの廃位と彼およびエレーナの投獄処置が正当化された。イヴァン・ヴォルクら外交官たちは、恐らくリトアニア外交における「失策」で処罰された。従って、彼らはかつての「異端者」との人的関係に基づいて火刑に付されたのではないかもしれない。当時、リトアニアに関連しての「裏切り」や「失敗」がそのまま異端として処罰され得たことが考慮されるべきである。但し彼が、かつてゲンナージーやヨシフの両者から「異端者」と見なされていたフョードル・クーリツィンの兄弟であった事実は、「異端者」との人的関係の「証明」がこの時期に有していた力を考慮すれば、イヴァン・ヴォルクにとって好ましくない状況を造りあげたと考えられる。カシアンの場合、まさに修道院所領という「神の財産」を荒らす宗教的異端者としての排除に相応しい事例であり、フョードル・クーリツィンとの人的関係を根拠にしてその異端者性が「明らかにされた」と考えられる。

異端告発の正当化に際しての「神学的同定作業」は、もちろん、一五〇四年以降にも本来的には必要であったが、少なくとも以後二〇余年の間、事実上、必要不可欠の手続きではなくなった、或いは影を薄くしたように見える。ヨシフの手法が、一四九〇年代前半と一六世紀初頭の二度にわたり、現実の効力を発揮したことが重要である。それ故に、彼の手法は、次の時代に生じた異端問題の処理の際にも利用されることになる。既にヨシフ自身が一五一〇年代前半に「清廉派」との論争において、相手を「ノヴゴロドの異端者」と呼んだ。(2) 二〇年代にはヨシフの弟子たちも「清廉派」との論争において、彼らを「異端者」として描くことで、彼らとの争いにおける自分たちの「正統」性を主張した（『啓蒙者』拡大編集版の成立）。(3) この事実は、後の時代においても「異端者」という参照先が生き延びていたことを証明すると同時に、彼らへ当該対象を結び付ける手法もまた生き延びていた（その効果はさておき）ことを物語る。つまりヨシフの手法は、彼の弟子たち、つまり「ヨシフ派」がライバルを排除する強力な武器になったのである。

もっとも、こうした形式での異端告発は、一五二五、三一年のマクシム・グレクやヴァシアン・パトリケーエフに対する裁判ではもはや見られない。その理由は今後の検討課題であるが、既に「異端者」が遠い過去のものになり、次第に当該の被告と「異端者」との人的関係が証明できなくなったからではなかろうか。(4) 加えてヨシフの弟子たちは、その師の手法を利用するだけだった。このように、ヨシフの手法が有効であったのは、長く見積もっても一五二〇年代前半までであった。少なくとも世紀半ばまで続く、国家と教会との比較的良好な「補完的」関係を支えた要因、また「ヨシフ派」の繁栄の基盤等については、やはり今後の検討課題である。「異端者」事件を通じて成立した国家と教会とのこうした「補完的」関係が、他の要因（ビザンツの滅亡等）をも土台にして構築されたことは言うまでもない。しかし、この関係は、とりわけ「異端者」事件のなかにおいて、国家と教会との両者の複雑な絡み合いのなかで築き上げられ、初めて具体的な形で表出した。こうした関係が構築された具体的な場を提供したという意味で、著者は、この事件が重要であったと考えている。

【註】

（1）*Дьяконов*, Власть, С. 91-103; 128-132; *Вальденберг*, Древнерусские, С. 201-229; 栗生沢「ヨシフ・ヴォロツキー（一）」、九一―一二四頁。

（2）АЕД, С. 488.

（3）『啓蒙者』拡大編集版は、恐らくはヨシフの手になるものではない。ヨシフの死の直前に、彼の弟子ニル・ポレフがヴォロコラムスク修道院に寄進した写本が「簡素編集版」であることが重要である。

（4）但し、「ノヴゴロドの異端者」は長老アルチェミーに対する尋問（一五五〇年代）で参照先として登場する。ААЭ. т. 1, С. 252.

付録1　『新出の異端についての物語』試訳

ロシア国立図書館（サンクト・ペテルブルク）所蔵、ソロフキ・コレクション三二六／三四六番による。

長司祭アレクセイ、司祭デニス、フョードル・クーリツィン、その他の同様にユダヤ的に思考するノヴゴロドの異端者たちの、新出の異端についての物語。

数多くの異端を様々な年や時代に持ち込み、また正しき信仰を歪めて混乱させる目的で、悪魔が、彼に仕える無法なる異端の始祖を介して、悪しき信仰の多くの毒麦を全世界に蒔いた。それ故、聖なる神の使徒教会は彼らを呪詛する。彼らについて書かれた我々の聖なる神を奉じる教父たちの書物が数多くある。神の書物から学んだあらゆる、光によって啓蒙された正しき信仰〔正教〕は、初期に現れた異端者を知っており、呪詛しているものの、今日、我々の時代には、悪魔が、神無き異端者を介して多くの異端を蒔いたので、私は正当にも、どのように彼らの教えから逃れ、全き敵意で彼らを憎むべきであるかを述べることにした。

かくして話を始める。偉大なるルーシの地は、古には闇によって盲目にされた狂暴なる偶像〔を持ち〕、徹底して汚らわしくあり、神無き事に従事していた。父という核に存在する、本質的には一つである神の子が、罪により奴隷となった自分の創造物〔人間〕を見ることに耐えられなくなった時、〔神の子は〕このこと故に、その慈悲により、罪以外は我々と同じ人〔姿〕を取りつつ〔地上に〕降りてこられた。我々のために、父の座位に残らず、処女〔聖母〕に入り込んだのである。〔それは〕我々が天に住み着き、古代の没落から復興し、罪から解放されるようにとのことであった。そして〔神の子は〕我々と全く同じ肉体を取り、十字架と死を受け入れ、そして天と地を繋ぎ、大きな栄光とともに死者〔のなかから〕蘇り、栄光とともに天に昇り、父の栄光の右側に座り、目撃者である彼の弟子たちに、誓約に基づいて、炎のような舌の形での、慰めの聖霊を送ったのである。そして不可視の闇のなかに居座る人々を啓蒙し、父と子と聖霊の名において洗礼を授けるために、彼ら〔使徒たち〕を全ての民に使わした。そしてそこからある者は東の果てまで、ある者は西の果てまで進み、北の国や南の国まで広がり、彼らに命じられた説教を〔彼らは〕行った。

当時、最上の使徒であるペトロの兄弟であり、キリストの一二人の弟子の一人である聖アンデレがイェルサレムからシノプに行き、シノプからケルソネスに行き、ケルソネスからドニエプル〔川〕を遡り、山の麓の岸辺に立った。そして翌朝、起きて、彼とともにいた弟子たちに次のように言った。「これらの山々が見えるか。これらの山々の上に、神の恩寵が輝いているのを。〔ここに〕大きな町が起こり、神が多くの教会を建立されるであろう」と。〔彼は〕この山に登り、それらを祝福し、十字架を立て、神に祈り、そこに今日のキエフがある山から降りた。そして〔彼は〕ドニエプル川沿いに遡り、今日大ノヴゴロドがあるところにやってきた。そしてそこからヴァリャーギのところに行き、ローマにやってきた。ルーシの地への救いの言葉を広めることを〔使徒アンデレは〕聖霊から禁じられており、まさにその〔聖霊の〕判断は深淵であり、それ故、これ〔については〕は話されない。

全ての方角で、救済の、福音の預言が行き渡り、全てが偶像の闇から解放され、神の全知の光が輝いた〔が〕、ルーシの地だけは、偶像崇拝という闇で暗くあり、汚らわしき行為で、最後まで汚されていた。そしてそのまま、神の唯一の子の昇天の後、年月が多く過ぎ去り、千年に、つまり世界開闢から六五〇〇年になった。だが己の創りし人間が滅びに至るのを見るに忍びず、聖なる福の尊敬すべき三位一体は、我々東〔の地〕を〔天〕上から見舞い、神の理解の光で啓蒙し、リューリクの曾孫であり、イーゴリと福なるオリガの孫であり、スヴャトスラフの子であり、ロシア全土の専制君主であり支配者である福のウラジーミルの信仰、栄誉、賢さ、理性により〔啓蒙した〕。全てを見る目が彼に配慮し、彼を聖なる洗礼で清め、〔彼は〕光の子であった。そして〔彼は〕自分一人が救われることを急いだのみならず、万民を救うことを望み、万民に、父と子と聖霊の名において洗礼するように命じたのだった。

この時以来、福音の太陽が我々の大地を照らし、使徒の轟きが我々に鳴り響き、神の教会と修道院が建設され、多くの聖なるいとも清き奇蹟成就者たちや徴を持つ者たちがあり、〔彼らは〕あたかも金の両翼で天に飛び立つかのようであり、また以前にはその不信心によりルーシの地が全ての国を凌駕していたごとくに、いまやその信仰心によって全て〔の国々〕を圧倒するにいたった。その他の国では、たとえ多くの人々が信心深く、正しいとしても、多くの者は不浄で、不信心であり、彼ら〔信心深く、正しい人々〕と共に暮らし、異端的に思考しているのである。一方でルーシの地においては、農村、村の数が多く、数え切れないばかりか、多くの町も同様であったが、そこには一人の不信心な者もおらず、また異端的に思考する者もいなかった。全員が唯一の司牧者であるキリストの唯一の子どもたちなのであり、全ての者が同じように考え、全ての者が聖なる三位一体を称え、誰も異端者或いは悪を見ることはなかった。このようにして四〇〇と七〇年が経った。だが見よ、敵意を我々に向ける、善を憎むサタン、至極狡猾な悪魔、悪を助け援助する者、神を裏切る者〔がいた〕。この裏切り者は、全世界を飲み込み〔滅ぼし〕、腹が満たされることがなく、天と地を憎み、永遠の闇を強く望んでいるのである。

当時、スハーリヤという名のユダヤ人がいた。この者は悪魔の器であり、あらゆる悪行の才に長け、魔術と妖術、占星術と天文術に秀でており、キエフの町に住んでいて、ミハイルと呼ばれる当時存在していた公に知られていた。ミハイル公はキリスト教徒であり、キリスト教的に思考する人であり、アレクサンドルの息子であり、ヴォルグルド〔アルギルダス〕の曾孫であった。六九七九〔一四七〇〕年に、大公イヴァン〔三世〕・ヴァシリエヴィチの時代に、ミハイル公が大ノヴゴロドにやって来たときに、ユダヤ人スハーリヤも公とともに大ノヴゴロドにやってきた。彼は最初に司祭デニスを魅了し、ユダヤ教に引き込んだ。デニスはスハーリヤのところに、当時、まだ、ミハイロフ通りの司祭であった長司祭アレクセイを連れてきた。またこの者も同様に、申し分のない、真の、キリスト教の背教者であった。次いでリトアニアから別のユダヤ人たちがやって来た。彼らの名はオシフ、シモイロ、スカリヤヴェイ、モーセ、ハヌシといった。アレクセイとデニスは、ユダヤの信仰について急いで決め、いつも彼らとともに飲み食いし、またユダヤ教を教わるほどであった。自分ばかりか、自分の妻や子にもユダヤ教を教えた。彼らは割礼して、ユダヤ教徒になることを欲したが、ユダヤ人たちは彼らには許さないで、次のように言った。「もしキリスト教徒たちがこれを見たなら、もしくは彼らが見たいと欲したならば、露見してしまうだろう。だが秘密裏にユダヤ教を信仰し、公にはキリスト教を信仰しなさい」と。〔アレクセイは〕アレクセイという名を変え、彼はアブラハムと呼ばれた。彼の妻はサラと呼ばれた。続いてアレクセイは、多くの人々にユダヤ教を教え、更に自分の姻戚のイヴァシコ・マクシモフおよびその父親である司祭マクシム、多くの司祭、多くの下男、教区民にユダヤ教を教えた。司祭デニスも同じく、多くの人々にユダヤ教を教え、次いでソフィア〔教会〕の長司祭ガヴリーラにユダヤ教を教えた。次いで彼らはグリージャ・クローチにも教えた。このグリージャ・クローチがグリゴーリー・トゥーチンにユダヤ教を教えた。グリゴリーの父親は大ノヴゴロドで大きな権力を所持していた。次いで彼らは多くの人々に〔ユダヤ教を〕教えたが、以下に挙げるのがその人々の名前である。司祭グリゴリー、その息子のサムソンコ、ボリス・グレプ〔教会〕の雑役であるグリージャ、ラヴレシ、ミシュク・ソバク、デニスの姻戚であるヴァシューク・スホイ、司祭フョードル、ポクロフスカヤ〔教会〕の司祭ヴァシーリー、使徒〔教会〕の司祭ヤコフ、セミョン・ドルゴイの息子ユリカ、聖堂参事会員のアヴデイ、ステパン、ヴォスクレセンスカヤ〔教会〕の司祭イヴァン、オフドキム・リュウリシャ、輔祭マカール、雑役のサムハ、司祭ナウム、その他多くの人々である。彼らは古き異端者たちが行わなかったような無法を行った。

ああ、誰がこの災いのことで大声で嘆くに相応しかろう、誰の言葉が起こったことを言い表すだろうか、誰の耳が静かにこの物語を受け入れるだろうか。〔彼らは〕神のキリストが、父のところから永遠〔始まりもなく終わりもない〕に生まれたことを偽りであるとしている。我々の救済のために彼が具人化したことも偽りであるとする。〔彼らは〕全能なる支配者である父なる神には、〔彼と〕本質的に一つであって共治者でもある息子も聖霊もないかのように言い、また聖なる三位一体が存在しないかのように言う。だが、これについては書物に書いてある。全能なる支配者である父なる神が言葉と聖霊とを持っており、つまり言葉がもたらされて聖霊が空間を満たすと。また多くの書物が神の子キリストと呼んでいるこの者はまだ生まれておらず、生まれる時には、モーセやダビデやその他の預言者たちと同様に、本質によってではなく、祝福により、神の子と呼ばれるのである〔と彼らは言っている〕。キリスト教徒が神、キリストであると呼ぶ者はただの人間であり、神ではなく、ユダヤ人により磔刑に処され、墓のなかで朽ちた。それ故、いまやモーセの律法を奉じるべきであるという。更に彼らは次のようにも言っている。本当に神はアダムを、そして彼と共にある者を地獄から救うことが出来なかったのか、自分の望みを果たすために派遣した預言者たちや証聖者たちも天の力を持たなかったのだろうかと。また〔神は〕、貪欲でない人や乞食として自ら〔天から〕降りてこられ、人となり、受難した。これによって悪魔をだましたが、そのようにすることは神として相応しくないという。そして多くの誹謗と侮辱が神の教会といとも清きイコンに加えられており、彼らは人の手によって創られたものに頭を下げるべきではないと、また聖なるイコンに三位一体を描くべきではない、と言っている。なぜならアブラハムは二人の天使とともにいる神を見たのであり、三位一体を見たのではないからであるという。また〔彼らは〕神のイコン、清き十字架にひれ伏すことを禁じており、ある者は不浄で汚らわしき場所に〔イコンや清き十字架を〕投げ入れ、またある者は取り憑かれた子犬のように歯で〔イコンや清き十字架を〕噛み、またある者は〔イコンや清き十字架を〕破壊し、またある者は〔イコンや清き十字架を〕火中に投じて、次のように言っている。我々は、ユダヤ人たちがキリストを侮辱したごとく、このイコンを侮辱するのであると。ああ、どれほどの汚らわしき舌、ああ、どれほどの背教的で腐りきった口が、神を冒瀆するそうした声をあげていることか！　全世界の開闢からの七千年が終わりに近づいた時、異端者たちは、七千年は終わり、パスハーリヤも終わるが、キリストの再臨はない、従って教父の著作は嘘を記しており、それらを火で焼くべきであると言っている。また〔彼らは〕教父の著作ばかりか、使徒の著作についても悪く言い、「なぜキリストの再臨がないのか、既にその時ではないか、使徒たちはキリストが終末の時に生まれると記したが、既にキリストの誕生から一五〇〇年が過ぎている。だが、彼の再臨はない。だから使徒たちの著作は偽りである」と言っている。更に〔彼らは〕聖エフラエムの著作を貶め、彼の著作は偽りであると言っている。すなわち〔聖エフラエムは〕主である我々のイエス・キリストが生きる者や死んだ者を裁くためにやって来て、終末が訪れると書いている。そして彼の著作が書かれて後、千年が過ぎている。しかし再臨はない。そして〔彼らは〕聖エフラエムの著作ばかりか、教父たちのあらゆる神についての著作をも貶め、また〔彼らは〕著作ばかりか修道服そのものと修道生活を貶め、修道士たちは預言者や福音や使徒の教えから外れ、独断と独習により己の生活を獲得し、神との契約を捨て去り、人間の伝承を守っていると言っている。また別の者どもは、もし修道士の生活が神意に適うならば、キリスト自身も、神の使徒たちも修道服を着用しているだろうに、今我々はキリストも、また同じく聖なる使徒たちをも、修道服ではなく、世俗の衣服を着用した姿で見る、と言っている。また別の者どもは、スヒマ修道士の衣服は聖なる天使によって、パコミオスに与えられたのではない。もし天使〔が与えた〕ならば輝いていたはずだが、今は黒くあり、これこそ悪霊の仕業の印である、と言っている。ある者たちは、「霊が言われるように、後の時代になると、ある人たちは惑わす霊と悪霊の教えとに心を奪われ、信仰から離れるようになります。それはうそつきどもの偽善によるものです。彼らは良心が麻痺しており、結婚することを禁じたり、食物を断つことを命じたりします。しかし食物は、信仰があり、真理を知っている人が感謝して受けるようにと、神が造られた物です」という聖使徒パウロがテモテに宛てて書いた〔書簡の〕言葉を曲解している。異端者たちはこの言葉を、聖使徒パウロが修道士について〔語ったことである〕と述べている。というのも、彼ら〔修道士〕は妻帯を禁じ、食事を控えるように言っているからである。彼らについては「イスラエルに種を蒔かないあらゆる者は呪詛される」と書かれている。彼らの汚らわしさや不浄さはそれに留まらなかった。彼らは、聖なる大斎戒の日にも、あらゆる聖なる日にも〔大酒を〕飲み、大食らいし、また水曜日にも、金曜日にも肉を喰らい、放蕩にふけり、神の教会に入って、聖なる典礼を執行しているのである。神の言葉に接しても尚変わらない、筆舌に尽くしがたいほどの汝の頑なさに、いかに驚かないでいられようか！　言葉に出来ないほどの汝の慈悲深さを我々はどのように言い表すことができようか！　この汚らわしき舌どもは、別の聖人に対しても、大胆に行動している。すなわちとんでもない、そして悪しきことを教え、処女にして聖母その人を誹謗し、そればかりか偉大なる先駆者〔バプテスマの〕ヨハネ、聖なる使徒たち、聖なる聖職者たち、至聖であり神を称える我々の父たちをも〔誹謗している〕。サタンの長子である、大ノヴゴロドのアレクセイとデニスは非常に多くそうしたことを行った。

六九八八〔一四八〇〕年に、大公イヴァン・ヴァシリエヴィチが大ノヴゴロドにやってきた。彼はその時に司祭アレクセイを聖母昇天〔ウスペンスキー〕教会の長司祭に〔就けるために〕モスクワに連れていき、司祭デニスを大天使ミハイル〔アルハンゲリスキー〕教会に〔就けるために〕連れていった。だが、一体誰が、涙を流すことなく、どれほど、またどのようにこの汚らわしき犬どもが自分の味方と共に〔モスクワに〕行ったことについて話すことが出来るだろうか！　モスクワに到着後、この巨大な、人数多い町において、〔彼らは〕まだ、不作法でとがめられるべきことを何もなそうとしなかった。しかし、彼らは、あたかも穴のなかの蛇のように人を避け、人前では清く柔和であり、また公正で節度ある態度を示しながらも、密かに不浄なる種をまき、多くの者を滅ぼし、ユダヤ教へと連れ去った。ある者は〔キリストの教会から〕離れ、ユダヤ教に入信するほどであった。そこには丁度その行為と同じ名前であったイヴァシコ・チョルヌィ〔黒〕及び、彼と共に秘密を隠し持っていたイグナート・ズーボフがいた。

六九九三〔一四八五〕年に大ノヴゴロドとプスコフの大主教に聖なるゲンナージーが任じられ、燭台の上の蝋燭のように神の意志で任ぜられた。〔彼は〕悪をなす異端者の上に獅子の如く放たれ、神の著作の茂みから出るかの如く飛び出し、また預言者と使徒の教えの高く美しい山々からかけ下るかの如くであり、ユダヤ教の毒を十分に吸収している彼らの不浄なるはらわたを己の爪でひきむしり、己の歯でかみ砕き引き裂き、そして石に打ち付けた。彼らは逃亡を企て、モスクワにやって来て、既に多くの人々を魅了していた長司祭アレクセイや司祭デニスが用意した助けを得た。そして〔彼らは〕自分たちの汚らわしきユダヤの信仰の助けになるように、修道士のなかから、放蕩の不浄を喜ぶ、とある放蕩者を獲得した。私は〔彼を〕掌院〔修道院長のこと〕とは呼びはしない。名はゾシマといった。この呪われしゾシマは、最初の異端者であるゾシマ・チョルヌィと同じ名であった。次いで〔彼らは〕自分の異端に修道士ザハールを引き込んだ。次いで大公の宮廷からフョードル・クーリツィン、キリスト教徒の書記官であるイストマとスヴェルチク、商人からはセミョン・クレノフを〔引き込んだ〕。フョードル・クーリツィン、イストマ、スヴェルチク、セミョン・クレノフは多くの人々にユダヤ的に考えることを教えた。当時、長司祭アレクセイとフョードル・クーリツィンは、他に例を見ないが如く、君主に対し厚かましくあった。すなわち当時、長司祭アレクセイとフョードル・クーリツィンは他の誰よりも親密に、支配者〔イヴァン三世〕に接していた。すなわち〔彼らは〕天文学、数多くの偽の教え、占星学、魔術、魔術書に携わったのである。それ故、数多くの者がそれらに傾き、罪の深みに沈んだ。何故なら汚らわしきサタンが現れ、心の隙間を持つ多くの人々を獲得したからである。この隙間は、人生の甘美や名誉欲、金銭欲や追従好み、不正によって耕され、また柔らかにされた。また〔サタンが〕そこに、自分の汚らわしい毒麦を、そして冷酷に殺害を犯すその毒蛇の末裔どもを蒔いたからである。この〔毒蛇の末裔たちは〕、〔我々に〕恩寵を与え、また我々にとって心地よい主に対し、厚かましく振る舞っている。地上のことで、また太陽のことで、〔汝は〕どうやって我慢できるだろうか。というのも、これまで、この不浄なる異端者がその唾棄すべき舌で吐き出した程の、ただ一つの生まれである神の子、いとも清きその母親、そしてあらゆる聖人に対する悪口と誹謗はなかったからであった。

これらは府主教ゲロンチーの時代のことであった。〔彼は〕自分はキリスト教的に思考していたが、その他のことについてはあまり配慮しなかった。それはすなわち、ああ、異端の教えによって、或いは無礼さによって滅びつつあるキリストの信徒団たちのことであった。彼はこのことに配慮しなかったか、或いは支配者を恐れていた。まもなくして、六九九七〔一四八九〕年にゲロンチーは亡くなった。

少し時が経った後、悪魔の隠し子であり、地獄の犬であり、またアレクセイの弟子でもあった雑役イストマが、神の怒りの網によって苦しめられている。何故なら、七つの悪い霊の住処がある彼の汚らわしい心は腐っており、その腹もまた腐らせたからである。そして〔彼は〕自分のところに医者の某を呼んだのだが、彼〔医者〕は〔彼を〕診た後、彼に対し、神の怒りが〔現れており〕あり、人の治療では治らないと言った。このようにひどく苦しみ、〔彼は〕汚らわしい最後を迎えた。すぐに、サタンの器であり、沼から這い出た悪魔の獣でもあり、キリストの葡萄を荒廃させた呪われし長司祭アレクセイもまた、サタンの手の上で汚らわしく身罷った。なぜなら神の裁きが彼にまで達したからである。〔彼は〕ひどい病気になり、神の裁きの剣によりうち負かされたのだった。彼の死の直前に、〔アレクセイは〕その魔法を使って君主に近づき、偉大なる聖職者の座位に、サタンの汚らわしい器であり、彼〔アレクセイ〕がユダヤの毒を飲ませた人物である、汚らわしき（と私は呼ぶ）ゾシマを任命したのだった。それは少し経った後、六九九九〔一四九〇〕年九月二六日であった。

少し時が経った後、大ノヴゴロドとプスコフの至聖なる大主教である聖なるゲンナージーが君主に、そして府主教ゾシマにも宛てて〔書簡を書いた〕。なぜなら彼〔ゾシマ〕の汚らわしき魂の悪しき〔振る舞い〕を未だに〔ゲンナージーは〕知らなかったからである。そしてノヴゴロドに居続けたか、或いはモスクワに逃げてきたノヴゴロドの異端者の、神のイコンや清く生命を創り出す十字架の誹謗や冒瀆に関する数多くの真の証拠が持ち込まれた。そして君主の命令により主教たちが集まった。それはロストフ大主教チーホン、スーズダリ主教ニーフォント、リャザン〔主教〕のシメオン、トヴェリ〔主教〕のヴァシアン、サライ〔主教〕のプローホル、ペルミ〔主教〕のフィロフェイ、掌院、典院たち〔修道院長のこと〕、ルーシの府主教区の聖なる会議全体であるが、これは六九九九〔一四九〇〕年一〇月一七日のことであった。〔彼らは〕この者〔ゾシマ〕が異端の創始者であり、教師であることを未だ知らないまま、ゾシマの許にやってきた。ゾシマはキリスト教的に思考しつつ、次の異端者たちを呪詛するよう命じた。ノヴゴロドの長司祭ガヴリル、既に亡くなっていた長司祭の故アレクセイ、アルハンゲリスキー〔聖堂〕の司祭デニス、イヴァン教会の司祭マクシム、ポクロフスカヤ〔教会〕のヴァシーリー、ニコラ〔教会〕の輔祭マカール、ボリス・グレプ〔教会〕の雑役グリージャ、デニスの娘の連れ合いであるヴァシューク、ニコラ〔教会〕のサムハ、そして同じように〔異端的に〕考えるあらゆる異端者であった。

他の者どもは大ノヴゴロドの大主教ゲンナージーの許に君主のところから送られた。彼〔ゲンナージー〕は、四〇ポプリシェの距離にわたって〔異端者たちを〕馬上の鞍に乗せるよう命じ、彼らの衣服を前から見て後ろ向きに着せるよう命じ、馬の頭に彼らの背を向けるよう命じたのだが、それは〔彼らが〕彼らに対して準備された火〔が掲げてある〕西を見ているという状況にするためであった。そして彼らの頭には白樺製の〔先の〕尖った、悪魔のもののような兜、兜につける菩提樹の皮で出来た布、草も混じっていた、麦の茎で出来た花輪を載せるよう命じられた。兜には目印が黒インクで書かれた。「この者はサタンの兵士である」と。そして〔彼らを〕町中に連れ回すよう命じた。〔連れ回している間に〕彼らに会った人々には、彼ら〔異端者たち〕に唾を吐くよう、また「この者は神の敵であり、キリストの冒瀆者である」と言うよう命じた。その後、彼らの頭にある兜に火を放つよう命じた。これらを良き司牧者である彼〔ゲンナージー〕が行ったのだが、それは彼が不浄で神を持たない異端者たちを威嚇することを望んでのことであった。しかしこのことによってばかりか、他のことによっても、恐怖と不安の光景が演出された。何故ならこれを見た人々が信仰を堅くするからである。その他の異端者たちは、君主により裁かれ、幽閉や追放刑に処された。司祭デニスは、呪詛と幽閉の後、彼のなかに住み着いていた、誹謗する悪霊に引き渡され、獣の声で汚らわしく、また家畜やあらゆる鳥や爬虫類〔の声で〕大声で喚きながらひと月ほどを過ごした。このようにして〔デニスは〕汚らわしく、また異端的な〔その〕魂を吐き出してこと切れたのである。この者〔デニス〕と同様に〔異端的に〕思考していた修道士ザハールもまた、同様〔の運命を辿った〕。

地獄から流れているこの両者の犬どもを、またユダヤの毒で養われている破滅的な息子たちを取り除き、引き離した後にもまだ、悪の大いなる器、未だ消えぬソドムの火の燃えがら、闇の主なる蛇、ゲヘナの火の喜び、新しきアリウス、マニにまさる極悪人、悪魔の長子にして不浄なるゾシマが〔残って〕いた。以前話したとおり、この悪人は聖なる座位に居座っていた。〔彼は、座位について〕すぐにユダヤの毒を自分の汚らわしき心のなかに保っておくことが出来ず、多くの人々に〔毒を〕広め、神の母に捧げられた〔ウスペンスキー〕教会の、大いなる聖なる座位を汚した。それ〔この教会〕は地上の天国と呼ぶに相応しく、〔この教会〕はロシアの地の中心にある大きな太陽のように照らし、あらゆる光景、奇蹟を起こすイコン、聖骸で飾られているのである。もし神が、〔人の手によって〕建てられた場所に住むことを試みたならば、他でもなくこの場所に住んだだろう。だが、いまや、そこにはあの黒い鳥〔ゾシマ〕がおり、〔ゾシマは〕その無能な命を満たす人々や魂の死に落ちて眠り込む人々からその視力を奪った。美しい歌声のギンザンマシコ、大声でさえずるナイチンゲール、甘い会話をするツバメの如く、教会の庭の中心で耳を立てる人々の耳に正教の教えを教えた神の聖職者にして奇蹟を成就したピョートルとアレクシー、その他の正教の大いなる聖職者たちが我々のところから飛び去った。〔彼らは〕、まるでキリストの正しき行いに目を背ける者どもの目を自分の爪で引き裂く、翼を持つ鷲の如く飛び去った。〔彼らは〕キリストの許に飛び去ったが、彼らはその翼によって正しき人々の多くを守り、我々を子供として残したのである。だが、不浄かつ悪霊を宿す狼〔ゾシマ〕は牧者の衣をまとい、かの純朴たる人々を捕らえ、ユダヤ教の毒を飲ませ、或いは他の者たちをソドムの淫蕩で汚した。また〔彼は〕死の蛇であり、大食らいで酒飲みであり、豚のような生活を送り、ありとあらゆる不潔と妨害とそのかしを清浄なキリスト教信仰に為し、真の神である我々の主なるイエス・キリストを誹謗し、キリストが自らを神と呼んだなどと言い、また〔彼らは〕いとも清き聖母に対して多くの罵詈雑言を言い、命を創り出す神の十字架を汚らわしき場所に置き、聖なるイコンを火にくべ、偶像に助けを求め、福音書の遺訓や使徒の規則やあらゆる聖人達の書き付けを否定し、次のように言っている。「天の国とはなにか？〔キリストの〕再臨とは何か？死者の復活とは何か？そんなものは存在しない。誰かが死んだなら、その者は死んだのであり、その時まで生きていただけである」と。そして彼と共に長司祭アレクセイや司祭デニスのその他の数多くの弟子たちがいた。これは、大公の書記官フョードル・クーリツィン、スヴェルチク、イヴァシカ・マクシモフ、セミョン・クレノフ、その他多くの者どもであった。彼らは秘密裏に多くの異端を所持し、十戒によってユダヤ教を教え、サドカイ派やメッサリアの異端を所持し、多くの放蕩をなしていた。人々は彼らを、好意的に、そして神の書物に造詣が深いと見なしていた。この人々を〔アレクセイの弟子たちは〕未だにユダヤ教に導くことが出来ないでいた。しかし〔彼らは〕旧約聖書と新約聖書の神の書物の誰か〔預言者等〕の文書について偽って話し、騙して自分の異端に引きつけ、誰かの作り話や天文学を教えるのである。すなわち星によって人の生誕や人生を観察し、計算することを教えるのであり、神の書物をあたかもそこには何もないかのように、〔それが〕人には必要ないかのように、疑うよう教えるのである。そして〔彼らは〕ユダヤ教に普通の人々を教え導くのである。ユダヤ教に陥っていない人々がいたとしても、多くの人々は、彼ら〔弟子たち〕から、神の書物を貶すよう学んだ。そして〔彼らは〕広場や家で信仰に関して議論し、疑いを持ったのである。そして栄誉の太陽がルーシの地において輝き始めて以降初めて、これまでにはなかったような、キリスト教徒の間での混乱があったのである。

修道院や庵で生活している修道士の位階〔を持つ者〕は、また世俗の人々や高貴な〔人々〕や敬虔な人々もまた心を痛め、〔彼らは〕数多くの苦しみ、魂の悲しみを感じており、〔それで〕満たされている。〔彼らは〕破滅的で神を冒瀆する嵐に耐えることが出来ず、号泣しながら神に祈るのである。破滅をもたらす、かのユダヤの冬が終わりますように、一つの本質である三位一体の記憶が〔彼らの〕心を慰めますように、また真実を明るみに出しますように、また栄光の太陽が光り輝きますようにと。一体誰が、あたかもユダヤの破滅の毒麦を、その汚らわしき毒麦を蒔く者とともに根絶することをこれほどまでに心配するだろうか。ある人々は、彼〔毒麦を蒔く者――ゾシマ〕をそうした逸脱やソドムの汚らわしき行為で非難したので、彼はそれらの人々と和解不可能な程に敵対している。彼は、その人々を神の聖餐から引き離している。また彼は、その人々が司祭や輔祭であれば、聖職から解任している。また〔ゾシマは〕異端も背教者も裁くべきではないと言っている。〔またゾシマは〕もし異端者が聖職者や司祭であり、その彼が誰かを追放したり、また祝福しない場合、神の裁判を彼の裁判に従わせるよう言っているのである。神の書物に明るくない者は、そうした背教を暴くことを恐れている。神の書物を読んだ者は、異端者や背教者を裁くべきであるばかりか、呪詛すべきであり、また呪詛ばかりか厳しい処刑にふされるべきことを理解していた。〔それ故に彼らは非難をやめず、また全ての人々にその異端や汚らわしさを伝えることをやめなかった。〔そこで〕彼〔ゾシマ〕は君主のところにやってきて、この人々を誹謗した。すぐに、〔上記の〕罪なき人々は君主により裁かれて投獄され、多くの苦しみ、鎖、牢獄、そして財産略奪を彼らは受け入れている。追放されなかった別の人々は、なぐさめの手紙、また世俗的な必要な物品を〔追放された人たちに〕与えて援助をしている。また〔彼らは〕神の書物からの異端的な言動に対する非難を集め、追放された者に書き送り、異端者に対抗するよう彼らを堅固にしている。

そうした災いのせいで私は、異端の話に対する、またそれを告発するものを若干、神の書物から収集した。私は愚鈍で単純な者であるが、しかし私の力の限り、私はこのことに対して注意を向けないわけにはいかない。聖サヴァの大修道院で生きていたアンティオコスが、獣の如きペルシア人を見て、適時に、聖書の抜粋からなる大きな書物を作成するための理由を得た。同じくアンティオキアの黒山で生きていた聖ニコンも、神なきトルコ人の素早い展開を見て、読む者のために神の書物から多くを〔抜き出して〕書いた。いまやペルシア人でもトルコ人でもなく、キリストの教会に刃向かい、まさに野蛮な獣の如き悪魔自身とそのあらゆる軍勢は、人の肉を食すのではなく、また人の血を飲むわけでもなく、人の魂を滅ぼすのである。この悪魔には、あらゆる平和は似つかわしくない。私が〔以下の〕全ての章で異端的に思考する者たちを、ユダヤ的に思考する者たちを、つまり長司祭だったというアレクセイ、フョードル・クーリツィン、司祭デニス、そして彼らと同様の者たちを引用することに関して、誰もが私のことを咎めませんように。なぜなら、我々の聖なる神的な父たちが、古代の民にもこれが悪魔の教えであることを知らせることが出来るようにと、古い異端者に対して書き、多くの場所で彼らの名前、彼らの異端について引用しているからである。様々な神の書物から私は一つにまとめた。知る人々は神の書物を読んで自らを省み、また知らない者は〔この書を〕読んで理解するように。異端者の言葉に立ち向かうことが求められる者は、神の祝福により、以下の通りである各々の章において、準備されたものを難なく見つけることができる。

〔一〕　全能の父である神には子も聖霊も同じ本質として持たず、自らとのみ玉座をともにする、従って聖三位一体はありえないと言う、ノヴゴロドの異端者の新出の異端に対する第一の講話。ここにあるのは、全能の父である神が本質的に一つであって自らと玉座を共にするところの子と聖霊を持っていることについての、また聖なる、生命を創り出す、全能である三位一体が、既に早くから、つまり族長や預言者やあらゆる神の書物からの証言を持っていることについての、神の書物からの物語である。

二　キリストはまだ生まれておらず、生まれるには更に時がかかろう。キリスト教徒たちが神なるキリストと称している者、それは普通の人間であって、神ではないと言っている、ノヴゴロドの異端者の異端に対する講話。ここにあるのは、ユダヤのベツレヘムにおいて、ユダヤの王ヘロデの時代に神であるキリストが処女マリアから生まれたこと、我々を救うために自ら十字架〔刑〕を被り、死者のなかから復活し、天に昇り、生者と死者を裁くために再度やって来た、という神の書物からの物語である。

三　モーセの十戒を奉じ、守り、かつ生け贄を捧げ、また割礼を受けるべきであると言っているノヴゴロドの異端者の異端に対する講話。ここにあるのは、モーセの律法がキリストの到来まで与えられ、神は当初生け贄を望んでおらず、しかし必要に応じて、また至る所においてではなく、唯一イェルサレムにおいてのみ認めておられたのだが、尊師〔主〕キリストが到来した後にモーセの律法を止め、生け贄と割礼は廃止された、という神の書物からの物語である。

四　神はアダム及び彼と共にいる者たちを救い得なかったではないか。神は自らの意志を成就するために遣わすべき、天上の軍勢も、預言者たちも、義人たちをも持っていなかったではないか。自分が無欲者とか貧乏人のごとくに〔地上に〕降り、人の姿をとり、受難した。そしてこれによって悪魔を克服したが、そのように振る舞うのは神に相応しくないと言っているノヴゴロドの異端者の異端に対する講話。ここにあるのは、神にはあらゆることが可能であり、賢さと人間愛の深さに関しては誰も神の力に刃向かうことはできず、あのように我々を救うために自ら人の姿をとり、受難し、地獄に落ち、死者のなかから蘇って、アダム及び彼と共にある者を地獄から外に出してくださったのであり、また〔神は〕神の賢さにより悪魔を克服し、そして全世界を救い、今日まで救っている、という神の書物からの証言である。

五　アブラハムは二人の天使と共にいる神を見たのであり、三位一体を見たのではない、と言われているのだから、聖なるイコンに聖にしてひとつの存在である三位一体を描くべきではない、と言っているノヴゴロドの異端者の異端に対する講話。ここにあるのは、アブラハムは聖三位一体を見たのであり、またいとも清きイコンに聖なる、命を創りだす三位一体を描くべきである、という聖なる書物からの物語である。

六　人の手によって創られたものに頭を下げるべきではないと言っているノヴゴロドの異端者の異端に対する講話。ここにあるのは、旧約聖書では人の手から創られたものに頭を下げており、主である神が自分を賛えるためにそれらを創るようお命じになったのであり、今や人の手から創られたものに、言い換えれば聖なるイコンや清き、命を創りだす十字架やその他の神の、清められたものに頭を下げることがよりよいのであり、神であり我々の主であるイエス・キリストが自分を賛えるためにそれらを創るようにお命じになったのである、という聖なる書物からの証言である。

七　いかにして、またいかなる根拠でキリスト教徒たちは神のイコン、生命を創り出す清きキリストの十字架、聖なる福音書、いとも聖なる神の秘蹟、また神の秘蹟が行われるための聖別された什器、聖人たちの聖骸、神の教会堂に頭を下げるのか、またどのようにして互いに頭を下げるべきか、更にどのようにしてツァーリ或いは公に頭を下げ仕えるべきか、そしてどのようにして主たる神に今日、頭を下げ、唯一のその人に仕えるべきか。こうしたことについての聖書からの物語。

八　七千年が終わってしまい、パスハーリヤも過ぎている。しかしキリストの再臨はない。だから教父たちの著作は偽りであると言っているノヴゴロドの異端者の異端に対する講話。ここにあるのは、聖なる父たちの著作は真実である、何故なら〔それは〕預言者たちや使徒たちの著作に一致しているからである、という聖なる書物からの証言である。

九　なぜキリストの再臨がないのか、既にその時ではないか、使徒たちはキリストが終末の時に生まれたと記していたが、既にキリストの誕生から一五〇〇年が過ぎてしまった。だが彼の再臨はない。だから使徒たちの著作は偽りであると言っているノヴゴロドの異端者の異端に対する講話。ここにあるのは、聖なる使徒たちの著作は真実である、何故なら聖霊から〔そのことが〕話されたからである、という聖なる書物からの証言である。

一〇　聖エフラエムの著作を貶め、彼の著作は偽りであると言っているノヴゴロドの異端者の異端に対する講話。ここにあるのは、聖エフラエムの著作は真実であり、預言者や福音書や使徒の著作も同様である、という聖なる書物からの物語である。

〔一二〕第一節

修道士の生活を貶め、修道士たちは神の掟と、預言者や福音や使徒の著作とを捨て、独断と独習により己の生活を発案し、人間の伝承を守っていると言うノヴゴロドの異端者の異端に対する講話。

第二節

ある者たちは、もし修道士の生活が神意に適うならば、キリスト自身も、神の使徒たちも修道服を着ていただろうのに、今我々はキリストも、また同じく聖なる使徒たちをも、修道服ではなく、世俗の衣服であるのを見る、と言っている。

第三節

ある者たちは、スヒマである修道士の服装は聖霊によって、パコミオスに与えられてはいない。もし天使〔が与えた〕ならば、凛然としていたのであろうに、黒くさえなっているではないか、これこそ悪霊の仕業の印であると言っている。

第四節

ある者たちは、聖なる使徒パウロが「霊は次のように明確に告げておられます。終わりの時には信仰から脱落する者がいます。惑わす霊とサタンの教えとに心を奪われて。このことは偽りを語る者たちの偽善によって引き起こされるのです。彼らは無知であり、また結婚を禁じ、また食物を絶つことを命じます。しかし、この食物は、信仰を持ち、真理を認識した人たちが感謝して食べるようにと、神がお造りになったものです。神がお造りになったものはすべて良いものであるので、感謝して受けるならば、何一つ捨てるものはない。なぜなら神の言葉と祈りとによって聖なるものとされているからです」と言っている。異端者たちはこの言葉を、聖使徒パウロが修道士について〔語ったことである〕と述べている。というのも彼ら〔修道士〕は妻帯を禁じ、食事を控えるように言っているからである。彼らについては「イスラエルに種を蒔かないあらゆる者は呪詛される」と書かれている。

ここであらゆるこの異端の話に対抗し、また告発するために、神の書物から話を引用する事にしよう。

＊本試訳に際しては、栗生沢猛夫「ヨシフ・ヴォロツキーの政治理論」『スラヴ研究』一七号、一九七三年、一〇三―一二三九頁及び佐々木秀夫「ノーヴゴロドに現れた異端について」『古代ロシア研究』一七号、一九八九年、三―一三頁を参考にさせていただきました。

付録２『新出の異端についての物語』テクスト公刊

ロシア国立図書館（サンクト・ペテルブルク）所蔵、
ソフィア・コレクション一四六二番による。

Иосиф Волоцкий
"Сказание о новоявившейся ереси"
РНБ, Софийское собрание, № 1462, л. 12-25[а].

...[б]//(л.12)ющи заповѣди.

Тогда священныи Андреа, един сыи от двоюнадесяте числа полка ученикь Христовь, брат Петра верховнаго апостола, от Иерусалима в Синопию прииде, и от Синопиа в Херсон. И от Херсоня поиде Днѣпром вверхъ. И ста под горами при брезѣ. И заутра вставь и рече к сущим ту с ним ученикомъ: "Видите ли горы сиа, яко на сих горах въсиает благодать Божиа. И будет град велик и церкви многы имат Богъ въздвигнути". И вшед на горы тыя, и благослови их, и постави крестъ, и помолися к Богу. И сниде с горы, иде же есть нынѣ град Киевъ. И поиде по Днѣпру вверхъ, и прииде, иде же нынѣ Новъград Великыи. И оттуду поиде въ Варягы, и прииде в Рим. Проповѣдати же слово спасеное в Рустѣи земли възбранен бысть от Святого Духа, его же судбы бездна многа, и сего ради суть сиа несказанны.

По всѣм же странам спасенаа проповѣдь еуангельская изыде, и вси от тмы идолскыя избавлени бышя, и свѣтом богоразумья озаришася, точью же Руская земля помрачяшеся тмою идолобѣсиа, и скверными дѣлы до конца //(л. 12об.) осквернена сущи. И много убо врѣмя преиде же по възнесении на небеса единороднаго сына Божия, яко и в тысущу лѣт достиже, от създаниа же миру лѣт 6500. Но не терпя своего създаниа зрѣти погыбающа святаа и блаженаа и поклонная Троица, и посѣти нас въсток свыше, и свѣтом богоразумиа просвѣти, и вѣрою, и благочестьем, пре-мудростию же и разумом самодержьца и владыкы всея Рускыа земля блаженаго Владимера, сына Святославова и внука Игорева и блаженыя Олгы, правнука же Рюрикова. Призрѣ бо на него всевидящее око, и просвѣти его божественым крещением, и бысть сынъ свѣта, и не токмо же

самъ единъ потщася еже спастися, но и всѣх спасти подвижеся, и всѣм повелѣ креститися въ имя Отца и Сына и Святаго Духа.

От того врѣмене солнце еуангельское землю нашу осиа, и апостольскыи гром нас огласи, и божественыя церкви и манастыри съставишяся, и бышя мнози святитилие же и преподобнии, чюдотворци же и знаменоносци, и якоже златыма крилома на //(л. 13) небеса възлетааху. И яко же дрѣвле нечестьем всѣх превзыде Руская земля, тако и нынѣ благочестьем всѣх одолѣ. Въ инѣх бо странах, аще и мнози бѣшя благочестивии же и праведнии, но мнози бѣху нечьстивии же и невѣрнии с ними живуще, и еретичьская мудрьствующе. В Рустѣи же земли не токмо веси и села мнози и несвѣдомии, но и гради мнози суть, иже [3-]ни единаго имуще невѣрна, или еретичьская мудрьствующе, но вси[-3] единаго пастыря Христа едина овчята суть, и вси единомудрьствующе, и вси славящи святую Троицу. Еретика же или злочьстива нигде же никто видел есть. И тако быша 400 и 70 лѣт. Но оле, еже на нас твоея злобы, сатана, ненавидяи добра, диаволъ вселукавыи, злым помощникь и споспѣшник, Божии отметник, поглотивыи мира всего и ненасытивыися, възненавидѣвыи небо и землю, и вѣчнѣи тмѣ въжделѣвыи! Зри, что творит, и что козньствует!

Бысть убо въ та врѣмена //(л. 13об.) жидовинъ именем Схариа, и сеи бяше диаволов съсуд, и изученъ всякому злодѣиству же изообрѣтению, чяродѣиству же и чернокнижию, звѣздозаконию же и астрологы, живы въ градѣ нарицаемѣм[4] Киевѣ, знаем сыи тогда сущему князю, нарицаемому Михаилу, христиану сущу, и христианскаа мудрьствующе, сыну Александрову, [5-]внуку же Владимерову[-5], правнуку же Волгирдову. Сеи убо князь Михаил в лѣто 6979 приде в Великыи Новъград въ дни княжениа великаго князя Ивана Васильевича, и с ним приide в Великыи Новгород жидовинъ Схариа. И тои преже прелсти попа Деониса, и в жидовство отведе. Деонис же приведе к нему протопопа Алексиа, еще тогда попа суща на Михаиловскои улици, и тои также отступник бысть непорочныя и истинныа христианскыа вѣры. Потом же приидошя из Литвы инии жидове, им же имена Осиф, Шмоило, Скаравеи, Моисеи, Ханушь. Толико же Алексеи и Деонис потщание положишя о

жидо//(л. 14)вскои вѣре, яко всегда с ними пити же и ясти, и учитися жидовству. И не токмо же сами, но и жены своя и дѣти своя научишя жидовству. Въсхотѣшя же и обрѣзатися в жидовскую вѣру, и не повелѣша им жидове, глаголюще: "Аще увѣдят сиа христиане, и въсхотят видѣти, и будете обличени. Но держите таино жидовство, явьствено же христианство!" Премѣнишя же имя Алексею, нарекошя Авраам, жену же его нарекошя Сарра. Потом же Алексеи научи многых жидовству, еще же и зятя своего Ивашка Максимова, и отца его попа Максима, [6-]еще же[-6] многых от попов, и от диаков, и от простых людеи. Деонис же попъ тако же многых научи жидовствовати, потом и протопопа Гавриила Софеискаго жидовствовати научи, научишя же Гридю Клоча. Гридя же Клочь научи Григориа Тучина жидовству, его же отець бяше в Новѣгородѣ велику власть имѣа. Потом же многых научишя, а се суть имена их: попа //(л. 14об.) Григориа, сына его Самсонка, Гридю, диака Борисоглѣбскаго, Лавреша, Мишюка Собока, Васюка Сухого, Деонисова зятя, да попа Феодора, да попа Василиа Покровскых, да попа Якова Апостольскаго, да Юрку Семенова сына Долгаго, да Овдѣа, да Степана крилошан, да попа Ивана Въскресенскаго, да Овдокима Люлишу, да диакона Макара, да диака Самуху, да попа Наума, и инѣх многых. И толико сътворишя безаконие, яко ни дрѣвнии еретици!

О, кто достоино въсплачется тоя бѣды, кыи язык изглаголет сдѣанная, кыи слух кротцѣ приимет такову повѣсть! Божественое бо Христово превѣчное Рожество, еже от Отца, ложно нарекошя, и въчеловеченью его, еже нашего ради спасениа, поругашяся, и многаа хуленьа и уничижениа глаголаху. Глаголюще, яко Богъ Отець Вседержитель не имать Сына, ни Святаго Духа, единосущны и съпрестолны себѣ, и яко нѣсть святыя Троица; а еже глаголют книгы, яко Богъ Отець Вседержитель имать Слово и Духъ, - то есть слово произносно и духъ на въздусѣ разливалися. А его же писаниа наричют Христа сына Божиа, то еще не родился есть, //(л. 15) егда же родится, тогда наречется сынъ Божии не по существу, но по благодати, якоже Моисеи, и Давьдь, и прочии пророци. А его же глаголют христиане Христа Бога, то простъ человекъ есть, а не Богъ, и распят бысть от июдеи, и истлѣ въ гробѣ. Сего ради[7] подобает и нынѣ законъ

Моисѣов держати"[8]. Еще же глаголюще и се: "Еда не можаше Богъ спасти Адама от ада и сущиих с ним, и еда не имѣаше небесныа силы, и пророкы, и праведникы, еже послати исполнити хотѣние свое, но сам сниде, яко нестяжатель и нищь, и въчеловечився, и пострада, и сим прехитри диавола , - не подобает убо Богу такъ творити". И многаа хулениа и уничижениа глаголаху на божественую церковь и на всечестныя иконы, глаголюще, яко "не подобает покланятися рукотворению", и яко "не подобает писати на святыхь иконах святую Троицю: Авраам бо, - рече, - Бога видѣ съ двѣма аггелома, а не Троицу". И божественым иконам, и честному кресту възбраняюще покланятися, и овы в нечистаа мѣста и скверная помѣтааху, иныя же зубы кусающе, яко же пси бѣснии, иныя же съкру//(л. 15об.)шающе, иныя же въ огнь вмѣтающе, и глаголаху: "Поругаемся иконам сим, яко же жидове Христу поругашяся". О, скверннии языци, [9-]о, мерзская и гнилаа уста, елици богохулныи[-9] онъ испустишя глас! Тогда же приспѣ х концу и седмая тысяща лѣт от сътворениа всего мира, еретици же глаголаху, яко "седмь тысущь лѣт скончася, и пасхалиа преиде, а втораго Христова пришествиа нѣсть, и писаниа отечьскаа суть ложна, и подобает сих огнем съжещи". И не токмо отчьскаа писаниа хуляще, но и апостолскаа, глаголаху бо: "Что ради нѣсть втораго пришествиа Христова, а уже врѣмя ему быти? Апостоли бо написашя, яко Христос родися в послѣдьняа лѣта, и уже тысуща и пятьсот лѣт преиде по Христвѣ Рожествѣ, а втораго пришествиа нѣсть, - и апостолскаа писаниа ложна суть". Еще же и святаго Ефрема писаниа хуляще, глаголаху, яко ложна суть писаниа его: "Писал бо есть, яко се уже Господь нашь Исус Христос грядет судити живым и мертвым, и се конець приспѣ, и после его писанья тысуща лѣт преиде, а втораго пришествиа Христова[9а] нѣсть. // (л. 16) И не токмо святаго Ефрема писаниа [10-]укоряющи, но и вся божественаа писаниа отчьскаа укоряху. И не токмо писаниа[-10], но и самыи тои образ иноческыи и жителство иночское укоряюще, глаголаху, яко "иноци убо отступишя от пророчскых, и от еуангельскых, и от апостольскых учении, и самосмышлением и самоучением изообрѣтоша себѣ житье, оставльше заповѣдь Божию, держат предaниа человеческая". [11-]Инии же глаголют, яко "аще бы было иночьское жительство богоугодно, был бы

убо сам Христос и божествении апостоли въ иночьском образѣ, нынѣ же видим Христа написана, тако же и святых апостолъ, в мирском образѣ, а не въ иночьском". Инии же глаголют, яко "не от аггела свята предан бысть Пахомию образ иночьскыи, еже есть схыма; аще бы аггель Божии, свѣтел бы явился, но понеже чернъ явися, се есть знамение бѣсовскаго дѣиства". Инии же развращают словеса святаго апостола Павла, еже к Тимофью пишет, глаголя: "Духъ же рѣчию глаголет, яко в послѣдняа врѣмена отступят нѣции от вѣры, внимающе духом лестьчим и учением бѣсовскым, //(л. 16об.) в лицемѣрии лжесовесник, ижженных своею съвѣстью, возбраняющих женитися, и удалятися от брашенъ, яже Богъ сътвори в снѣдение съ благодарением вѣрным и познавшим истинну". Еретикы же глаголют, яко сиа реклъ есть святыи апостолъ Павел о иноцѣх, тии бо възбраняют женитися и брашен ошаатися; о них же писано есть: "Проклят всяк, иже не въставит сѣмени въ Израили"[-11]. И не токмо до сего престашя скверньии и нечистии, но пиюще и обьядающеся и въ святыи великыи пост, и въ вся святыа посты, и в среду, и в пяток мясо ядуще, и блудом сквернящесе, и въ божественыя церкви входяще, и святую литургию съвершающе. Како не удивимся неизглаголанному ти, Слове, долготерпѣнью! Како неизреченныа твоея благости изречем глубину! Дрьзнушя къ инѣм, скверннии языци, великое се и лукавое провѣщати, и самую ту и пресвятую деву и Богородицю похулити, и великаго Предтечю Иоанна, и святых апостолъ, и священных святителеи, и преподобных и богоносных отець наших. Толика и такова створи сатанин первенець, Алексеи и Деонисъ, в Великом Новѣградѣ!//

(л. 17) В лѣто же 6988 прииде князь великыи Иван Васильевич в Великын Новъград, и тогда взят Алексея попа на Москву, на протопопство къ церкви Пречистыа Успенья, и Деониса попа - къ архаггелу Михаилу. Но кто без слез имат исповѣдати, елика и какова сотворишя сии скверннии пси съ своими поборникы! По пришествии бо на Москву, в великом бо оном и многочеловечьстѣм градѣ, еще не смѣюще проявити ничто же неподобно, но таахуся, яко же змиеве въ скважнях, человеком же являющся святии и кротци, праведни и въздержници, таино же сѣюще сѣмя скверное, и многыя душя погубишя, и в жидовство отведошя, яко же

нѣкым отбѣжати и обрѣзатися в жидовскую вѣру: от них же есть Ивашко Черныи, яко же именем, тако же и дѣлы, и сътаинник его Игнат Зубов.

В лѣто же 6993 поставлен[12] бысть архиепископъ Великому Новуграду и Пьскову Генадие, положен бысть яко свѣтилник на свѣщницѣ Божиим судом. И яко левъ пущен бысть на злодѣиственыя еретикы, и устремися яко от чяща божественых писании, и яко от высокыхъ //(л. 17об.) и красных горъ пророчьскых и апостольскых учении, иже ногты своими растерзая тѣх скверныя утробы, напившаяся яда жидовскаго, зубы же своими съкрушая, и растерзая, и о камень разбиваа. Они же устремишяся на бѣгание, и приидошя на Москву, готову имуще помощь Алексеа протопопа и Деониса попа, уже многых прелстивша, и приобрѣтша в помощь своея скверныа жидовскыя вѣры от черньцев же нѣкоего, не реку архимандрита, но свинью[13], радующеся калу блудному, именем Зосиму, яко же перваго еретика Зосиму Чернаго, тако и сего окааннаго Зосиму. Потом же привлекошя къ своеи ереси черньца Захара. Потом же от двора великаго князя Феодора Курицина, да диаков крестовых великаго князя[14], Истому и Сверчка, от купцев же - Семенка Кленова. Феодор же Курицин, и Истома, и Сверчек, и Семенко Кленов; многых научишя жидовствовати. Толико же дръзновение тогда имѣаху къ державному протопопъ Алексеи и Феодоръ Курицин[14a],//(л. 18) яко же никто же инъ: звѣздозаконию бо прилежаху, и многым баснотвореньем, и астрологы, и чяродѣиства, и чернокнижию. Сего ради мнози к ним уклонишяся, и погрязошя въ глубинѣ отступлениа. Снаходи бо прескверныи сатана, и обрѣте многых, имущих землю сердечную взорану и умягчену сластьми житеискыми, тщеславьем, и сребролюбьем, и сластолюбьем, и неправдою. И посѣя в них скверныя своя плевелы, скверноубииственых онѣхь, ехиднино исчядие, дръзнувших на милостиваго и сладкаго ми владыку. О земле, о солнце, како терпиши? Ни единоа бо скверннии оставишя хулы и поруганиа, ея же не излиашя мерьскыми своими языкы на единороднаго сына Божиа, и на пречистую его Матерь, и на вся святыя. Сиа бышя в лѣта Геронтиа митрополита [14b-]иже бысть христианскаа сам мудрьствуя[-14b], о прочих же ни мало попечеся, погыбающим, увы мнѣ, христовѣм овцам,

еретичьскым ученьем, или грубостью съдержим, или не радяше о сих, или бояшеся державнаго. По малѣ же Геронтию пре//(л. 18об.)ставльшуся в лѣто 6997.

Минувшу же малу врѣмени, Истома диакъ, стаиник диаволовь, адовъ песъ, ученикь Алексѣевь, растерзается удицею Божиа гнѣва: скверное бо его сердце, иже седми лукавых духовь жилище, сътни, и чрѣво его прогни. И призва к себѣ нѣкоего врача, он же видѣвъ, сказа ему, яко божественыи гнѣвь есть, и неисцѣлно человечьскым врачеванием. И тако много мучим, изверже скверную свою душу. Не по мнозѣ же и окаанныи онъ сатанинъ съсуд и диаволовъ вепрь, пришедыи от луга и озобавы виноград Христовъ, Алексеи глаголю протопопъ, изверже свою скверную душу в руцѣ сатанѣ, постиже бо на него Божии суд, и одержим болѣзнию лютою, и поражен бысть мечем Божиа суда. Прѣжде же умертвиа своего, своим вльхвованьем подоиде дрьжавнаго, да поставит на великом престолѣ святительском сквернаго съсуда сатанина, его же онъ напои яда жидовскаго, Зосиму глаголю нечистаго[15], иже помалѣ и бысть в лѣто 6999[в] сентября 26[16].

Малу же врѣмени минувшу, //(л. 19) и пресвященныи архиепископъ Великого Новаграда и Пьскова[17] Генадие[18] присылает къ державному и к митрополиту Зосимѣ, еще бо не вѣдомо бяше злодѣиственое скверныя душа его, и приносятся многаа и истиннаа свѣдѣтельства на новогородцкых еретиков, елици бѣху в Новѣгородѣ, и елици на Москву прибѣгошя, о хулѣ и о поругании божественых икон, и честных и животворящих крестовъ. И повелѣниемь державнаго събрашяся епископи: архиепископъ Ростовскыи Тихон, и епископъ Нифонтъ Суздалскыи, Симион Рязанскыи, Васиянъ Тферскыи, Прохоръ Сарскыи, Филофеи Пермьскыи, и архимандрити, и игумени, и весь священыи съборъ русскиа митрополиа. В лѣто 6999, октября 17, приидошя[18а] к митрополиту Зосимѣ, еще не вѣдуще извѣстно, яко тои есть начялник и учитель еретиком. Зосима же творяшеся християнскаа мудрьствуа, повелѣ прокляти еретикы: новогородцкаго протопопа Гавриила, умерлъ бо уже бяше душею мрьтвыи Алексеи //(л. 19об.)протопопъ, и попа Деониса Архаггельскаго, и попа Максима Ивановьскаго, и попа Василья Покровьскаго, и диакона Макара Николскаго, и

диака Григора Борисоглѣбскаго, и Васка зятя Деонисова, и Самуху диака Николскаго, и всѣх еретиков, елици таа же мудрьствуют.

Инии же послани бышя от державнаго в Великыи Новъград къ архиепископу Генадию. Он же за четыредесят поприщь [повеле]ваше[г] всажати их на коня в сѣдла ючныи, и одежда их повелѣваше обращати передом назад, и хрептом повелѣ къ главам конскым обращати их, яко да зрят на запад въ уготованныи им огнь. А на главы повелѣ [19-]шлемы берестяны[-19] възложити остры, яко бѣсовскыя, а еловци мочални, а вѣнци соломоны, с сѣном смѣшены, а мишени писани на шлемѣх чернилом: "Се есть сатанино воинство!" И повелѣ водити[20] по граду, и срѣтающим их[21] плевати на них и глаголати: "Се врази Божии и христианстии хулници!" Потом же повелѣ пожещи шлемы, иже на главах их. Сиа сътвори добрыи пастырь, хотя устрашити нечьстивыя и скверныя[22]. Инии же еретици осуждаются от держа//(л. 20) внаго в заточениа и изгнаниа. Деонис же попъ по проклятии и заточении предан бысть вселшемуся в него бѣсу хулному, и пребысть мѣсячное врѣмя, козлогласуа скверныи гласы звѣрскыми, и скотии, и всякых птиць, и гадов, и тако злѣ изверже скверную свою и еретическую душу. Тако же и Захаръ чернець подобно тому мудрьствуа.

По разсѣчении бо и по растерзании пред адом текущих псовъ онѣх и сыновь погыбелных, въскормленых ядом жидовскым, но еще велик съсуд злобѣ и главня содомскаго огня изоставшиа, змии тмоглавныи, огню геонскому пища, Арие новыи, Манента злѣишии, сатанинъ первенець, Зосима прескверныи. Яко же преже, [22а-]посадися, речено бысть,[-22а] злодѣиственыи сеи на мѣстѣ святѣм. И абие не възможе удржати яда жидовскаго въ скверном своем сердци, но на многых лиця излиа, и оскверни великыи святительскыи престолъ церкви Божиа слова[23] матере, ея же достоит нарещи земное небо, сиающу, яко великое солнце посрѣдѣ Рускыа земля, украшену всячьскыми виды, и чюдотворными иконами, //(л. 20об.) и мощми святых. И аще бы благоволил Богъ в созданных жити, в тои бяше, где бо инде; и в сеи нынѣ пребывает черныи онъ гавранъ[24], изимаа очеса напившимся житья сего суетнаго и уснувшим въ смерть душевную. Отлетѣша бо от нас яко щурове добропѣснивии, яко славие

великогласнии, яко ластовици сладко[д] глаголивии, божествении святителие и велиции чюдотворци Петръ и Алексии, и инии православнии святителие, иже посрѣдѣ сада церковнаго оглашающе уши слышащих православиа ученьем; отлетѣшя, яко орли крилатии, иже ногкты своими истерзающе очеса не зрящих право смотрение Христово; отлетѣшя къ Христу, иже крилы покрывающе вѣрных множество, и оставльше нас сири. Скверныи же и злобѣсныи волкъ оболкся в пастырскую одежу, и их же убо простѣиших обрѣтааше, напааше яда жидовскаго[24а], змии пагубныи, и обьядаяся, и упиваася, и свинскым житьем живыи, и всяко нечестие, и претыкание, и соблазнъ на непорочную христианскую вѣру полагая[25], и Господа нашего Исуса Христа, истиннаго Бога, похуливъ, и //(л. 21) глаголаше, яко "Христос сам себе нарече Богом". Тако же и на пречистую Богородицу многые хулы глаголаше, божественыа животворящаа кресты въ скверных мѣстѣх полагая, и святыя иконы [26-]болваны нарицая, огнем жгыи[-26], и еуангельскаа преданья и апостольскыя уставы, и всѣх святыхь писаниа отмеща, и глаголя сице: "А что то царство небесное? А что то второе пришествие? А что то [27-]въскресение мертвым[-27]? Ничего того нѣсть, - умеръ кто инъ, то умеръ, по та мѣстъ и был". И с ним и инии мнозии ученици Алексиа протопопа и Деониса попа, сии же суть Феодоръ Курицин[28], да Сверчек, да Иванець[29] Максимовь, да Семенко[30] Кленовъ, и [31-]мнози инии[-31], иже в таинѣ держаще ереси многы, десятословьем на жидовство учяще, и саддукеискую, и месалианьскую ересь держаще, и многа развращениа творяху[32]. И их же видяху благоразумных, и писаниа божественаа вѣдящих, тѣх еще в жидовство не смѣюще приводити, но нѣкыа главизны божественаго писаниа, Ветхаго же завѣта и Новаго, накриво сказующе, и к своеи ереси прехыщряюще[33], и баснословиа нѣкаа и звѣздозакониа учяаху, //(л. 21об.) и по звѣздам смотрити и строити и рожение, и житье человеческое, а писание божественое презирати, яко ничто же суще, и не потребно человеком; простѣиших же на жидовство учяху. Аще кто и не отступив жидовство, то мнози научишяся от них писаниа божественаа укаряти. И на торжищих, и в домѣх о вѣрѣ любопрѣние творяху и съмнѣние имѣху. И толико бысть смущение въ христианех, якова же никогда же быша,

отнеле же солнце благочестиа начят въсиати в Рускои земли.

Иночьскыи же чинъ, иже в монастырех и иже в пустынях пребывающе, тако же и от мирскых человекь, и благородных, и христолюбивых, мнози съграждахуся сердци, и многыя скорби и печали душя имуще исполнены, не могуще терпѣти пагубныя и богохулныя буря, съ слезами горкыми Бога моляху, да упразднит пагубную ону жидовьскую зиму, и съгрѣет сердця памятью единосущныя Троиця, озарит истину, и въсиает солнце благочестиа. И яко же мощно кому, тако подвизаашеся о том, еже искоренити пагубныя плевелы жидовскыя съ //(л. 22) скверным плевелосѣятелем. И ови убо обличишя того отступление и сквернаа дѣла[33a], он же несмирную брань на тѣх въздвизает, и овѣх убо от божественаго причящениа отлучает, елици же священици или диакони, сих от священьства отлучает. Глаголаше же, яко "не подобает осужати ни еретика, ни отступника"; глаголаше же и се, яко "аще и еретик будет святитель или священник, и аще кого отлучит или не благословит, послѣдует божественыи суд его суду". Не вѣдящеи же божественаа писаниа, боящеся обличати того отступлениа; прочитающеи же божественаа писаниа вѣдяху, яко не токмо осуждати подобает еретиковь и отступниковь, но и проклинати, и не[33b] престааху обличающе и всѣм повѣдующе того еретичьство и сквернаа дѣла. Он же къ державному приходит и на тыя клевещет, и абие неповиннии заточением осуждаются от державнаго, и скорби многы, и юзы, и темниця, и разграбление имѣнием приемлют. Овии же спострадуют тѣм, аще и не изгнанием, но пи//(л. 22об.)санием утѣшителным, и тѣлесных потреб скудость утѣшающе тѣм, еще же и противу еретичьскых глаголъ супротивно и обличително отвѣщанье от божественых писании събирающе[33c], еретиком противляющеся.

И таковыя ради бѣды и азъ мало нѣчто събрах от божественых писании супротивно и обличително еретичскых рѣчем: аще и невѣжа, и грубь есмь, но обаче дльжно ми есть о сих не нерадити противу моеа силы. Аще убо Антиох, онъ живы в лаврѣ святаго Савы, и убо звѣрообразных персъ нахождение видѣвъ, яко благовременную нѣкую обрѣте вину, и [34-]того ради и[-34] велику книгу от божественых писании избравъ. Тако же и

святыи Никонъ, живыи въ Антиохии в Чернеи горѣ, безбожных турковь устремление зря, многаа от божественых писании написа в пользу прочитающим. Нынѣ же не персi, ни же туркы, но сам диаволъ и все его воинство ополчившеся на Христову церквь, яко же звѣрие дивии, не плоти человечя вкушаху, ни же крови пиаху, но душя погубляюще, еи же весь миръ недостоинъ. И да никто же ми зазрит, яко въ всяком //(л. 23) словѣ изьявих еретичьствующих, и жидовская мудрьствующих, Алексеа глаголя протопопа, и Феодора Курицина, и попа Деониса, и подобных им: тако бо и святии божествении отци34а написашя на дрѣвняа еретикы, и въ множаиших мѣстех изьявишя имена их и ереси их того ради, яко да вѣдома будут и въ дрѣвняа роды, яко сих учение диаволскаа суть изъобрѣтениа. Събрах же въедино от различных писании божественых, яко да вѣдящеи писаниа божественаа прочетше да въспомянут себѣ, невѣдящеи же прочетше да разумѣют. И аще кому что потребно будет противу еретичьскым рѣчем, и благодатию Божиею обрящет готово без труда въ коемждо словѣ, яже суть сиа:

[35]Первое слово[36] на новоявившуюся ересь новогородцкых еретиков, глаголющих, яко Богъ Отецъ Вседержитель не имат Сына, ни Святаго Духа, единосущныи и съпрестолныи себѣ, и яко нѣсть святыя Троиця. Зде же имат сказание от божественых писании, яко Богъ Отецъ Вседержитель имат Сына и Святаго Духа единосущни съпрестолни себѣ, и яко //(л. 23об.) святаа, и животворящаа, и всемогущаа Троица, искони[36а] еще в началѣ и от святыхъ пророкь, и святых патриархъ, и от всѣх святыхъ, въ всѣх божественых писании свѣдѣтельство имат.

[37-]Второе слово[-37] на ересь новогородцкых еретиков, глаголющих, яко Христос еще не родился есть, но еще будет врѣмя, егда имат родитися, а его же глаголют христиане Христа Бога, тои простъ человекъ есть, а не Богъ. Здѣ же имат сказание от божественых писании, яко тои есть Христос Богъ, иже родися въ Вифлеомѣ Июдеистѣм от девы Мариа въ дни Ирода, царя Июдеискаго, и яко нашего ради спасениа претерпѣ волею распятье, и въскресе из мертвых, и възнесеся на небеса, и пакы имат приити судити живым и мртвымъ.

[37а-]Слово третее[-37а] на ересь новогородцкых еретиков, глаголющих, яко подобает закон Моисѣовъ держати и

хранити, и жрьтвы жрети, и обрѣзоватися. Зде же имат сказанье от божественых писании, яко закон Моисѣов дан бысть до Христова пришествиа, жертвы же [38-]исперва не хотяше[-38] Богь, но аще и попусти по нужди, и не везде, но въ едином Иерусалимѣ, и иже в нем единыя церквы. Пришедшу же владыцѣ Христу, закон Моисѣов преста, и жрьтвы, и обрѣзанье упразнишяся[39].// (л. 24)

[40-]Четвертое слово[-40] на ересь новогородцкых еретиковъ, глаголющих: "Еда не можааше Богъ спасти [41-]Адама от ада[-41] и сущих с ним, и еда не имѣаше небесныя силы, и пророкы, и праведникы, еже послати исполнити [42-]хотѣние свое[-42], но сам сниде, яко нестяжатель и нищь, и въчеловечився, и пострада, и сим прехитри диавола, - не подобает убо Богу тако творити". Здѣ же имат свѣдѣтелство от божественых писании, яко вся възможна суть Богу, никто же божественои его власти противитися может, но глубинами мудрости и человеколюбиа своего, нашего ради спасениа, так благоизволи сам въчеловечитися и пострадати, и въ адъ снити, и въскреснути из мертвых, и извести Адама от ада и сущих с ним, и так божественою премудростию прехитри диавола, и спасе весь миръ, и до нынѣ спасает.

[42a-]Пятое слово[-42a] на ересь новогородцкых еретиковь, глаголющих, яко "не подобает писати на святыхъ иконах святую и единосущную Троицу, Авраам бо, -рече,- видѣл есть Бога съ двѣма аггелома, а не Троицу". Здѣ же имат сказание от божественых писании, яко Авраам видѣ святую Троицу, и яко подобает писати на всечестных иконах святую и животворящую Троицу.// (л. 24об.)

[42b-]Шестое слово[-42b] на ересь новогородцкых еретиков, глаголющих, яко не подобает кланятися[42c] иже от рукъ человеческых сътвореным вещем. Здѣ же имат свѣдѣтелство от божественых писании, яко и в Ветхом законѣ покланяхуся, иже от рук человечскых сътвореным вещем, им же Господь Богъ повелѣл есть въ славу свою сътворити, нынѣ же паче подобает покланятися иже от рук человечскых сътвореным вещем, сирѣчь святым иконам, и честному и животворящему кресту, и прочим божественым и освященным вещем, их же повелѣ Господь Богъ нашь Исус Христос въ славу свою творити.

[42d] Сказание от божественых писании, како и которыя

ради вины подобает христианом покланятися и почитати божественыя иконы, и честныи и животворящии крестъ Христовъ, и святое Еуангелие, и пречистыа Божиа таины, и освященныя съсуды, в них же божественаа таинства съвершаются, и честныя святыхь мощи, и божественыа церкви, еще же и како подобает покланятися друг другу, и как подобает покланятися и служити царю или князю, и как подобает Господу Богу нынѣ покланятися, и тому единому послужити.

[42e-]Осмое слово[-42e] на ересь новогородцкых еретиков, глаголющих, яко седмь тысущь лѣт скончася и пасхалиа преиде, а втораго //(л. 25) [42f-]пришествиа Христова[-42f] нѣсть, и писаниа отчьскаа суть ложна. Здѣ же имат свѣдѣтелство от божественых писании, яко святыхь отець писаниа истинна суть, понеже съгласна суть пророчьским и апостолским писанием.

註

a テクストは、ロシア科学アカデミー文学研究所古代ロシア文学部紀要で用いられている表記法に基づいて公刊される。テクストの段落区分、また異文の番号（アルファベットつきの番号は除く）は、ルリエーの公刊テクスト（АЕД. С. 466-477.）と同様にしてある。

б 写本では一葉分が失われている。

3-3 Сол. нет; Рог. также как Соф.

4 Сол. нет; Рог. также как Соф.

5-5 Сол. внуку же Владимерову нет; Рог. также как Соф.

6-6 Сол. нет; Рог. также как Соф.

7 Сол. рече; Рог. также как Соф.

8 Рог. доб.: того ряди таящеся христьян жрътвы жряху, яко же и жидове, обрезати же ся не смеяху; Сол. также как Соф.

9-9 Рог. елици мрьзкыи; Сол. также как Соф.

9a Сол. нет

10-10 Рог. укоряющи, но и всяка божествена писаниа еуангельская и апостольская же и отеческая укаряху, и пред человеки убо не смеюще хулити еуангельская и апостольская писаниа, на едине же кого аще от простых обретающе и своея ереси яко же змиин яд в того сердце влагающе паче всех укоряху еуангельская и апостольская

писания; отеческая же писания хуляху и пред человеки не боящеся. И не токмо писаниа отеческая укоряху; Сол. также как Соф.

11-11 Рог. нет; Сол. также как Соф.

12 Сол. отоставлен; Рог. также как Соф.

13 Сол. съквернителя; Рог. также как Соф.

14 Сол. великаго князя нет; Рог. также как Соф.

14a Далее в ркп. зачеркнуто: и Истома, и Сверчек, и Семенко Кленов

14b-14b Сол. и сам же убо христианьскаа мудръствуа

15 Сол. скверанаго; Рог. также как Соф.

в В ркп. 6990 (写本では最後の数字［下一桁］のために空白がとってある).

16 Рог. месяца сентября 26 на тексте; Сол. месяца сентября 26 на поле.

17 Рог. также как Соф.; Сол. доб. на поле священыи

18 Рог. доб. глаголю; Сол. также как Соф.

18a Сол. прннде

г [повеле]ваше の語は写本の余白に書かれており、加えて[повеле]の部分が破り取られている。

19-19 Рог. шлемы берестены нет; Сол. также как Соф.

20 Рог. доб. их; Сол. также как Соф.

21 Сол. доб. повеле; Рог. также как Соф.

22 Сол. нет; доб. безбожныа еретикы, и не токмо сим, но и прочим ужаса и страха исполнен позор, поне на сих зряще, уцеломудрятся; Рог. также как Соф.

22a-22a Сол. речено бысть посадися

23 Сол. нет; Рог. также как Соф.

24 Сол. в слове гавран "га" зачеркнуто; Рог. также как Соф.

д　сладко の語は、写本では二度繰り返されている。

24a Сол. доб. инех же скверняше содомьскыми сквернами

25 Сол. далее божественыа животворящиа кресты в скверных местех полагая, и святыя иконы болваны нарицая написано и зачеркнуто; Рог. также как Соф.

26-26Рог. огнем жгыи нет; Сол. огнем жьгы и болваны нарицая

27-27Рог. в мертвым въскресение.; Сол. также как Соф.

28-28 Сол. доб. дьяк великаго князя; Рог. также как Соф.

29 Сол. Ивашко; Рог. также как Соф.

30 Сол. Семен; Рог. также как Соф.

31-31 Рог. инии мнози; Сол. мнози ини
32 Сол. творяще; Рог. также как Соф.
33 Рог. прехитряюще; Сол. также как Соф.
33a Сол. доб. содомьскаа
33b Сол. доб. точью проклинати, но и казнемь лютым предаати. Они же не
33c Сол. доб. посылаху
34-34 Рог. того ради и нет; Сол. также как Соф.
34a Сол. доб. нашн
35 Сол. доб. 1; Рог. также как Соф.
36-36 Рог. слово, Пьрвое слово (слово, П - киноварью); Сол. Слово 1.
36a Сол. нет.
37-37 Рог. 2 слово. Слово (слово, С - киноварью); Сол. 2 Слово
37a-37a Сол. 3 слово
38-38 Рог. не хотяше ис перва.; Сол. также как Соф.
39 Рог. далее написано и зачернуто: в коеждом слове яже суть сия.; Сол. также как Соф.
40-40 Рог. 4 слово. Слово (слово, С - киноварью); Сол. 4 Слово.
41-41 Сол. Адама; Рог. также как Соф.
42-42 Рог. свое хотение; Сол. также как Соф.
42a-42a Сол. 5 слово
42b-42b Сол. 6 слово
42c Сол. покланятися
42d Сол. доб.: 7
42e-42e Сол. 8 слово
42f-42f Сол. Христова пришествиа

［参考文献一覧］

文献略称

ААЭ. = Акты, собранные в библиотеках и архивах Российской империи археографическою экспедициею императорской академия наук.

ЖМНП. = Журнал министерства народного просвещения.

ИОРЯС. = Известия отделения русского языка и словесности.

СОРЯС. = Сборник отделения русского языка и словесности.

ТОДРЛ. = Труды отдела древнерусской литературы.

ЧОИДР. = Чтения общества истории древней Руси.

JbfGO. = Jahrbücher für Geschichte Osteuropas.

SEER. = Slavonic and East European review.

（一）辞書・辞典・レファレンス類

Библиологическая словарь и черновые к нему материалы П.М. Строева. Сборник отделения Русского языка и словесности, XXIX（1882）.

Мифологический энциклопедический словарь. М., 1991.

Описание славянских рукописей московской синодальской библиотеки, отд. 1., М., 1855.

Полный православный богословский знциклопедический словарь. т. 1-2. М., 1992.

Словарь книжников и книжности Древней Руси. Вторая половина XIV-XVI в. ч. 1, Л., 1988; ч. 2. Л., 1989.

Словарь Русского языка XI-XVII вв., т. 4, М., 1977.

The Oxford Dictionary of Byzantium, vol. 3, New York, 1991.

The Oxford Dictionary of the Christian Church. Oxford. 1983.

『旧約聖書外典（上）』講談社、一九九八年。

『聖書』（新共同訳および新改訳）。

（二）一次史料

Акты исторические. т. 1. СПб., 1841.

Акты, собранные в библиотеках и архивах Российской империи археографическою экспедициею императорской академия наук. т. 1. 1836.

Акты социально-экономической истории Северо-Восточной Руси. т. 1. М., 1952; т. 3. М., 1964.

Библиотека литературы древней Руси. т. 3. СПб., 1999.

Библиотека литературы древней Руси. т. 5. СПб., 1999.

Библиотека литературы древней Руси. т. 7. СПб., 1999.

Летописец Еллинский и Римский. т. 1. текст. СПб., 1999.

Московские соборы на еретиков XVI века. ЧОИДР., 1847, кн. 3.

Новгородские писцовые книги. т. 3. СПб., 1868.

Памятники российской словесности XII века. М., 1821.

Полное собрание русских летописей.

т. 3. Новгородские летописи. СПб., 1847.
т. 4. Новгородская четвертая летопись. СПб., 1848.
т. 5-2 Псковские летописи. М., 2000.
т. 6-1. Софийская первая летопись старшего извода. М., 2000.
т. 6-2. Софийская вторая летопись. М., 2001.
т. 8. Воскресенская летопись. СПб., 1859.
т. 12. Патриаршая или Никоновская летопись. М., 1965.
т. 13. Патриаршая или Никоновская летопись. М., 1965.
т. 20. Львовская летопись. М., 2005, С. 375.
т. 21. Книга Степенная царского родословия. ч. 1. СПб., 1908.
т. 22. Русский хронограф. М., 2005.
т. 24. Типографская летопись. М., 2000.
т. 25. Московский летописный свод конца XV в. М.-Л., 1949.
т. 26. Вологодско-Пермская летопись. М.-Л., 1959.
т. 28. Летописный свод 1497 г. Летописный свод 1518 г. М.-Л., 1963.
т. 30. Новгородская вторая летопись. М., 1965.
т. 39. Софийская первая летопись по списку И.Н. Царского. М., 1994.
Послание Федора жидовина. О ереси жидовствующих. ЧОИДР., 1902, кн, 3.
Послание Иосифа Волоцкого. М.-Л., 1959.
Православный собеседник. 1863. ч. I.

Просветитель. Казань, 1903.
Псковские летописи. вып. 2. М., 1955.
Разрядная книга 1475-1589. М., 1966.
Русская историческая библиотека. т. 6. СПб., 1908.
Сборник императорского русского исторического общества. т. 35. СПб., 1892.
Творения преподобного Иоанна Дамаскина. Источник знания. М., 2002.
Чтения общества истории древней Руси. М., 1847, No. 8.
『聖規則書』正教會編輯局、一八九八年。
『聖書外典偽典2　旧約外典Ⅱ』「ベン・シラの書」（森安達也訳）教文館、一九七七年。
『聖書外典偽典3　旧約偽典Ⅰ』「スラヴ語エノク書」（森安達也訳）教文館、一九八五年。

(三) 研究文献

(三―一) 露文文献

Алексеев Ю.Г. Государь всея Руси. Новосибирск, 1991.
Алексеев Ю.Г. Освобождание Руси от ордынского ига. Л., 1989.
Алексеев Ю.Г. Под знаменами Москвы. М., 1992.
Алексеев Ю.Г. Судебник Ивана III. Традиция и реформа. СПб., 2001.
Алексеев Ю.Г. У кормила российского государства. СПб., 1998.
Архангельский А. Нил Сорский и Вассиан Патрикеев. СПб., 1882.
Базилевич К.В. Внешняя политика русского централизованного государства. вторая половина XV века. М., 1952.

Бегунов Ю.К. Кормчая Ивана Волка Курыцина. ТОДРЛ. т. 12. Л., 1956.

Бегунов Ю.К. «Слово иное» — новонайденное произведение русской публицистики XVI в. о борьбе Ивана III с землевладением церкви. ТОДРЛ. т. 20. Л., 1964.

Бегунов Ю.К. Соборные приговоры как источник по истории новгородско-московской ереси. ТОДРЛ. т. 13. Л., 1957.

Борисов Н.С. Повседневная жизнь средневековой Руси накануне конца Света. М., 2004.

Борисов Н.С. Русская церковь в политической борьбе XIV-XV веков. М., 1986.

Будовниц И.У. Русская публицистика XVI века. М.-Л., 1947.

Вальденберг В. Древне-русские учения о пределах царской власти. Пг., 1916.

Веселовский С.Б. Ономастикон. М., 1974.

Галахов А.Г. История русской словестности, древней и новой. т. 1, отдел. М., 1894.

Голубинский Е.Е. История русской церкви, т. 2-1, М., 1900; т. 2-2, М., 1911.

Гольдберг А.Л. К истории рассказа о потомках Августа и дарах Мономаха. ТОДРЛ., т. 30. Л., 1976.

Гольдберг А.Л. К предыстории идеи «Москва-третий рим». Культурное наследие Древней Руси. М., 1976.

Гольдберг А.Л. Историко-политические идеи русской книжности XV-XVII вв. История СССР, 1975-4.

Дмитриева Р.П. Светская литература в составе монастырских библиотек XV и XVI в.в. ТОДРЛ., т. 23, 1968.

Дьяконов М. Власть московских государей. СПб., 1889.

Евсеев И.Е. Книга пророка Даниила в переводе жидовствующих по рукописи XVI века. ЧОИДР., 1902, кн, 3.

Жмакин В. Митрополит Даниил и его сочинения. М., 1881.

Зимин А.А. Витязь на распутье. М., 1991.

Зимин А.А. Наместническое управдение в русском государстве второй половины XV- первой трети XVI в. Исторические записки. т. 94, М., 1974.

Зимин А.А. О политической доктрине Иосифа Волоцкого. ТОДРЛ. т. 9, М-Л., 1953.

Зимин А.А. И. С. Пересветов и его современники. М., 1958.

Зимин А.А. Реформы Ивана Грозного. М., 1960.

Зимин А.А. Рецензия на книгу Л.В. Черепнина "Русские феодальные архивы". Советская книга. 1952-4.

Зимин А.А. Россия на рубеже XV-XVI столетии. М., 1982.

Иконников. Максим Грек и его время. Киев, 1915.

Иловайский Д. История России. т. 2. М., 1884.

Казакова Н.А. Вассиан Патрикеев и его сочинения. М.-Л., 1960.

Казакова Н.А. Очерки по истории русской общественной мысли. Л., 1970.

Казакова Н.А, Лурье Я.С. Антифеодальные еретические движения на Руси XIV-XVI веков. М.-Л., 1955.

Карамзин Н. История государства Российского. т. 6. СПб., 1842.

Карташев А.В. Очерки по истории русской церкви. М., 1992.

Каштанов С.М. Социально-политическая история России конца XV- первой половины XVI века. М., 1967.

Клибанов А.И. Реформационные движения в России в XIV - первой половине XVI в. в. М., 1960.

Клосс Б.М. К вопросу о происхождении Еллинского летописца второго вида. ТОДРЛ. т. 27. Л., 1972.

Клосс Б.М. Книги, редактрованные и писанные Иваном Черным. Записки отдела рукописей ГБЛ. т. 32, М., 1971.

Кобрин В.Б. Послание Иосифа Волоцкого архимандриту Евфимию. Записки отдела рукописей ГБЛ., т. 28. М., 1966.

Кобрин В.Б. Становление поместной системе. Исторические записки. т. 105, М., 1980.

Костмаров Н.И. Русская история в жизнеописаниях. кн. 1., СПб., 1912.

Кучкин В.А., Попов Г.В. Государев дьяк Василий Мамырев и лицевая книга Пророков 1489 года. Древнерусское искусство. Сборник 2. М., 1974.

Лихачев Д.С. Еллинский летописец второго вида и правительственные круги Москвы конца XV в. ТОДРЛ. т. 6. М.-Л. 1948.

Лурье Я.С. Идеологическая борьба в русской публицистике конца XV - начала XVI века. М.-Л., 1960.

Лурье Я.С. Когда была написана "Книга на новгородских еретиков." ТОДРЛ. т. 49. СПб., 1996.

Лурье Я.С. Общерусские летописи XIV-XV вв. Л., 1976.

Лурье Я.С. Первые идеологи московского самодержавия. Ученые записки ленинградского педагогического института. т. 78（1948）.

Лыткин В.И. Древнепермский язык. М., 1952.

Любавский М.К. Очерк истории Литовско-Русского государства до Люблинской унии включительно. М., 1915.

Макарий. История русской церкви. т. 6, кн. 1. СПб., 1887.

Малинин В. Старец Елеазарова монастыря Филофей и его послания. Киев, 1901.

Миллер О. Вопрос о направлении Иосифа Волоцкого. ЖМНП., ч. 137（1868）, 2.

Невоструев К.И. Рассмотрение книги И. Хрущева. Отчет о 12-м присужении наград графа Уварова. СПб., 1870.

Никитский А.И. Очерк внутренной истории церкви в Великом Новгороде. ЖМНП., ч. 204, СПб., 1879.

Николаевский А.И. Русская проповедь в XV и XVI веках. ЖМНП. ч. 138. СПб., 1868.

Никольский М.Н. История русской церкви. М., 1988.

Отроковский В. Мотив преследования еретиков в полемике заволжских старцев и иосифлян. Русский филологический вестник. 76-2, 1916.

Павлов А. Исторический очерк секляризаций церковных земель в России. ч. 1, Одесса, 1871.

Павлов А.С. Вопрос о ереси жидовствующих на VI Археологическом съезде. М., 1884.

Панов И. Ересь жидовствующих. ЖМНП. ч. 189, СПб., 1877, ч. 190, СПб., 1877.

Пашкова Т.И. Местное управдение в русском государстве первой половины XVI века: наместники и волостели. М., 2000.

Пашуто В.Т. Образование Литовского государства. М., 1959.

Плигузов А.И. “Книга на еретиков” Иосифа Волоцкого. История и палеография. М., 1993.

Плигузов А.И. Полемика в русской церкви первой трети XVI столетия. М., 2002.

Плигузов А.И., Тихонюк И.А. Послание Дмитрия Траханиота новгородскому архиепископу Геннадию Гонзову о седмеричности счисления лет. Естественно-научные представления Древней Руси. М., 1988.

Покровский М.Н. Очерк истории русской культуры, ч. II. М., 1923.

Попов Н.П. Иосифово сказание о ереси жидовствующих по спискам Великих Миней. ИОРЯС., т. 18, кн. 1.

Пресняков А.Е. Образование великорусского государства. Пг., 1918.

Прохоров Г.М. Прение Григория Паламы с хионы и турки и проблема жидовская мудрстауюших. ТОДРЛ. т. 27. Л., 1972.

Розов Н.Н. Повесть о новгородском белом клобке как памятник общерусской публицистики XV века. ТОДРЛ. т. 9, 1953.

Розов Н.Н. Соловецкая библиотека и ее основатель игумен Досифей. ТОДРЛ. т. 18, 1962.

Романова А.А. Эсхатологические ожидания XV в. и записи в Пасхалии. Российское государство в XIV-XV вв. СПб., 2002.

Руднев Н. Рассуждение о ересях и расколах, бывших в русской церкви со времени Владимира Великого до Иоанна Грозного. М., 1838.

Рыбаков Б.А. Воинствующий церковник XVI века. Антирелигиозник. 1934（3, 4）.

Сахаров А.М. Церковь и образование русского централизованного государства. Вопросы истории. 1966-1.

Сервицкий А.И. Опыт исследования ереси новгородских еретиков или “жидовствующих”. Православное обозрение. 8

(1862), 6-8.

Седельников А.Д. К изучению Слова кратка и деятельности дминиканца Вениямина. ИОРЯС. т. 30, 1925.

Седельников А.Д. Рассказ 1490 г. об инквизиции. Труды комиссии по древне-русской литературе Академии Наук, т. 1, 1934.

Синицына Н.В. Максим Грек в России. М., 1977.

Синицына Н.В. Третий Рим. М., 1998.

Скрынников Р.Г. Государство и церковь на Руси XIV-XVI вв. Новосибирск, 1991.

Скрынников Р.Г. Крест и корона. СПб., 2000.

Скрынников Р.Г. Трагедия Новгорода. СПб., 1994.

Смирнов И.И. Рецензия на книгу К.В. Базилевича "Внешняя политика русского централизованного государства". Вопросы истории, 1952, No. 11.

Соболевский А.И. Переводная литература московской Руси XIV-XVII веков. СОРЯС., т. 74, 1903.

Соловьев С.М. Сочинения. кн. 3, М., 1989.

Сперанский М.Н. Псалтырь жидовствующих в переводе Федора евреи. ЧОИДР. т. 222. М., 1907.

Срезневский И. Обозрение древних русских списков Кормчей книги. СОРЯС. 65, 1897, No. 2.

Строев П.М. Хронологическая указатель материалов отечественной истории, литературы и правоведения до начала XVIII столетия. ЖМНП., 1834, ч. II.

Суворов Н. О церковных наказаниях. Опыт исследования по церковному праву. СПб., 1876.

Татищев В.Н. История Российская. т. 6, М.-Л., 1966.

Тихонравов Н.С. Сочинения Н. С. Тихонравова. т. 1. Древняя русская литератра. М., 1898.

Хорошкевич А.Л. Об одном из эпизодов династической борьбы в России в конце XV века. История СССР. 1974-5.

Хорошкевич А.Л. Русское государство в системе международных отношений конца XV- начала XVI в. М., 1980.

Хоулетт Я.С. Свидетельство архиепископа Геннадия о ереси "новгородских еретиков жидовская мудрствующих". ТОДРЛ. т. 46. Л., 1993.

Хрущов И. Исследование о сочинениях Иосифа Санина. СПб., 1868.

Цветков М.А. Послание архиепископа Геннадия новгородского епископу Прохору Сарскому в контексте с правилами новгородских кормчих конца XV- начала XVI вв. Новгородский исторический сборник. т. 9（19）. СПб., 2003.

Черепнин Л.В. Образование русского централизованного государства в XIV-XV веках. М., 1960.

Черепнин Л.В. Русские феодальные архивы XVI-XV вв. М., 1951.

（三―二）欧文（英・独）文献

Alef G. Muscovy and the Council of Florence. *Slavic Review*. Vol. 20-3, 1961.

Crummey R. O. *The Formation of Moscovy 1304-1613*. London, 1987.

Fedotov G. *Russian religious mind*. Vol. 2. The Middle Ages. Cambridge, 1966.

Fennell J. L. I. The attitude of the Josephians and the Trans-Volga-Elders to the Heresy of the Judaizers, in: *SEER* 29（73）（1951）.

Fennell J. L. I. *Ivan the Great of Moscow*. London, 1961.

Fine J. V. A. Jr., Fedor Kuritsyn's " Laodikijskoe poslanie" and the Heresy of the Judaisers. *Speculum*. vol. 41, 1966.

Freydank D. Der Laodicenerbrief（Laodikijskoe poslanie）, Zeitschriht für Slawistik. Bd 11. Berlin, 1966.

Hösch E. Orthodoxie und Häresie im alten Rußland. Wiesbaden, 1975.

Howlett J. R. *The Heresy of the Judaizers and the Problem of the Russian Reformation*. Oxford, 1976.

Kämpfer F. Zur Interpretation des Laodicenischen Sendschreibens. JbfGO. Neue Folge. Band. 24. 1976.

Koch H. Die Slavisierung der griechischen Kirche im Moskauer Staate als bodenständige Voraussetzung des russischen Raskol. Kleine Schriften zur Kirchen- und Geistesgeschichte Osteuropas. Wiesbaden 1962.

Leff G. *Heresy in the Later Middle Ages*. vol. 1-2. New York, 1967.

Lilienfeld F. von. Das Laodikijskoe Poslanie des grossfurstlichen D'jaken Fedor Kuricyn. JbfGO. Neue Folge. Band. 24. 1976.

Luria J. Zum Zusammensetzung des Laodicenischen Sendschreibens. JbfGO. Neue Folge. Band. 17. 1969.

Maier J. Zum judischen Hintergrund des sogenannten Laodicenischen Sendschreibens. JbfGO. Neue Folge. Band. 17. 1969.

Pereswetoff-Morath A. *A Grin without a Cat. vol. 1. 'Adversus Iudaeos' texts in the literature of medieval Russia: 988-1504,* Lund university, 2002.

Peters E.（ed.）*Heresy and Authority in Medieval Europe*. Philadelphia, 1980.

Pliguzov A. I. Archbishop Gennadii and the Heresy of the "Judaizer". *Harvard Ukrainian Studies*. Vol. XVI. Num. 3/4, 1992.

Schaeder, H. Moskau das dritte Rom. Darmstadt, 1957.

Stremoukhoff D. Moscow the Third Rome. *Speculum*, vol. 28, No. 1, 1953.

Vernadsky G. *Russia at the Dawn of the Modern age*. New Haven, 1959.

Vernadsky G. The Heresy of the Judaizers and the Policies of Ivan III of Moscow. *Speculum*, vol. 8, 1933.

（三―三）日本語文献

会田雄次、中村賢二郎編『異端運動の研究』、京都大学人文科学研究所、一九七四年。

伊藤幸男「マクシム・グレク裁判とゼムスキー・サボール」『山梨大学教育学部研究報告』二四号、一九七三年。

G・ヴェルナツキー著（松木栄三訳）『東西ロシアの黎明』風行社、一九九九年。

F・エンゲルス著（大内力訳）『ドイツ農民戦争』岩波文庫、一九七〇年。

小田内隆「西欧中世における異端概念の諸相」『立命館文學』五四四号、一九九六年。

樺山紘一「「異端」――概念から方法へ（上）（下）」『社会科学の方法』七二／七四号、一九七五年。

同　『ゴシック世界の思想像』、岩波書店、一九七六年。

草生久嗣「一二世紀ビザンツ帝国のボゴミール派問題」『史学雑誌』一〇九編七号、二〇〇〇年。

同　「ビザンツ帝国の異端対策」『地中海学研究』二五号、二〇〇二年。

栗生沢猛夫「“нестяжатель”研究とその問題点」『史学雑誌』八三編一号、一九七九年。

同　「『ウラジーミル諸公物語』覚書」『スラヴ研究』二四号、一九七九年。

同　「モスクワ第三ローマ考」『ロシアの思想と文学』恒文社、一九七七年。

同　「ヨシフ・ヴォロツキーの政治理論」『スラヴ研究』一六／一七号、一九七二／一九七三年。

H・グルントマン著（今野國男訳）『中世異端史』、創文社、一九七四年。

佐々木秀夫「ノーヴゴロドに現れた異端について――ヨーシフ・ヴォーロツキイ「啓蒙者」をたどる」『古代ロシア研究』第一七号、一九八九年。

田辺三千広「一五〇三年の教会会議」『史学』五三巻二・三号、一九八七年。

同　「パトリケーエフ父子とリャポロフスキー公の失脚について」『人文研究論叢』一号、二〇〇五年。

同　「モノマフの王冠」『名古屋明徳短期大学紀要』一八号、二〇〇三年。

同　「ヨーシフ・ヴォロツキーの『修道制規則』・簡素版（三）」『史学』五八巻二号、一九八九年。

中沢敦夫、書評「黒川知文『ロシア・キリスト教史』」『歴史学研究』七四七号、二〇〇一年。

堀米庸三『正統と異端』、中公新書、一九六四年。

A・ボルスト著（藤代幸一訳）『中世の異端カタリ派』、新泉社、一九七五年。

松木栄三「ノヴゴロド大主教の白頭巾」『地中海論集』一二号、一九八九年。
同　『ロシア中世都市の政治世界』、彩流社、二〇〇二年。
同編　『ピョートル前夜のロシア』、彩流社、二〇〇三年。
B・マッギン著（宮本陽子訳）『フィオーレのヨアキム』、平凡社、一九九七年。
宮野裕「一四世紀のストリゴーリニキ『異端』と正統教会」『スラヴ研究』四六号、一九九九年。
同　「ストリゴーリニキの『書物』をめぐる最近の論争」『西洋史論集』（北大）一号、一九九八年。
同　「ロシア正教会の異端対策の展開」『ロシア史研究』六七号、二〇〇〇年。

あとがき

本書は、二〇〇六年一二月に北海道大学より学位を取得した著者の博士論文「中近世ロシアにおける『ノヴゴロドの異端者』の研究――モスクワ大公国・正教会・『異端者』」（主査栗生澤猛夫教授、副査河内祥輔教授、山本文彦助教授［職位は当時のもの］）に加筆修正したものである。

著者は「ノヴゴロドの異端者」事件の研究をまとめる際に、大別して二点において苦労した。第一に、同時期のロシア史におけるこの事件の位置づけの問題である。本書のように、これまで単一の「異端者」事件として扱われてきた存在を「解体」する場合、同時期のロシア史の文脈へこの事件をどのように位置づけるべきかを改めて考える必要があった。

第二に、史料や研究書をいくら読み返しても後味悪く残る、「ノヴゴロドの異端者」の曖昧模糊としたイメージに苦しめられた。多くの異端事件の場合、異端の実態については教会側聖職者が一定の「情報」を残しており、その妥当性は別にしても、聖職者が記す異端イメージや事件像についてはー応、ある程度整序して理解できるはずである（もちろん例外はあるが）。ところが、「異端者」についてはそれがなかった。「ユダヤ的に思考」したはずであるのに、彼らは殆どそれとは無関係の点で告発、断罪されている。また、彼らに付された罪状の数が非常に多く、内容も雑多で、場合によっては矛盾さえしていた。事件全体を描く『啓蒙者』を読んでみると、確かにその序文には事件の全体像が書かれているのだが、その中で既に矛盾や疑問点が散見されていた。その際に、『啓蒙者』の個々の章は、実態を知るための参考に殆どならなかった。各章は聖書や教父の著作からの引用ばかりである。

これと関連して、とりわけ疑問に感じたのは、ゲンナージーが一四八七―九〇年の間に書いた僅か五本ほどの書簡を除き、残りの史料はほぼヨシフ・ヴォロツキー一人の筆になるといういびつな現存史料の状況である。もちろん、史料が偶然そうした残り方をしたのかもしれない。だが、仮にヨシフや後代の多くの研究者が指摘してきたように、「異端者」が当時のロシアの社会や宮廷において幅を利かせ、百鬼夜行の如く蔓延していたとするならば、彼らについての記録は量的にもっと多く、しかも様々な書き手によって残されたと考えられよう。しかしそれにも拘わらず、実際のところ、伝来史料は少なく、その書き手も非常に限られているのである。こうした状況に頭を抱えながら比較的最近の「異端者」（事件）研究を読むにつれ、著者の中では、特にルリエー以前の研究に対する批判的な印象が強まっていった。そして、大規模な何らかの「異端者」集団の活動・運動が事件を引き起こしたのではなく、逆に、ゲンナージーやヨシフの「政敵」たちが、伝統的なロジックにより異端として告発されたとする近年の見方を妥当と考えるようになっていった。

もっとも、こうした結論を出すことには若干躊躇したこともあった。というのも、本書の「異端者」事件（わけても一四九〇年以降）は、表面的には、異端に関する教会の伝統的なロジックが援用されて、正しき教会による邪悪なる異端の打破の如くに「粉飾」されているので、宗教事件の様相を呈しているものの、実際には、宗教事件というよりも、政治闘争・政治事件であったとする見方に結び付くからである。無論、異端事件は本質的には政治事件である。しかし、あまりに「粉飾」された姿と実態とが乖離していると、その見方の妥当性に不安を覚えるものである。

ただ、そうした考えをロシア人も含めた何人かの知り合いの研究者に開陳してみると、その反応は悪くなかった。

そこでこれを立論する勇気を得た。それが雑誌論文、博士論文となり、本書になった。その間、有益なご批判を様々な方から頂戴した。それを十全に活かすことは出来なかったかもしれないが、少しでもより良きものになるよう努力した。その他にも語彙の問題や舌足らずな点、そして内容における著者が見落としている問題点等で本書を読んでくださる方にはご迷惑をおかけしていると思うが、それは著者の非力と不勉強故に仕方がない。様々なご批判を頂ければ幸いである。それを今後の糧としたい。

著者は大学の学部時代からロシアの教会史に関心があり、卒論ではノヴゴロドの主教叙任制度をテーマにした。その著者が、大学院進学後、本書が扱う「異端者」や、かつて少々論じたことのあるストリゴーリニキ異端等の研究を志すに至ったのは、今から見れば、大学時代の二つの偶然が重なった結果である。一つには大学時代の同期生の草生久嗣君（ビザンツ帝国史・異端史）から異端研究の面白さについて聞いていたこと、それからやはり大学時代に著者がペテルブルクの書店で偶然手にしたロシア中世史の大家ボリス・ルィバコフの『ストリゴーリニキ』との出会いである。草生君の話は当時の著者には難解だったが、ともかくこれから刺激を受けた。またルィバコフの著書は、それまでの唯物史観的な異端研究とは一線を画した興味深い本だった。今や表紙がとれ、ボロボロになって書棚に並んでいる。

異端の研究を始めたきっかけが上の二点だとすれば、歴史を研究することについては、特にお二人の先生から手ほどきを受けた。出来の悪い教え子がそのお名前を挙げることはご迷惑だと思うものの、敢えてお名前を挙げて感謝の意を表したい。まずは筑波大学人文学類で面倒を見ていただいたビザンツ史の和田廣先生である。端的に言えば、先生からは、史料と取っ組み合うことの重要性を徹底して「叩き込まれた」。この経験がなければ、著者の研究スタイルは全く別物だっただろうことは間違いない。また、修士に進学するのであれば、自分は面倒を見ないので、中世ロシア史を勉強できる大学院に行くようにと勧めて下さったのも先生である。こうした「突き放し」に当初は戸惑った記憶があるが、今考えれば、至極当然のご指導だったと思うし、それ無しでは今の自分はあり得なかった。

こうして修士課程からは、北海道大学大学院文学研究科の西洋史学専攻で勉強することになった。手前味噌であるが、この研究室に来て本当に良かった。優れた先生方や先輩、同期、後輩と出会うことが出来た。蔵書も含め、研究環境は格段に良くなった。特にロシア史の研究者にとっては国内で最高の環境だろう。

なかでも、栗生澤猛夫先生からは感謝し尽くせない程のご指導を頂いた。修士論文、博士論文の指導や審査は無論のこと、公私にわたりあらゆる面でお世話になったのだが、特に印象深いのは、先生の学問に対する厳しいご姿勢である。普段は温厚でありながら、演習や報告では常に厳しい先生であった。また、物事を徹底して調べることの重要性を教わった。加えて図式的な理解やまとめ方を嫌う先生であった。特に先行研究の整理の際には、厳しいご批判を幾度となく頂いた。それ以外には、和田先生と同じく、史料に徹底して対峙する姿勢が印象深かった。こうした点を著者はいまだ引き継ぐことが出来ていないと自覚しているが、少しでも先生の水準に近づけるよう、今後努力したい。

お二人の先生以外にも、多くの方々のおかげで、一応はここまでやってこれた。今の職場である北海道大学の文学研究科西洋史研究室の先生方からは良質の研究・教育環境を頂いている。東京に移られた北原敦先生からも演習等で貴重なご意見を頂いた。またロシア史の伝統のある本研究室の諸先輩からも事あるごとに貴重なご意見・ご批判を頂き感謝している。

研究室の外でも、多くの方からご支援を賜っている。スラブ研究センターからは度々大きな刺激を得ているし、その図書室のない環境は思いもよらない。また、中村喜和先生、松木栄三先生を中心とした東京の中近世ロシア研究会からは、これに出席する度に新たな知見を頂戴している。特に本書の出版に際し、中村先生には風行社をご紹介頂いた。ここに記して御礼申し上げたい。

また、本書を上梓するに当たり、特にお世話になった二人のロシアの研究者の名前を挙げて感謝したい。アレクサンドル・グリゴリエヴィチ・ボブロフ氏とアンドレイ・イヴァノヴィチ・プリグーゾフ氏には、特に『啓蒙者』の論争をまとめる上でお世話になった。ボブロフ氏から頂戴したソフィア写本の写真データは本当に役立った。またプリグーゾフ氏とはメールで随分と議論を「やり合って」、これを煮詰めることが出来た。

加えて、本書の校正に際しては、研究室ＯＧ・ＯＢの大内杏子さん、中田悟君、大学院生の上田泉さんの手を煩わせた。また諸般の事情で、富山大学の吉田俊則先生には貴重な時間を割いて一読して頂き、本当に有益な意見を頂戴した。記して感謝します。また風行社の犬塚満氏からは出版に際して素人の著者の手ほどきをして頂いた。有り難く思います。尚、本書の出版に際しては、北海道大学大学院文学研究科より出版助成を頂いた。これにも感謝します。

最後に、私事ながら、ここまで幾度となく激励してくれた妻明子に深く感謝します。

二〇〇九年六月

宮野　裕

［初出一覧］

本書の章立ての大部分は以下の既発表論文を基にしている。その際、大幅に書き換えたところもある。

はじめに　書きおろし

第一章「一五世紀末のロシア正教会における正統と異端――「ノヴゴロドの異端者」を中心に――」『史学雑誌』一一三－四号、二〇〇四年、一－三四頁。

第二章　中世ロシアにおける『七千年論争』の『異端化』」『歴史学研究』七七三号、二〇〇三年、一九－三五頁。

第三章「一五世紀末のロシアにおける修道制批判とヨシフ・ヴォロツキーによるその処理方法」『西洋史論集』（北大）八号、二〇〇五年、一－二四頁。

第四章（第一－二節、第四－五節）「ヨシフ・ヴォロツキーの『ノヴゴロドの異端者』像――中世ロシアの異端論駁書『啓蒙者』簡素編集版を中心に――」『西洋史学』二一二号、二〇〇四年、四四－六一頁。

第四章（第三節）「『新出の異端に関する物語』覚書」『西洋史論集』（北大）九号、二〇〇六年、六二－九一頁。

第五章「イヴァン三世時代のモスクワ国家における宮廷問題と『異端者』」『ロシア史研究』七五号、二〇〇四年、二一－三九頁。

第六章　書きおろし

結論　書きおろし

人名索引

【ア】

【カ】

【サ】

【タ】

【ナ】

【ハ】

【マ】

事項・地名索引

〔著者紹介〕

宮野　裕（みやの　ゆたか）

1972年　東京に生まれる。
1995年　筑波大学第一学群人文学類卒業。
1999年　北海道大学大学院文学研究科西洋史学専攻博士後期課程退学。
2006年　北海道大学にて博士（文学）取得。
現在　北海道大学大学院文学研究科助教。ロシア中近世史専攻。現在は中近世ロシアの正統と異端の問題、教会及び世俗法、国家・教会関係の展開の研究に従事。

近年の論考

「15－16世紀転換期ロシアにおけるカトリックの受容と排除――ノヴゴロド大主教ゲンナージーの文学サークルを中心に」深沢克己編『ユーラシア諸宗教間の受容と排除をめぐる比較史論』（勉誠出版、近刊）、「ヤロスラフ賢公の教会規定――解説・試訳と注釈」（『北方人文研究』、2号、2009年）、K вопросу о месте Кирилло- Белозерского списка “Книги на еретиков “Иосифа Волоцкого в истории текста ее Краткой редакции?. Книжные центры Древней Руси: Кирилло-Белозерский монастырь. СПб., 2008、「一五世紀におけるモスクワ教会の独立とその正当化作業――フェラーラ・フィレンツェ公会議観の変化を中心に」（『西洋史論集』、11号、2008年）。

「ノヴゴロドの異端者」事件の研究
――ロシア統一国家の形成と「正統と異端」の相克

2009年8月5日　初版第1刷発行

著　者　宮野　裕
発行者　犬塚　満
発行所　株式会社　風行社
〒102-0073　東京都千代田区九段北1-8-2
電話 03-3262-1663／振替 00190-1-537252

印刷・製本　株式会社シナノ
装　丁　後藤トシノブ

　ISBN978-4-86258-027-6